단 한 사람의 한국 현대사

단 한 사람의 한국 현대사

이동해

한 개인의 역사에서
모두의 역사로

푸른역사

한 개인의 경험과 기억은 어떻게, 거대한 역사의 줄기와 연결되는가. 우리가 배운 거시적인 역사상은 개인의 목소리를 잘 담지 못한다는 한계를 지닌다. 그렇다고 한 개인의 경험과 기억에 집중하다 보면 그 시대가 가진 구조적 배경을 파악하기 어렵다. 그렇다면 이 둘을 적절히 배합할 순 없는 걸까. 어느 개인의 구술을 넘어, 시대의 맥락까지 함께 조명하는 방법은 없을까.

이 책은 이러한 고민을 담아 구술사 쓰기를 시도한 나름의 결과물이다. 구술사란 대상자와 면담을 진행해 구술을 채록하고, 이를 활용해 역사를 쓰는 걸 의미한다.[1] 이 책에서는 특히 한 사람의 생애에 초점을 맞추었으니, 보다 구체적으로 표현해 구술생애사 쓰기를 했다고 하는 게 맞겠다.

2016년, 학부 2학년 때다. 한참 이 책, 저 책을 기웃거리다 두 가지 개념을 접했다. 이름 모를 누군가도 역사 연구의 대상이 될 수 있다는 미시사微視史, 경험한 것 자체도 사료로 사용할 수 있다는 구술사口述史였다. '역사'라 하면 으레 중요한 인물이나 사건 또는 공적으로 생산된 문서 더미를 떠올리던 나에게 두 개념은 꽤나 충격이었다.

곧 누군가가 뇌리를 스쳤다. 나의 외할아버지 허홍무였다. 외할아버지 집안이 부자였다더라, 광산을 했다더라, 이런 말을 예전부터 어머니로부터, 아니면 명절 때 친지들에게서 종종 들어온 터였다. 그렇다면 외할아버지 허홍무도 미시사, 구술사의 대상이 될 수 있다는 건가! 무슨 자신감인지, 한번 도전해 보고 싶었다. 허홍무의 구술을 기초 삼아 그의 삶을 역사적으로 복원해 보겠다는 심산이었다.

허홍무의 구술을 채록하기로 마음먹은 나는, 김귀옥의 《구술사 연구》(한울, 2014) 같은 문헌을 참고해 과정 전반을 기획했다. 곧 할아버지께 연락을 드려 당신께서 경험한 삶의 이야기를 들려주실 수 있겠느냐고 여쭈었다. 다행히도 흔쾌히 수락해 주셨다. 만날 날짜를 잡고 질문지를 작성했다.

2016년 7월 13일, 그렇게 할아버지와 마주 앉았고, 핸드폰 녹음 기능을 켜고 질문을 시작했다. 허홍무는 지금껏 가족에게도 해 본 적 없는 얘기라며 이야기를 술술 풀어 냈다. 면담자 역할은 생각보다 쉽지 않았다. 허홍무는 하나의 주제를 얘기하다가도 다른 무언가가 갑자기 떠오르면 불현듯 화제를 바꾸었다. 새로운 이야기에 이끌려 그에 대한 질문을 잇다 보면, 처음에 어떤 질문을 했는지 기억이 안 나 당황하기 일쑤였다. 어찌저찌 구술 인터뷰를 마치고 보니 4시간 분량의 녹음 파일이 남았다.

이어서 녹취록을 작성했다. 녹음에 잡음이 들어가거나 발음이 뭉개질 때면, 계속해서 돌려 들었다. 구수한 충청도 말씨를 정확한 문자로 옮기려니 많은 품이 들었다. 긴 시간 끝에 녹취록이 완성됐다. 하지만 날것의 녹취록을 그대로 이용할 순 없었다. 이야기가 순서 없이 뒤죽박

죽 나열되었기 때문이다. 녹취록 내용을 시간순으로 재편집하는 시간도 상당히 소요됐다.

아쉽게도 학부생의 역량으로 할 수 있는 건 거기까지였다. 넘을 수 없는 높은 장벽에 가로막혔기 때문이다. 일차적으로 녹취록 내용을 이해해야 뭐라도 할 텐데, 너무 막막했다. 단순히 '할아버지가 들려주는 옛날이야기' 정도로 생각했는데, 그건 아주 큰 착각이었다. 예를 들어 보자.

허옥 씨라는 작은할아버지가 천안에서 금광을 했어. 허옥 씨가 원래 광산에서 일을 했던 거는 아니야. 천안역 철도국에 근무했는데, 당시 장항에 제련소가 있었거든. 장항은 충청도를 지나서 전라도 군산 가기 전에 있어. 기차 종점이었는데, 거기에 제련소가 있었어. 기차로 돌을 실어다가 거기서 부숴서 녹이면은 돌은 돌대로 물에 섞여서 나오고, 쇠는 쇠대로 나왔지. 철도국에 근무하면서 제련소 관리를 했다고. 그 바람에 금광을 생각한 거야.

허홍무 일가가 어떻게 금광 사업을 시작하게 됐는지 설명한 대목이다. 허홍무의 조부는 허벽, 허벽의 동생이 허옥이다. 여기까진 알았다. 그런데 이분이 일했다는 천안역 철도국은 뭔지, 장항의 제련소는 또 뭔지, 그게 금광이랑 무슨 관련이 있다는 건지, 왜 하필이면 다른 광산도 아니고 금광인지, 허옥 개인이 독창적으로 구상한 사업이었는지, 아니면 당시 금광과 관련한 시대 흐름이 존재한 건지 등등 질문은 끊임없이 떠올랐지만 도무지 알 길이 없었다. 무슨 자료를 보긴 해야겠는데, 어디서 찾아야 할지 감도 서지 않았다. 논문 찾기도 서툰 학부생 시절이었다. 구술 내용도 이해하지 못하는데, 어떻게 자료로 활용할 것이며, 할아버지의 삶을 복원한단 말인가. 구술생애사를 다룬 여느 책들처럼 간단한 설명만 붙인 채 마무리하고 싶진 않았다. 결국 접어 둘 수밖에 없었다.

그리고 7년이 흘렀다. 그사이 한국 근현대사 전공으로 석사학위를 취득하고 박사과정에 진학한 나는, 이제 이 무모한 도전에 마침표를 찍을 때가 되었다고 생각했다. 고이 잠든 녹취록을 꺼내 다시 곱씹었다. 아울러 허홍무가 소장한 족보, 집안 인물들의 인적 사항이 담긴 〈호적부〉, 허홍무의 국민학교 〈생활기록부〉, 허홍무의 군 생활 내력이 담긴 〈거주표〉 등 허홍무와 관계된 자료를 찾아 헤맸다. 틈나는 대로 찾아가거나 전화로 추가 인터뷰도 진행했다.

일단 다루는 시기는 허홍무의 탄생부터 결혼까지로 정했다. 그 이후는 오늘을 살고 있는 우리 가족들의 얘기까지 들어있기에, 이들이 좋은 내용이든 나쁜 내용이든 드러내고 싶지 않다는 의사를 전달했기에, 구태여 다루지 않는 게 좋겠다고 판단했다. 그보다 허홍무가 아니라면 아무도 기억하지 못할, 한국 근·현대사에서 가장 고통스러운 시기라 할 수 있는 일제시기부터 1959년까지의 시간에 집중하기로 계획했다.

그럼 결과물은 어떻게 작성할 것인가. 고민 끝에, 허홍무의 구술을 먼저 제시하고 다음으로 그에 대한 분석을 덧붙이기로 했다. 분석은 맥락 찾기, 검증하기, 특정하기 세 가지 방향으로 진행했다.

1 - 맥락 찾기

허홍무가 어떤 사건을 경험했다면, 분명 그 사건이 발생하게 된 시대적 배경이 있게 마련이다. 일례로, 허홍무는 일제 관원이 '술 조사'를 위해 집으로 찾아왔다고 했다. 일반 가정에서 술을 빚지 못하게 하려고 단속했다는 내용이다. 허홍무의 집에선 단속을 피하려 술항아리를 땅속에 묻기까지 했다. 대체 어떠한 맥락 속에서 이런 일이 발생한 것인가. 이

것은 허홍무 스스로도 답할 수 없었던 질문이다. 그 답을 찾기 위해선 학자들이 수행한 연구 결과의 힘을 빌릴 수밖에 없다. 일제의 주조酒造 정책을 다룬 여러 논문을 들추는 것이다. 일제의 주조 정책을 모른다면, 우리는 허홍무가 말한 '술 조사'에 대해 결코 이해할 수 없을 것이다. 이런 식으로 구술의 맥락을 찾으려 노력했다.

2 – 검증하기

기억은 시간이 지날수록 변형된다. 더구나 자신에게 불리한 일은 모른다며 넘어가거나, 자신에게 유리한 방향으로 왜곡해 얘기할 수도 있다. 구술사가 지닌 맹점이다.[2] 그래서 검증 작업은 꼭 필요하다. 검증은 두 가지로 나눌 수 있다.

첫째는 의도적으로 사실관계를 다르게 구술했는지 따지는 것이다. 허홍무는 처음에 자신의 입대 시점을 두고 한국전쟁 중인지, 정전이 된 후인지 정확히 얘기하지 않았다. 그러다 군 시절 거제포로수용소에 배치된 상황을 구술하면서, 반공포로와 공산포로가 서로 싸운 걸 생생히 묘사하는 게 아닌가. 정전 직후 포로들은 양 진영으로 곧 송환되었으므로, 포로들이 수용소에서 생활하는 걸 허홍무가 실제로 봤다면 분명 전쟁 중에 입대한 게 맞다. 그러나 사실은 아니었다. 후에 허홍무의 군 생활 내력이 담긴 〈병적증명서〉와 〈거주표〉를 발급받아 살펴보니, 그의 입대일은 전쟁이 끝나고도 1년이 다 된 때였다. 문서를 보여 주고 나서야, 허홍무는 거제도에 갔을 땐 수용소가 텅 빈 상태였다고 정정했다. 어떠한 이유에서인지 그는 전쟁 후에 입대한 사실을 드러내고 싶지 않았던 것이다. 만약 허홍무가 전쟁 중에 입대했다고 이해한 채로 분석을 이어 갔다면, 실제 역사와 동떨어진 결과물이 남았을 것이다.

둘째는 구술 내용 자체가 사실인지 아닌지 따지는 것이다. 허홍무는 조부 허벽이 운영한 금광이 '천안 광덕'에 있었다고 말했다. 이 말이 사실인지 확인하려 수많은 자료를 뒤졌고, 결국 조선총독부 관보에서 허벽의 금광에 관한 정보를 찾을 수 있었다. 자료에 따르면, 금광은 천안 광덕이 아니라 청양, 예산의 경계에 자리 잡고 있었다. 허홍무의 정보가 부정확했던 것이다. 아마도 한참 어렸을 때 일이니, 처음부터 부정확한 정보로 기억하고 있었지 싶다. 이렇게 계속 의심하며 검증하고자 힘썼다.

3 – 특정하기

녹취록을 보다 보면, 당시의 경험을 생생히 묘사하면서도 정작 구체적인 지명, 인명, 사건명, 사물명은 잘 기억하지 못하는 경우가 눈에 띈다. 이럴 땐 주어진 단서를 최대한 활용해 특정할 수밖에 없었다. 허홍무가 부산에서의 군 생활을 이야기하던 중 어느 철길을 언급한 일이 있다. 허홍무가 좋아하는 사람을 만나게 된 곳으로, 사건의 배경이 되는 중요한 장소라 할 수 있다. 허홍무는 이 철길에 대해 이렇게 설명했다. "철길이 무슨 철길이냐면은, 부산진에서 동네 사이로 가는 간이 철도가 있었어. 철도가에 있는 집에 연탄 찍는 데가 있고." 여기서 부산진, 간이 철도라는 키워드와 철도 아주 가까이에 집이 있었다는 점을 힌트 삼아 부산의 철도 개발 관련 자료를 뒤졌다. 옛 지도를 펼쳐 들고 부산진 근처의 철도 길도 직접 찾아봤다. 그렇게 몇몇 신문 기사, 논문, 그리고 부산시에서 수집한 구술 자료집을 통해 허홍무가 언급한 철도가, 1970년대 초까지만 운행하고 지금은 사라진 '문현선'이라는 사실을 특정했다. 지명, 인명을 특정할 수 있다면 보다 풍부한 분석이 가능하므로, 되도록 많은 자료를 살펴 구술 내용 중 불분명한 부분을 특정하고자 했다.

분석을 얼추 마치고 보니, 허홍무의 구술이 한국 근현대사 흐름과 함께 한결 입체적으로 다가왔다. 허홍무의 구술만 두고 보면 색이 몇 개 없는 추상화 그림이지만, 분석을 덧붙이니 정교한 3차원의 그림으로 변한 느낌이었다. 일제시기 아산의 중소 지주가 지역 유지로서 삶을 영위하는 법, 일제 말기 금광 투자에 실패해 집안이 몰락하는 과정, 지주 출신이 한국전쟁 중 북한 점령 치하에서 겪은 일, 정전 직후의 군 생활까지, 이름 없는 개인의 몸에 역사의 큰 줄기가 어떻게 관통해 지나갔는지 생생하게 보여 주는, 그리고 보통 교과서에서는 쉽게 접할 수 없는 '무명無名'의 역사가 펼쳐졌다.

비록 이 글은 허홍무의 경험과 생각이 담긴 개인사로 출발하지만 여기서 그치지 않는다. 더 나아가 허홍무를 돋보기로 활용해 1935년부터 1959년 사이의 시대를 구석구석 조명했다. 이는 제도·사건·주요 인물을 중심으로 전개된 기존의 역사 서술 방식에 익숙한 독자들에게 새로운 재미를 선사할 것이다. 마치 1590년에서 1640년 사이의 시기를 본다고 할 때, 임진왜란, 광해군, 인조반정, 이괄의 난, 병자호란과 같은 굵직한 사건·인물로 이해하기보다, 1580년 전라도 남원에서 태어난 한 농사꾼 자식 이 아무개가 1640년 환갑을 맞기까지 겪은 삶으로 이해하는 것과 같다고나 할까. 일제의 식민지배, 태평양전쟁, 해방과 점령, 한국전쟁까지, 그 속에서 허홍무의 삶은 우리에게 무엇을 보여 줄까. 이제 그 결과물을 여러분께 보여 드리고자 한다.

2024년 여름
이동해

2부. 몰락 속의 해방 전후

3부. 한국전쟁의 소용돌이에서

4부. 1954~1959년 사이의 전후 풍경

이와무라岩村로 씨 설정. 소화 15년(1940) 6월 3일 정정함.

소화 15년 12월 24일 대전지방법원의 허가에 의해 이름 홍무鐵茂를

하루시게春茂로 변경. 〈조선성명복구령〉에 의하여 허홍무로 성명 복구.

단기 4279년(1946) 12월 24일 개정함.

―〈허벽의 호적부〉에 적힌 허홍무의 창씨개명, 성명 복구 기록.

1부.

아산 지주 집안의
왜정살이

허홍무의 어린 시절 사진이다. 뒷면에 '五六才時'라고 적힌 걸 보면 5∼6세 때
인 1940년경 찍은 것으로 보인다. ※출처: 개인 제공.

허홍무가 보여 준 어릴 적 사진이다. 뒷면에 '五六才時'라 적혔으니 (재주 '재才'는 일본에서 나이 '세歲'의 약자로 사용된다), 사진을 찍은 시기는 5~6세쯤이다. 단정한 옷매무새를 보니 참 귀티가 난다. 고급스러운 신발도 눈에 띈다. 한눈에 봐도 부잣집 도련님 같다. 그 시절, 아이 독사진을 찍은 것부터가 범상치 않다. 사진사가 있는 면소재지까지 가서 찍은 사진이라고 했다. 허홍무는 "땅이 너무 많아서 그 땅을 밟지 않고는 사람이 다닐 수 없을 정도로 부유한" 천석꾼 집안이었다고 얘기한다. 자료상으로도, 허홍무의 집안이 충청남도 아산군 영인면의 잘나가는 유지 집안이었던 게 확인된다. 잘살던 그 시절이 인상 깊어서일까, 80대 허홍무는 지금으로 따지면 초등학교 입학도 하지 않을 무렵 집안 풍경을 상세히 떠올렸다. 부엌에 아궁이가 다섯 개였고, 머슴 셋을 부린 것까지.

1부에서 1935년생 허홍무가 구술하는 시기는 대략 1940년 전후다. 아마도 옆 사진을 찍은 즈음일 것으로 생각된다. 이른바 일제의 '민족 말살 정책'이 정점을 향하고, 잔인한 전쟁의 그림자가 전 세계를 뒤덮던 때였다. 이러한 시대 배경은 허홍무의 구술에도 영향을 미친다. 유복함이 전제되면서도 식민지 관리의 '강압'이라든가, 아산 농촌의 '흉년'이 간간이 언급되는 걸 보면 알 수 있다.

여기서 사용한 자료 중 가장 흥미로웠던 건 조림대부造林貸付 관련 기록물이다. 국가기록원 사이트에 허홍무 일가 사람들 이름을 하나씩 검색하다가 건져 낸 자료다. 조림대부란 총독부가 민간에 임야를 빌려주고 임차인이 숲을 일정 수준으로 가꾸면 그 땅을 공짜로 주는 제도로, 해당 기록물은 이 제도에 허홍무의 조부 허벽, 증조부 허환이 참여했음을 보여 준다. 마을에서 집안의 위세가 어떠했는지 드러나는 귀중한 자료다. 나로서도 일제시기의 임야 정책은 익숙지 않아 새롭게 공부한 계기가 되었다. 눈에 띄는 점은 이 문서들이 신청인, 아산군, 충청남도 사이에 오고 간 행정 문서들이라는 사실이다. 숲이 잘 형성됐는지 확인한 뒤, 식민당국이 그 땅을 양여하는 과정이 고스란히 드러난다. 조림대부제도를 거시적으로 접근한 기존 연구에서는 보기 어려운, 실제 개별 사례가 아닌가 싶다.

일제시기 농촌 사회 지주라 하면, 으레 지주–소작인 간 갈등에서 비롯한 '악독' 이미지만 떠올렸다. 그렇지만 이 작업을 통해 엿본 실제 지주의 삶은 다양한 이미지가 겹쳐 있었다. 소작인 위에 군림하는 지주이면서도, 흉년 때면 마을 사람들을 돌볼 의무를 진 존재였다. 독자분들도, 그 시대를 살아가는 사회 구성원인 지주가 삶을 영위하는 다양한 모습을 들여다보았으면 한다. 이 또한 어디서 쉽게 접하기 어

려운 부분이지 싶다. 그러면 이제 식민지 시기 잘나가는 지주의 일상
은 어땠을지, 일제의 식민 정책은 얼마나 영향을 끼쳤을지, 답을 찾아
허홍무의 이야기를 따라가 보자.

1

'천석꾼' 내력

허침의 17대손, '15년 전쟁' 중에 나다

"1935년 5월 21일에 태어났어. 충청남도 아산군 영인면 신운리 219 번지에서. 식구로는 천안에 할아버지의 동생이 있었지. 허옥 씨라고. 우리 할아버지가 허벽이었고, 아버지는 허용, 어머니는 지일영이야. 양반 가문이었지. 옛날에 양반 가문은 고깔 같은 거 이렇게 쓰고, 긴 담뱃대 가지고 깨끗이 입고 그렇게 생활을 했잖아. 할아버지가 그런 양반이었어. 부유하니까 남들이 많이 인정을 했고, 또 남을 도울 줄도 알고 하니까 남들이 우러러 보고 마을에서 인식이 아주 좋았어. 언제부터 아산에 살았는지는 잘 몰라."

1935년 5월 21일, 식민지 조선에서 허용許鏞과 지일영池日永의 장남 허홍무許鈗茂가 태어났다. 대한제국이 일본에 병합된 지 25년이 지난 시점이었다. 먼저 그의 집안 얘기부터 해 보자. 허홍무에겐 그동안 고이 간직해 온 족보가 있다. 《양천허씨가보陽川許氏家譜》다. A4 용지보다 조금 작은 사이즈에 두께도 얇은 이 족보엔 허홍무 집안 내력이 세밀한 붓글씨로 적혀 있다. 표지에는 '갑술이월상순중수甲戌二月上旬增修'라 적혀 있는데, 갑술년인 1934년 2월에 기존의 족보를 업데이트 했다는 말이다. 허홍무가 태어나기 1년 전이었다. 쌀 수십 가마를 주고 만든 귀중한 족보랬다. 족보의 자세한 내력을 알고 싶었으나, 자신이 태어나기도 전에 제작되었으니만치 아는 건 그게 전부라고 했다.

《양천허씨가보》에 따르면 허홍무는 허침許琛의 후손이다. 허침은 허홍무의 17대 할아버지로 세종~연산군 대에 활동했다. 우의정, 좌의정을 역임한 최고의 권세가였다.[1] '문정文貞'이라는 시호를 받아 양천 허씨 문정공파의 시조가 된다. 그의 둘째 아들 허굉許硡도 유명한 인물로 예조판서, 평안도관찰사를 지냈다.[2] 허굉의 장남 허식許埴은 죄수를 관장하는 관서, 전옥서의 관리를 담당한 '주부主簿'로 일했다. 허식의 다섯째 아들 허진許鎭부터는 관직에 오르지 못했다. 14대조부터 3대조 허환許煥까지 계속되었다. 참고로 허환은, 이순신의 묘소와 위토位土가 일본은행에 저당 잡혀 넘어갈 위기에 처하자 1931년 전국적인 모금운동이 진행되었는데, 이때 1원을 성금했다는 기록이 남아 있다.[3] 2대조, 즉 허홍무의 할아버지 허벽許璧부터는 살아 있을 때 만든 족보라 그와 아내 장씨의 생년월일만 적혀 있다. 여기서 알 수 있는 사실은, 허홍무의 집안은 멀리 양반에 뿌리를 두고 있지만 수백 년간 관직에 오르지 못했고 평민과 다르지 않은 삶을 살아왔다는 것이다. 허홍무가 스스로 양반 가문이라고 생각하는 것과는 별개로 말이다.

그러면 아산에는 언제부터 살았을까? 허홍무의 조부 허벽의 〈호적부〉엔 그가 '개국開國 505년', 즉 1896년에 영인면 신운리 219번지에서 태어났다고 쓰여 있다. 1896년이면 대한제국이 선포되기 1년 전이다. 최소 19세기 말부터 허홍무의 집안이 이 주소에 자리를 잡은 건 확실하다. 영인면 《향토지》에 따르면 신운리는 예로부터 온양 정씨의 집성촌이었고, 조선 후기엔 전주 이씨, 진양 하씨가 자리 잡고 살아왔다고 한다.[4] 이걸 보면 허홍무 일가가 가까운 과거에 외부에서 유입되었을 것으로 생각된다.

허홍무는 집안의 대를 이을 장남이었다. 그가 태어나던 날, 분명 축제 분위기였을 것이다. 하지만 같은 날 신문 내용은 그리 밝지 않았다. 국제 정세는 날로 격화되고 있었다. 《조선일보》 조간 1면엔 재무장에 나선 히틀러 독일에 맞서 프랑스, 소련의 '포위 진영 정비'가 외교적으로 진행되고 있으며,[5] 이탈리아가 에티오피아를 탐내면서 두 나라가 모두 속한 국제연맹이 혼란에 빠질 것이란 소식이 실렸다.[6] 제1차 세계대전이 끝난 지 불과 17년이 지난 때, 유럽엔 다시 전쟁의 그림자가 엄습했다.

동아시아의 분위기도 다르지 않았다. 유럽 소식에 이어 등장하는, 내년도 일본 육군의 예산이 5억 원에 육박하리라는 기사는 동아시아의 정세를 단적으로 보여 준다. 원래 예산에 신규 요구액 2억 원, 만주 방면에 들어갈 비용을 더해 5억 2천만 원에 달할 것이며, "국가재정의 현상으로 보아" 예산안이 통과되기까지는 "상당히 난관에 봉착"하리라 전망했다.[7] 일본이 대대적 군비 확장에 나선 것이다. 1931년 만주사변을 일으킨 데 이어 1932년 만주국을 수립한 뒤로 끊임없이 전선을 확대해 온 일본이었다.

《동아일보》 조간 2면을 보자. 1935년 5월 19일, 만주국 철로총국의 버스가 창무현彰武縣에서 신민新民으로 이동하던 중 200명의 '반만주국군'으로부터 기습 공격을 받았다는 기사는 일본 팽창의 현주소를 보여 준다.[8] 만주국의 주요 거점 도시 펑톈奉天, 지금의 랴오닝성 선양 인근에서 발생한 사건이었다. '반만주국군'은 한국인이나 중국인으로 구성된 항일 무장대로 보인다. 만주국이 세워졌지만 저항은 계속됐다. 이청천의 한국독립군, 양세봉의 조선혁명군이 중국인 무장대와 힘을 합쳐 전투를 벌였다. 중국공산당의 유격대원으로 활동한 조선인도 많았다. 이러한 흐름이 1937년 동북항일연군의 보천보 전투까지 이어졌음은 주지의 사실이다.[9] '반만주국군'의 버스 피습 사건은 이러한 흐름 속에서 발생했다.

이렇게 허홍무가 태어난 날 하루의 신문만 보더라도 알 수 있듯, 당시 사람들은 점점 짙어 가는 전운을 느끼고 있었다. 그리고 얼마 안 있어, 식민지 조선인은 전쟁을 피부로 체감하기 시작한다. 허홍무가 두 살 때인 1936년 10월, 이제 막 부임한 조선 총독 미나미 지로南次郎가 '조선산업경제조사회' 회의에서 국책상·국방상 필요한 부문에 공업진흥책이 필요하다고 힘주어 역설했다. 이른바 대륙병참기지화 정책의 시작을 알리는 순간이었다.[10] '조선산업경제조사회'는 일본, 만주국, 식민지 조선의 고위 관리, 일본·조선의 자본가, 학자 들까지 76명이 모여 향후 산업 정책을 결정하는 중요한 회의였다.[11] 이후 한반도는 일제의 전쟁 수행에 필요한 물자와 인력을 공급하는 공간으로 변모된다. 공출, 징병, 징용, 위안부, 신사참배, 창씨개명 같은 단어로 상징되는 것처럼 전쟁은 많은 이들을 고통으로 몰아넣었다.

일본에서는 흔히 '15년 전쟁'이란 표현을 사용한다. 만주사변을 일으킨 1931년부터 태평양전쟁이 종료된 1945년까지 지속된 전쟁을 이르는 말이다. 이러한 시각에서 본다면 허홍무는 '15년 전쟁' 한가운데에서 태어난 셈이다. 이제 그에게 어떤 운명이 펼쳐질까.

〈토지대장〉에 담긴 신운리 219번지

"(신운리 219번지) 집이 굉장히 컸어. 기역 자로 짓고 니은 자로 짓고 굉장히 컸지. 우리 집에 살던 사람은 할아버지, 아버지, 엄마, 삼촌 둘, 고모 셋……열한 명인가 보다, 머슴들도 있었거든. 일하는 사람 해서 모두 세 명. 열한 명이 살았어. 기역 자 집에 안방·마루·건넌방·작은방이 있었고, 밖에는 사랑방·창고·외양간이 있었어. 외양간에 소 두 마리를 키웠지. 부엌도 컸어. 옛날에 쓰던 무쇠솥이 있었어. 쇠 부어서 만든 거 있잖아. 무쇠솥을 거는 아궁이가 다섯 개나 되었지. 부엌 안에는 광이라고 부르던, 김치나 장을 담은 항아리를 넣어 놓던 창고가 있었어."

일제는 조선을 식민지로 만들며 토지조사를 계획했다. 모든 토지의 소유관계를 자신들이 직접 정리하고 관리한다면 걷는 세금이 증가할 것으로 예상했다. 그리고 일본이 보기에 종래 조선의 토지소유권은 모호했다. 조사에 나선 통감부는 이렇게 결론짓는다. 조선에서는 전통적으로 토지소유권이 개인에게 법률적으로 인정되지 않는다고. 그러니 네 땅, 내 땅 구분을 명확히 하는 소위 '근대식 소유권'을 확립할 필요가 있다고 보았다. 이를 토대로 토지조사계획서가 작성되었고, 병합 이후 총독부 주도로 본격적인 토지조사사업에 돌입한다. 땅의 주인은 누구인지, 어떤 용도로 사용되는지, 크기와 모양은 어떻게 되는지 샅샅이 조사했다. 1910년부터 1918년까지 장장 8년에 이르는 대사업이었다. 통감부의 준비 작업을 더한다면 10년이 훌쩍 넘는다.[12] 이 사업으로 확정된 소유권은 지금까지 이어져 현재 대한민국 토지제도의 근간을 이룬다.

토지조사사업으로 많은 문서가 생산되었다. 〈토지대장〉을 포함해 토지면적과 지번, 소유자의 주소·성명을 적은 〈토지조사부〉, 각 토지의 경계를 측량해 기록한 도면인 〈지적원도〉가 대표적이다. 그러면 신운리 219번지에 대한 정보도 남아 있을까. 〈토지대장〉을 찾아보았다. 일제 시기에 제작된 〈토지대장〉은 지금도 법적으로 행정적으로 사용되기에 행정기관에서 발급받을 수 있다. 신운리 219번지의 경우 일제시기에 확정된 번지수가 지금까지 사용되어 별 무리 없이 〈토지대장〉을 발급받을 수 있었다. 현재는 '219-○' 식으로 번호를 붙여 무수히 쪼개졌지만 말이다.

그런데 놀라운 사실을 발견했다. 219번지의 소유자 변동 항목을 보니, 해방 전까지 한 번도 허씨의 소유인 적이 없었다. 토지조사사업의 결과, 1912년(명치 45) 3월 7일부로 경성부에 사는 김용희金龍熙 소유로 확정됐다. 1913년(대정 2)엔 경성부의 이조영李祖永에게, 그로부터 6개월 후엔 고양군의 임면상林冕相에게, 1931년(소화 6)엔 임면상의 가족으로 보이는 임병달林炳達에게 소유권이 넘어간다. 그는 땅을 1948년까지 소유했다.

허홍무에게 물어보니 그럴 리 없다는 답변이 돌아왔지만 관에서 작성한 기록을 부정할 순 없는 노릇이다. 일제시기부터 오랜 기간 기록이 축적된 〈토지대장〉이니 조작 가능성은 없다고 보았다. 허홍무 집안은 일제시기 내내 본적으로 등록된 신운리 219번지의 땅 주인이 되었던 적이 없다고 결론 지을 수밖에 없었다.

흥미로운 점은 허홍무의 가족 말고도 주소가 신운리 219번지로 된 경우가 보인다는 것이다. 1919년 3·1운동 당시 시위운동에 참여했다는 죄로 많은 이가 태형 처분을 받았다. 영인면 신운리 주민도 10명이 태형 처분을 받은 것으로 확인되는데, 그중 두 명의 주소가 신운리 219번지다.[13] 이건 또 뭘까.

〈지적원도〉를 보고 해결의 실마리를 찾을 수 있었다. 국가기록원에서 운영하는 '지적아카이브' 사이트에 들어가 신운리의 〈지적원도〉를 확인했다. 1912년에 작성된 〈아산군 현내면 신중리 원도原圖 25매 지내之內 제16호〉라는 제목의 문서다. 현내면 신중리는 영인면 신운리의 1914년 행정구역 개편 전의 명칭이다. 여기엔 신운리 219번지의 땅 모양이 표시되어 있다. 거주 구역으로 사용한다는 뜻의 '대垈'가 적혀 있는데, 전체 마을의 절반가량을 차지하는 크기다. 〈토지대장〉에도 1,700평이 넘는 땅이라고 적혀 있다. 여러 호의 집이 들어가는 규모인 것이다.

일단 이렇게 정리된다. 그곳에 집이 얼마나 있든 관계없이, 번지수는 소유주를 따라 하나의 땅으로 묶인다. 1,700평가량의 신운리 219번지도 소유주가 한 명이니 행정적으로 하나의 땅이다. 그러면 그곳에 사는 여러 호의 주소는 신운리 219번지가 된다. 1912년 시점에 신운리 219번지 땅 전체는 김용희金龍熙의 소유였으며, 그 안에는 여러 호의 집이 들어서 있었다. 허홍무의 집도 그중 하나였다.

이렇게 커다란 집에 살면서 정작 땅 주인은 다른 사람이라니. 그런데 또 바로 뒤에서 보겠지만, 허홍무는 조부 허벽이 '천석꾼'이라 불리는 지주였다고 말한다. 당시 허벽의 위세를 가늠해 볼 때, 그가 지주라는 건 확실하다. 그러면 허씨 일가는 넓은 농지를 소유한 마을의 지주 집안인데도 불구하고, 정작 자기 집이 놓인 땅은 남의 것이라는, 무언가 이상한 상황이 된다. 이걸 어떻게 이해해야 할까?

이 의문과 관련해 두 가지 포인트가 눈에 띄었다. 첫째는 〈토지대장〉에 적힌 김용희의 집 주소다. 경기도 경성부京城府 용산면龍山面 마포리麻浦里. 오늘날 서울 마포구 마포동 지역이다. 이곳은 도성으로 통하는 수상교통의 요지 마포나루가 있던 곳으로, 조선 후기 한강을 배경 삼아 왕성한 상업 활동을 벌인 '경강상인京江商人'의 주요 거점이었다.

경강상인은 조선 정부가 세금으로 거둔 미곡을 지방에서 서울까지 운송하는, 조운제도漕運制度를 통해 성장한 상인 집단이었다. 이들의 주거래 상품은 미곡을 비롯한 곡물이었는데, 대규모 소비도시 서울의 곡물 수요를 책임진다 해도 과언이 아니었다. 정조 9년(1785) 서울의 미곡 소비량이 약 100만 석으로 추정된다. 그중 60만여 석이 미곡상에 의해 공급되었다고 한다. 18세기 전반에 이르면, 경강상인은 우월한 상업적 지위를 이용해 지방의 미곡을 매점하고 시세를 조종해 차익을 챙겨 큰 부를 쌓는다.[14]

둘째는 김용희가 소유한 신운리 219번지의 위치다. 이곳은 저 유명한 '공세리 성당'이 있는 공세리貢稅里와 아주 가깝다. 직선으로 3킬로미터 남짓한 거리다. 공세리는 오늘날 성당으로 유명하지만, 이름에 바칠 공貢, 세금 세稅가 들어간 것처럼 원래는 조선 정부에 세금으로 바칠 쌀을 보관하는 창고가 있던 곳이다. 당시엔 공세창貢稅倉으로 불렸다. 《경국대전》이 편찬되던 시기엔 전국 9개 조창漕倉 중 하나로, 충청도 40개 군현의 세곡을 보관하는 중요한 곳이었다. 조선 후기가 되면 각 군현이 조창을 이용하지 않고, 서울로 직접 조운漕運을 하기 시작하면서 공세창의 규모가 줄기도 하나, 1865년 폐지되기 전까지 약 450년간 조세 징수의 중심지로 기능했다. 이후 폐허가 된 터를 프랑스인 신부 에밀 드비즈가 사들여 성당을 지으니, 그게 바로 공세리 성당이다.[15]

이 두 가지 사실을 조합해 상상력을 발휘해 보자. 용산면 마포리, 즉 마포나루 가까이에 자리 잡은 김용희의 윗대는 잘나가는 경강상인이었다. 조운을 담당했던 그들은 충청도의 미곡이 집산하는 공세창도 자주 들렀다. 그러다 윗대 중 어떤 이가 미곡 매점으로 막대한 부를 축적하다 보니, 이제는 직접 땅을 사서 농지를 경영하겠다는 생각을 품는다. 마땅한 땅을 찾던 그는 자신의 유통망 활용이 가능한 공세창 인근의 너른 평야를 떠올렸고, 신운리 일대의 땅을 대거 사들인다.

직접 농사를 지을 순 없으니 사람을 모아 소작을 주었다. 조선 후기, 광작廣作을 행하는 부농이 늘고 농민층의 분해가 가속화되면서, 또 세도정치에 기인한 민란이 지속되면서 가난하고 갈 곳 없는 사람들을 모으긴 어렵지 않았다. 그는 신운리의 야트막한 산 아래, 나중에 신운리 219번지가 되는 자기 땅에 소작인들을 살게 했다. 곧 하나의 마을이 만들어졌다. 이때 허홍무의 선조도 마을에 들어갔다. 뒤에서 허홍무가 "듣기로는 할아버지 윗대, 윗대는 가난하게 살았대"라고 말한 점과도 연결된다.

그러나 화무십일홍花無十日紅, 권불십년權不十年이라 했던가. 개항 이후 거대 자본을 가진 외국 상인이 조선으로 들어오면서, 김용희의 유통망에 심각한 위기가 닥친다. 예전과 같은 상업적 지위는 사라진 지 오래였다. 급격한 변화를 버티다 못한 김용희는 신운리 주변 농지를 모두 팔고 만다. 땅을 팔아넘긴 대상은 그 사이에 성장한 마을의 부농, 허홍무의 증조할아버지 허환許煥이었다. 다만, 농지가 아니기에 관리가 용이하고 세도 쉽게 받을 수 있는 신운리 219번지 마을 땅은 자기가 직접 소유했다. 그러나 김용희는 그마저도 1913년, 토지조사 사업을 통해 본인 소유로 인정받은 지 채 1년도 안 되어, 다른 이에게 매매할 수밖에 없었다.

이상, 최대한 그럴싸한 추측을 해 봤다. 물론 다른 경우의 수도 충분히 있다. 하지만 더 이상의 자료가 없기에 아쉬움을 남기며 상상을 그친다. 국토지리정보원 사이트에 가면 신운리 지역의 1966년 항공사진을 볼 수 있다. 1966년이면 마을의 모습이 크게 변하지 않았을 시점이다. 219번지 영역을 자세히 보면 여러 집들이 모여 있다. 사진에는 눈에 띄게 큰 집이 하나 있다. 다른 집과 달리 기역 자, 니은 자 건물이 유독 크고 넓은 마당을 갖고 있으며 딸린 건물도 몇 개 있는 그런 집이다. 허홍무는 바로 그 집이 자기가 살던, 11명이 살고 소 2마리를 키우는 외양간과 아궁이 5개가 있는 부엌이 있던 그 집이었다고 얘기한다.

영인면 유지, 허벽

"할아버지가 땅이 너무 많아 가지고 우리 땅을 밟지 않고 댕기는 사람이 없었어. 그런 정도로 부유하게 살았어. 천석꾼이라고 했지. 창고에 벼가 꽉 찼었고, 듣기로는 할아버지 윗대, 윗대는 듣기로는 가난하게 살았대. 할아버지 위의 위 할아버지가 지독하게 재산을 모아 가지고, 알뜰하게 모으고 모아서 재산이 그렇게 증식된 거여."

1985년 한국농촌경제연구원이 발간한 보고서 《농지개혁시 피분배지주 및 일제하 대지주 명부》를 보면 일제시기 대지주 명부가 정리되어 있다. 충남의 경우 100정보, 즉 30만 평 이상의 땅을 가진 이들의 이름을 볼 수 있다. 이곳에 허벽의 이름이 없는 걸 보면 그가 조선에 이름 난 대지주는 아니고, 면 단위 수준에서 영향력을 가진 중소 지주 정도였던 것으로 보인다. 정확한 면모는 파악하기 어렵지만 그 위세를 확인할 두 개의 단서를 찾을 수 있었다. 허홍무도 모르던 사실이 담긴 뜻밖의 자료였다.

국유림을 양여받다

첫째는 국가기록원 웹사이트를 통해 찾은 기록이다. 국가기록원에서 붙인 기록물 제목은 〈조림 성공에 의한 국유임야 양여의 건(아산군 허벽)〉이다. 온라인 열람이 불가능해 사본을 신청하고 한 달을 기다려 받을 수 있었다. 총독부에서 시행한 '조림대부造林貸付제도'에 참여한 결과 허벽이 신운리의 산58-1번지 국유림을 양여받는다는 내용이 담겼다.

통감부는 1908년 '삼림법'을 제정하고 1910년 '임적林籍조사사업'을 실시한다. 토지조사와 마찬가지로 식민지 개발을 위한 준비 작업이었다. 이때 조사된 한반도의 임야는 총 1,584만 정보로, 그중 46퍼센트에 해당하는 726만 정보가 '관리기관이 없는 국유임야'로 파악된다. 통감부는 이를 둘로 구분했다. 첫째는 요존要存국유림으로, 경제성이 뛰어난 나무가 많거나 군사상으로 중요해 직접 관리할 필요가 있는 곳이었다. 둘째는 불요존不要存국유림으로, 직접 관리하기엔 여러모로 많은 비용이 발생하니 굳이 갖고 있을 필요가 없는 곳이었다. 고민 끝에 통감부는 불요존국유림을 민간에 판매할 계획을 세운다. 재정수입의 확충과 일본인의 한반도 진출을 유도하기 위해서였다.[16]

통감부에 이어 한반도 통치를 시작한 총독부는 1911년 '삼림령'을 통해 국유림의 처분을 법제화했다. 여기엔 조림대부제도도 포함되었는데, 일정 기간 임야를 대부받아 총독부에서 정한 조림 기준에 부합하는 결과를 산출하면, 아울러 대부료를 완납하면, 해당 임야를 그대로 양여하는 제도였다. 1923년 기준 입목도 70퍼센트 이상, 천연조림 구역은 8년이 지나면, 인공조림 구역은 나무를 심은 후 2년이 지나면 성공 판정을 받을 수 있었다. 이 제도의 결과로 1941년까지 176만 정보의 국유림이 민간에 대부된다. 그중 성공 판정으로 양여된 임야는 95만 정보에 달한다.[17]

사실 이 제도는 문제가 많았다. 1910년, '임적조사사업'을 실시할 당시 주인 없는 땅을 찾아 국유지로 편입하는 데 급급한 나머지 수많은 소유권 분쟁을 불러일으켰다. 얼마나 엉성했던지 1918년, 총독부는 다시 '조선임야조사사업'을 실시하기까지 한다.[18] 그런 와중에 진행된 조림대부제도였다. 또한 '1차적으로 자본가의 손에' 주로 대부되면서 벌어지는 문제도 있었다.[19] 생활에 필수적인 땔감, 채소, 비료를 얻을 수 있는 임야는 공동으로 사용하는 경우가 많았다. 그러나 이러한 임야가 국유림으로 편입되면서 경제력 있는 조선인이나 일본인 개인에게 대부·양여되었고, 더 이상 임야를 이용할 수 없는 지역 주민들이 당국에 진정하는 일이 빈발했다. 독한 경우엔 임야 주변으로 울타리를 치고 부녀자가 나물을 캐는 것도 막았다고 한다.[20]

허홍무 일가도 이 제도를 통해 임야를 획득했다. 기록을 통해 그 과정을 따라가 보자. 처음 기록물을 접했을 때, 온통 수기로 적힌 일본어인 데다가 기록 순서가 뒤죽박죽이라 애를 먹긴 했지만, 시간을 들여 나름 내용을 정리할 수 있었다.

먼저 〈충남권忠南勸 제1869호〉다. 허벽의 아버지 허환이 임야를 대부받는다는 내용이 담겼다. 최종 결재자인 충청남도지사의 도장이 찍힌 이 문서엔 대부받는 임야의 위치, 면적, 용도, 대부 기간, 대부료 등이 기록되어 있다. 허환이 당국으로부터 승인받은 대부 기간은 1923년 12월부터 1929년 11월까지 6년간으로, 임야의 위치는 영인면 신운리 산58번지였다. 크기는 '3정町 1단段 4畝무.' 1정은 3,000평, 1단은 300평, 1무는 30평이니 환산하면 9,420평이다. 연 대부료는 기본 1원 57전에 더해 1정보당 50전씩, 3원 57전이었다.

그렇지만 어쩐 일인지 허환은 대부가 종료되는 1929년이 지나서도 양여 신청을 하지 않았다. 1931년 7월, 허환이 59세의 나이로 사망하는데, 아마도 신청자인 허환이 긴 시간 아프거나 움직일 수 없는 상황에 놓이며 신청을 하지 않은 것 같다. 양여 신청은 호주를 승계한 장남 허벽에 의해 이뤄졌다.

허벽은 1932년 6월 중순, 양여 신청 서류를 당국에 제출한다. 〈국유임야 대부지번 면적 병並 명의변경 정정원〉, 〈대부료 납부 제濟증명원〉, 〈국유임야 양여원〉 세 가지다. 첫째는 대부받은 임야 중 일부가 밭으로 변경되었으니 지번과 면적을 바꿔 줄 것과 아버지가 돌아가셨으니 명의를 자신으로 정정해 달라는 신청서다. 산58번지는 필지가 나뉘었고, 지번은 산58-1번지로 변경된다. 이에 대해 〈임야대장〉과 〈토지대장〉에 각각 등록되었음을 증명하는 〈산58번 분필에 의한 지목 변경표〉가 첨부되었다. 둘째는 대부료를 모두 납부했음을 확인하는 증명서로, 대부료 징수 책임자인 아산군수로부터 발급받았다. 셋째는 조림에 성공했으니 국유림을 자신에게 양여해 달라는 신청서다.

신청을 접수한 아산군은 실제로 조림에 성공했는지 조사하기 위해 소속 공무원을 파견했다. 산업기수産業技手 직급을 가진 아사다 마사오淺田正雄라는 일본인이었다. 그 결과로 작성된 문서가 〈조림 사업 성공 조서調書〉다. 1932년 6월 25일에 작성된 이 문서엔 심은 나무의 나이, 생육 상황, 성공 정도, 대부료 완납 여부 등 성공 판정을 받을 만한 요건이 갖추어졌는지 적혀 있다.

성공 판정을 내린 아산군은 7월 5일, 충청남도에 〈국유임야 양여원의 건(아서발牙庶發 제411호)〉 공문을 보내 양여 처리를 요청한다. 자신들이 확인하니 양여할 요건이 다 갖추어졌고, 양여에 대해 최종 결재권을 가진 충청남도에서 행정처리를 해 달란 말이었다.

검토를 마친 충청남도는 7월 18일, 〈조림 성공에 의한 국유임야 양여의 건(충남산産 제548호)〉을 발급하고 국유림 양여를 최종 승인한다. 산업과장, 내산內産부장, 충청남도지사가 도장으로 결재했다. 아울러 아산군에도 〈국유토지 양여 통지서(충남산忠南産 제548호)〉를 보내 군 차원의 행정 처리를 지시했다. 이렇게 해서 허벽이 소유권을 획득한 임야는 신운리 산58-1번지, '2정 9단 5무' 8,850평이었다. 필지 분할의 영향으로 처음 대부받을 당시 계약한 9,420평보다 크기가 줄었다.

'조림대부제도'는 "으레 일본인이나 대자본가들이라야만 허가를 얻을 것"이란 인식이 있던 만큼,[21] 사업을 성공적으로 진행한 허환과 허벽의 경제력을 가늠해 볼 수 있다. 그리고 최소한 허환이 활동했을 시기부터 상당한 재력을 갖췄다는 사실도 알 수 있다.

면협의원에 당선되다

두 번째 단서는 1935년과 1939년 영인면 면협의회 협의원 당선자 명단을 게재한 신문 기사다.[22] 여기서 허벽의 이름을 발견할 수 있었다.

총독부는 1914년 '부제府制'를, 1917년 '면제面制'를 실시해 행정구역을 대폭 정비한다. 이에 따라 도 아래 부와 군이, 군 아래에는 면이 위치하게 된다. 인구가 비교적 많고 상공업이 발달한 면은 '지정면'으로 정했다. 경기도 산하에 경성부, 수원군이 있고 수원군 밑에는 지정면인 수원면, 보통면인 일형면이 있는 식이다. 1931년에는 '읍·면제'를 제정해 지정면을 읍으로 바꾼다. 지정면 수원면이 수원읍으로 변경된 것이다.[23] 면협의회란 여기서 말하는 '면'에 설치한 '협의회'로, 자문기관 정도로 이해하면 된다.

그럼 면협의회는 언제, 왜 생겨났을까. 3·1운동으로 조선인의 격렬한 저항에 직면한 일제는 통치 방식을 변경한다. 이는 1919년 9월 새롭게 총독에 취임한 사이토 마코토의 유고諭告에 잘 드러난다. "관민이 서로 흉금을 터놓고 협력일치하여 조선 문화를 향상시켜 문명적 정치의 기초를 확립"하겠다며 이전의 '무단통치'와 구분되는 '문화정치'를 천명한 것이다. 사이토는 그 내용으로 헌병경찰제 폐지, 조선인 차별 완화 등을 제시했는데 아울러 "앞으로 기회를 보아 지방자치제도를 실시"하겠다고 언급했다.[24]

이에 따라 1920년 7월, 지방제도를 개편해 도·부·면에 자문기관을 두도록 한다. 기존에 있던 부의 부협의회에 이어, 도에 도평의회가 면에 면협의회가 새롭게 설치됐다.[25] '자문' 역할에 불과했던 이 기관들은 1931년 큰 변화를 맞이한다. 1929년 다시 총독에 부임한 사이토가 의결권을 부과한 것이다. 자신이 언급한 지방자치제를 '완성'한다는 명분이었다. 하지만 보통면에는 적용되지 않았다. 읍·면제를 실시하면서 지정면의 면협의회를 읍회로 바꾸고 의결권을 부과했지만 보통면의 면협의회는 그대로 두었다. 단, 그동안 군수가 임명하던 면협의원을 이제는 선거로 뽑게 했다.

하지만 지금의 선거와 달랐다. '25세 이상의 남자', '연간 5원 이상의 읍·면세'를 내는 자에게만 투표권을 부여했기 때문이다. 1931년 기준 충남에서는 일본인의 8.8퍼센트, 조선인의 1.5퍼센트만이 선거권을 행사할 수 있었다. 선거권을 가졌다면 원칙적으로 피선거권자가 될 수 있었다. 유권자가 선거 장소에 방문해 투표 용지에 직접 뽑고 싶은 후보자의 이름을 적는 방식으로 선거가 진행되었다.[26] 사실 커다란 금전적 혜택이 따르는 직책은 아니었다. 면협의원으로 활동하며 쓴 돈에 대해 비용 변상을 받는 게 다였다.[27] 그렇지만 공식적으로 뽑힌 주민 대표자로서, 지역사회로부터 명예와 영향력을 얻었다.

보통면인 영인면도 1931년부터 면협의원을 투표로 선출했다. 첫

선거에서는 총 10명의 면협의원이 선출됐다. 10명은 인구 5,000~1만 명에 해당하는 면의 면협의회 정원이었다. 임기는 4년. 허벽은 1935년과 1939년에 면협의원으로 선출된다. 특히 1935년은 장손 허홍무가 태어난 해였으니 겹경사로 여겼을 것 같다.

면협의회는 말 그대로 자문기관이었다. 면에 관한 중요 사안의 자문에 응하고, 공익상의 의견서를 제출하는 권한을 지녔지만,[28] 막상 의결권은 없어 행정 보조 역할에 그쳤다. 그렇다고 면협의원들을 '예스맨'으로 보는 건 곤란하다. 해당 지역 주민의 여론을 대변하며, 때로는 면 당국과 갈등을 빚기까지 했으니 말이다.

1934년 동래군 일광면에서는 해안선 도로 공사에 들어갔다. 그런데 일광면 면협의원들은 시급하지 않은 노선에 먼저 공사를 착수한 점, 처음 설계할 때의 도로폭 5미터를 면장이 임의로 6미터로 변경한 점, 실제와 달리 공사 규모를 축소해 얘기한 점을 들어 면 당국에 반대의사를 표명했다. 하지만 별다른 진척이 없자 성명서를 발표하고 총사퇴를 단행한다.[29]

또 다른 사례를 보자. 같은 해 평남 강서군 보림면에서는 면사무소를 다시 지으면서 아예 소재지 이전까지 계획한다. 면장 김영주金永柱는 면협의회를 소집해 협의원들에게 찬성해 주길 부탁했지만, 협의원들은 불필요한 이전 비용이 발생해 주민들에게 피해가 갈 것이라며 거부한다. "면사무소 이전과 동시에 주재소도 이전하여야 할 것인즉 그 비용이 적지 않을 것"이며 "이러한 비용으로 면민을 괴롭게 하느니보다도 같은 장소에 개축하는 게 좋을 것"이라는 면협의원 김대훈金大勳의 발언은,[30] 지금의 정치인과 견주어도 어색함이 없다.

물론 당국이 강행한다면 면협의원도 별 수 없었다. 그래도 이런 반대 행위가 행정 당국에 압박으로 작용했음은 분명한 사실이다. 종종 이러한 반대 행위가 전국 일간지에 소개되기도 했으니 신경을 안 쓸 수 없었다. 일제시기 '지역 정치'의 단면을 보여 준다. 허벽도 면협의원으로서 영인면의 정치 현장 속에 있었으리라 짐작된다.

참고로 1943년부터 면협의회는 실상 추천제로 바뀐다. 면장을 중심으로 지방 유력자와 함께 '후보자추천회'를 만들고, "국체의 본의에 투철하고 식견이 높으며 봉공심이 두터운 참으로 대전 완수에 정신분투할 유위한 인격자"를 추천하게 했다.[31] 일제에 충성하고 전쟁 수행에 적극 협력할 인물이 아니라면 면협의원은 될 수 없었다. 이때 구성된 면협의회는 1946년 3월에 가서야 미군정의 '군정법령 제60호'에 의해 폐지된다.[32]

마지막으로 허벽과 함께 당선된 영인면 면협의원들의 이력을 살펴보고, 지역 내 허벽의 위상을 가늠해 보자. 이상훈李相薰은 일찍이 영인면 청년들을 모아 아주구락부牙州俱樂部를 조직해 회장을 맡아, 지역에 학교를 설치해 주고 교사를 증원해 달라는 서명운동을 벌여 당국에 진정서를 제출한 바 있었다.[33] 또 아산청년회 총무를 역임했으며,[34] 영인면장이 발기한 아산교육회 부회장이 되어 지역 교육에 많은 관심을 기울였다.[35] 1930년부터는 영인금융조합 감사로 일했고,[36] 1937년 시점에는 이와 더불어 아산군학교평의원이란 공직에서도 활약한다.[37] 김상필金相弼은 아산 시장의 발전을 목적으로 결성된 아산번영회 회장을 지내며 가마니조합 설치를 주도했다.[38] 일본인 전대맹부田代猛夫는 지금의 소방서라 할 수 있는 아산소방조의 장을 지냈으며,[39] 정헌祖鄭憲祖는 궁핍한 60여 호의 호세戶稅를 대납해 줬다는 기록도 보인다.[40] 이 같은 사례에서 알 수 있듯 면협의원은 어느 정도 재력을 가진,

왕성한 사회 활동을 벌인 사람들이었다. 조림대부 관련 기록물과 면협의원 당선 신문 기사에 따르면, 허홍무의 집안은 허환 때부터 상당히 잘살았고, 그 아들 허벽이 면협의원에 당선될 정도의 부와 사회적 지위를 가졌다는 사실을 알 수 있다. "우리 땅을 밟지 않고 댕기는 사람이 없었어"라는 말이 괜히 나온 게 아니었다.

열세 살에 결혼한 허벽

이왕 허벽이 어떤 인물인지 알아보는 김에 그의 결혼에 대해서도 살펴본다.

〈호적부〉에는 허벽의 혼인 이력이 담겨 있다. 족보를 참고해 정리하면 이렇다. 융희 2년, 1908년 대한제국 시기에 허벽과 장춘섬張春蟾이 혼인한다. 1896년생 허벽은 13세, 1893년생 장춘섬은 16세였다. 결혼한 지 6년 만에 장남 허용이 태어났다. 모두 2녀 6남을 낳았다고 한다. 하지만 결혼은 22년 만에 끝이 난다. 장춘섬이 38세의 나이로 사망한 것이다. 그의 사망으로 혼인은 해소된다.

어떤 일이 있었는지는 모르겠지만, 장춘섬이 사망하고 1년 반이 지난 시점에 1904년생 28세 유채분柳彩粉과의 사이에서 딸이 태어난다. 곧이어 아들도 생겼다. 허벽과 유채분은 혼인한 사이가 아니었기에 둘의 자녀는 〈호적부〉에 서자庶子로 표시됐다. 그러나 1938년 허벽과 유채분이 혼인신고를 하면서 둘은 공식 부부가 된다. 두 자녀도 행정적으로 허벽의 적嫡자녀로 인정되었다. 이후 유채분은 딸을 하나 더 낳았지만, 1939년 36세의 나이로 사망하고 만다. 허벽의 나이 44세였다.

그런데 허홍무는 이렇게 기억한다.

"할머니가 돌아가셔서 할아버지가 작은할머니를 얻었어. 두 번째 부인이지. 할아버지는 나한테 깨끗한 옷을 입히고 넥타이 매 가지고 할먼네 집에 데리고 손잡고 갔었어. 가니까 사탕도 막 주더라고. 사탕이 뭐여, 그때는 그런 게 없었거든. 할아버지가 구두도 맞춰 줘서 나는 호강하며 지냈다구. 일반 사람들은 고무신 같은 것도 못 신던 때였어. 작은할머니는 같이 안 살았어. 영인 면사무소 근처에 집을 사 줘 가지고 따로 살았지. 내가 예닐곱 살 때였어."

그럼 허홍무가 말하는 작은할머니는 누구일까. 6, 7세 때라고 하니 1940년 즈음이다. 1939년 이후로 〈호적부〉에는 더 이상 허벽의 혼인에 대해 언급되지 않는다. 그렇다면 작은할머니란 허벽과 혼인은 맺지 않은 누군가다. 장춘섬의 존재를 모르는 허홍무는 "두 번째 부인"이라고 했지만, 굳이 따진다면 세 번째 부인으로 볼 수 있겠다. 할머니가 아닌 '작은할머니'라는 호칭은 법적 혼인관계가 아님을 드러내준다. 영인면 소재지에 집을 사 주고, 손주에게 예쁜 옷까지 입혀 찾아갔다고 하니 허벽이 많은 애정을 쏟은 것 같다.

여기서 잠깐, 허벽이 처음 결혼한 나이가 놀랍지 않은가? 오늘날 초등학교 6학년에 다닐 연령이다. 지금은 찾아볼 수 없는 조혼 풍습이다. 잠깐 조혼에 대해 얘기해 보겠다.

조혼이 문제로 지적된 건 조선시대 세종 대부터다. 너무 어린 나이에 결혼하면, 부모의 도리도 모르면서 자녀를 낳아 여러 문제가 생기는 점이 지적됐다. 그 뒤로 《경국대전》은 남자 15세, 여자 14세 이후에 혼인하도록 규정했다. 다만 부모 중 하나가 병에 걸렸거나 나이가 50이 넘은 상황에 한해 자녀가 12세 이상이라면 관에 고하고 혼인할 수 있었다.[41] 1907년부터는 일본 민법을 참고해 남자 만 17세, 여자 만 15세 아래를 조혼의 기준으로 삼았다. 이 기준은 한일병합 이후에도 지속된다.[42] 2023년 현재는 법적으로 남녀 만 18세부터 결혼할 수 있다. 사실 이렇게 보면 조혼이란 시대에 따라 달라지는 상대적인 개념이다. 그럼에도 허벅이 결혼한 나이는 조선시대 기준으로도 조혼에 해당하는 13세다. 아직 웬만큼 자랐다고 할 수 없는 어린 나이란 건 확실하다. 왜 이렇게 일찍 자녀를 결혼시킨 걸까?

먼저 평균수명이 매우 짧았다는 점을 들 수 있다. 지금이야 '백세인 생'을 얘기하지만 1900년대만 해도 평균수명은 20세를 조금 넘는 수준이었다.[43] 위생 관념, 치료 여건이 모두 열악했다. 아이를 낳아도 일찍 죽는 경우가 허다했다. 남자를 낳아 집안의 대를 잇는 걸 중요하게 여긴 사람들의 심정은 조급할 수밖에 없었다.

집안이 제일 우선이고, 부모님의 말은 거역할 수 없는 사회 분위기도 한몫했다. 그래서 부모의 절대적인 의지 아래 결혼이 결정됐다. 자녀는 잠자코 따라야 했다. 춘원 이광수가 묘사한 대로, 두 집안의 가주家主가 만나 "네 딸을 내 며느리로 다오", "오냐. 네 아들을 내 사위로 삼으마!" 이렇게 말하고 서로 약주를 따라 주면 혼인이 결정됐다.[44]

조혼의 가장 큰 문제는, 자신의 가치관과 이성에 대한 기준이 세워지기도 전에 평생 함께해야 하는 사람이 부모에 의해 강제로 정해졌다는 것이다. 사랑해서 결혼해도 시시때때로 위기가 찾아오는 게 결혼 생활인데 어느 날 처음 본 사람과 일생을 보내야 한다니, 상상하기 어렵다.

그 결과는 어땠을까. 1935년, 학자 김두헌金斗憲은 조혼에 대한 연구를 발표했다. 그는 이 연구에 당시 조혼 경험자의 목소리를 옮겨 놨다. 그중 몇 개를 살펴보자.[45]

- 전연 맹목적인 결혼이었다. 형의 사후 3년에 아무것도 모르고 명령대로만 결혼하였다. 그 후 시일을 지남에 따라, 상호 의견의 차이가 심하고, 따라서 불화한 일이 많고 전도양양한 나로서 장래가 걱정되어, 암루暗淚(소리 없이 흘리는 눈물)를 이기지 못할 지경이다.
- 숙부가 억지로 권하여 결혼하였으나, 마음에 맞지 않은 중에 그대로 일생을 지낼 작정이다.
- 처음에는 좋게 생각하였더니, 차차 후회가 났다. 그러나 조혼은 고풍古風으로 좋은 점도 있다. 왜 그런가 하면 후계자가 얼른 생겨서 부모를 안심시킬 것인 까닭이다.

예상할 수 있듯, 부부가 서로 맞지 않아 가정 생활이 쉽지 않았다. 분노를 삭이거나 체념할 뿐이었다. 결혼은 후회하나 부모님을 위해 후계자를 빨리 둘 수 있어 좋다는 말도 있는데, 이는 조혼이 왜 오랜 세월 지속됐는지 보여 준다.

'이와무라岩村'로 창씨, 나아가 개명까지

"이거는 꼭 메모해야 돼. 일본이 침략해서 우리나라에 들어왔을 때, 자기네 나라로 만들려고 이름을 바꾸게 했어. 한국 사람이 김 아무개면은 자기네 이름을 주입시켜 이름을 바꿨지. 내 이름은 이 와무라 하루시계였어. 신운리에서 바꿨어. 일본 사람이 영인면 면사무소를 차지하고, 주관해서 있던 면사무소 직원을 통해서 통보해서 집집마다 이름을 다 바꿨어. 다른 어른들 일본 이름은 잘 모르겠네. 하도 어렸으니까."

창씨개명이라고 하면 '일제가 조선인에게 성과 이름을 일본식으로 바꾸라고 강요한 일'이라 떠올린다. 하지만 이러한 정의는 정확하다고 할 수 없다. 먼저 한국에서 말하는 '성姓'과 일본에서 말하는 '씨氏'의 개념부터 알아 보자. 일본의 유명한 애니메이션 〈짱구는 못 말려〉의 짱구 엄마 봉미선을 예로 들겠다. 일본어 버전과 한국어 버전에서 그의 이름은 '성'과 '씨'의 차이를 명확히 보여 준다.

원래 조선인은 호적에 '본관+성+명'의 이름 체계를 기재했다. 봉미선의 본관이 경주라고 가정한다면, 호적부 본관란에는 경주, 성명란에 봉미선이라고 적는 식이다. 여기서 본관인 '경주'와 성인 '봉'은 아버지에게서 내려온 것으로, 부계 혈통을 나타내며 변하지 않는다. 짱구의 아버지 신영식과 결혼했더라도 호적부에는 아버지로부터 물려받은 본관과 성은 그대로 유지된다.

반면 일본인은 '씨+명'의 이름체계를 사용했다. 여기서 씨는 '가家'를 표현하는 식별부호로, 같은 호적에 등재된 사람은 모두 동일한 씨를 사용한다. 만약 여자로 태어난다면 결혼 전 아버지 가에 속했을 때의 이름, 결혼 후 남편 가에 속했을 때의 이름이 다르다. 봉미선의 일본 버전 이름은 고야마 미사에, 노하라 미사에 이렇게 두 개다. 고야마 미사에는 결혼 전 일본 이름으로 고야마 가에 속한 미사에라는 의미다. 하지만 남편 노하라 히로시와 결혼하고는 노하라 가에 소속되면서 호적에 기재한 이름도 노하라 미사에로 바뀐다.

따라서 '성'과 '씨'는 다른 개념으로 이해해야 한다. 그래서 성을 바꾸라는 뜻의 개성改姓이 아니라, 씨를 새롭게 만들라는 뜻에서 창씨創氏라고 한 것이다. 실제로도 총독부는 호적에 '본관'과 '성'을 남겨두도록 했다. 다만 씨를 새로이 만들어 '씨+명'을 법률적 호칭으로 사용할 뿐이라고 홍보했다.

또한 창씨는 강제적이었지만 개명은 선택사항이었다. 심지어 1인당 50전의 수수료를 지불하고, 재판소에 신청 이유를 제출해 허가를 받아야 개명이 이루어졌다.[46] 그러므로 창씨개명은 '일본식 씨를 새롭게 설정해 법률적 호칭으로 사용하도록 강요한 일'로 이해해야지 않을까 싶다. 엄밀히 따지면 개명은 선택사항이니 '창씨'로 표현해야 옳을 것이다.[47]

창씨 신고는 일본 진무천황 즉위 2,600년 '기원절'에 맞춰, 1940년 2월 11일에 시작되었다. 신고 기간은 8월 10일까지 6개월이었다. 그런데 일제는 왜 갑자기 창씨를 강요한 걸까?

그전까지는 조선인이 일본풍 이름을 갖지 못하게 했다. 지배자와 피지배자로서 법률 적용이나 대우·급여에 차등을 두었기 때문이다. 그러나 1937년 중일전쟁이 발발하고 점점 전선이 확대되면서 상황이 바뀐다. 그동안 차별했던 조선인의 협력이 절실해진 것이다. 이를 위해 일본은 조선인 스스로가 천황의 신민으로 여기도록 만들고자 했다. 황민화皇民化 정책을 실시한 것이다.

조선인의 모든 것을 일본 스타일로 바꾸려 했다. 창씨도 그중 하나였다. 일본의 가家제도를 조선에 뿌리내리려고 했던 것이다. 여기엔 천황제 국가의 지배원리를 이식한다는 의미도 담겼다. 일제는 천황을 종갓집으로 두고, 그 아래 신민인 가장들이 이끄는 여러 가家가 있어 국가 전체가 천황을 중심으로 운영된다고 생각했다. 그런데 조선은 부계 혈통의 조상을 숭배하는 가족제도가 공고하므로 천황의 지배에 방해된다고 본 것이다.[48]

씨만 새로 만든다고 해도, 실생활에 사용하는 이름을 갑자기 바꾸라는데 좋아할 사람이 누가 있을까. 창씨 신고율은 처참했다. 시행 후 두 달이 지난 1940년 3월 말, 전체 호수 중 신고 비율은 1.5퍼센트, 4월 말에는 3.9퍼센트에 불과했다. 신고 기간의 절반이 지났는데도 말이다. 처음엔 강제가 아니라고 얘기했던 총독부는 이제 강한 '독려'를 시작했다. 창씨를 비판하는 사람은 적극 처벌에 나섰다. 사실상 강제였다. 신고율을 높여 성과를 내라는 공문이 각 기관에 하달됐고, 마을마다 관공서 직원이 돌아다니며 신고를 재촉했다. 그 결과 신고 종료일인 8월 10일엔 80.3퍼센트의 신고율을 달성한다.[49]

그럼 허홍무의 가족은 어땠을까. 허홍무는 잘 기억하지 못하지만 허벽의 〈호적부〉를 보면 관련 기록이 고스란히 남아 있다. 허벽은 호주의 자격으로 이와무라岩村란 씨를 설정했다. 양천陽川 허씨의 '양천'은 지금의 서울 양천구 지역으로, 이곳엔 구멍 뚫린 바위가 있어 '공암촌孔岩村'이라 불렸다. 이 바위에서 양천 허씨의 시조 허선문이 태어났다는 설화가 전한다.[50] 그래서 '공암촌'의 '암촌'을 따 씨로 만들어 자신들의 뿌리를 드러내고자 한 것으로 생각된다.

허벽이 창씨를 신고한 시점은 총독부가 한참 독려에 나섰을 무렵인 1940년 6월 3일이었다. 같은 해 12월 24일, 이와무라 가家 일원은 모두 대전지방법원으로부터 개명을 허가받는다. 그리고 1941년 1월 16일 관련 서류를 호적계에 제출하고 공식적으로 개명이 완료된다. 이에 따라 바뀐, 법률적으로 인정되는 허홍무 가족의 이름은 다음 표와 같다.

가족관계	원래 성명	창씨개명 후 씨명
할아버지	허벽許璧	암촌승명岩村承明
아버지	허용許鏞	암촌건일岩村健一
어머니	지일영池日永	암촌길자岩村吉子
삼촌	허규許圭	암촌성일岩村誠一
삼촌	허창성許昌成	암촌무일岩村武一
고모	허을련許乙連	암촌춘자岩村春子
고모	허창록許昌錄	암촌문자岩村文子
고모	허효행許孝行	암촌행자岩村幸子
본인	허홍무許鉷茂	암촌춘무岩村春茂
동생	허창무許昌茂	암촌창조岩村昌助

호적상 허벽의 동생 허옥許玉의 가족과 창씨 전 출가·사망, 창씨 이후에 태어난 경우는 제외했다.

여자의 이름은 모두 '자子'로 끝나는 게 흥미롭다. 이처럼 허홍무의 가족은 창씨는 물론 수수료를 따로 지불해 개명까지 마쳤다. 1940년이면 허벽이 두 번째 면협의원을 지낸 지 1년이 된 시점이다. 지주로서 경제적 안위를 위해서라도, 정치 활동을 하며 마주할 식민 당국과의 관계를 위해서라도 허벽은 적극적으로 창씨에 협력하고 나아가 개명까지 했다.

참고로, 일본식으로 바뀐 이름은 1946년 10월 23일 미군정이 발포한 '조선성명복구령'에 의해 한국식으로 모두 복구된다. 허벽의 〈호적부〉에도 그 흔적이 남아 있는데, 모든 구성원 이름이 단기 4279년, 즉 1946년 12월 24일을 기점으로 개정되었다는 기록이 선명하다.

돈 쥐어 무마한 주조酒造 단속

"집에 술항아리도 있었는데, 일하는 사람들 술 갖다 주고 집에서 할아버지가 잡숫고 하느라고 항아리가 어른 키만 했어. 술 만들 때 쌀이 한 가마씩 들어갔다고. 근데 당시 일본 놈들이 술 조사를 나왔어, 못 해먹게 하려고. 그 당시 어땠냐 하면, 일본 놈들이 총 관리를 했거든, 생활에 대한 거를 관리했다고. 쌀을 일본으로 가져가려고. 술은 다 막걸리였지, 그때 다른 술은 없었어.

술 조사 나와서 걸리면 벌금 나오고, 술 다 압수해 가고, 막 처벌 받고 그랬어. 그거 피하려고 땅 파서 항아리 숨기고서 위에다 짚 같은 거 막 쌓아 놓았어. 그 안에다 해 놓고 먹고 그랬는데, 그거까지도 막 뒤져서 걸린 사람들 많았지. 걸리면은 영창에다 집어넣었어. 그때 영창에 들어간 사람은 한 달씩 있다 나오고 벌금도 물었어. 우리 집은 술에 대해 걸리면 적당히 돈을 줘 가지고 무마했는데, 돈이 많고 하니까 일본 놈이 고개 숙이고 들어오고 그랬어."

일제는 식민지를 운영할 재원으로 땅에 주목했다. 토지조사사업을 실시해 막대한 지세를 거둬들였다. 그런데 땅 말고도 일제가 세금 재원으로 주목한 것이 있으니 바로 술이다. 조선인의 막대한 술 소비량은 식민 당국의 눈길을 끌었고, 술에도 세금을 매기기로 결정한다. 하지만 문제가 있었다. 대부분의 조선인이 자급자족으로 술을 빚어 마셨기 때문이었다. 그 많은 집을 일일이 찾아가 얼마나 마시는지 확인해 세금을 물리긴 어려웠다.

일제는 마스터플랜을 세운다. 자가용주 제조를 억제하고 상업용주 제조를 전문으로 하는 기업을 키워, 종국엔 조선인이 술을 가게에서 사 먹게 한다는 계획이었다. 그렇게 된다면 주조업자를 통제하기도 쉽고 세금을 안정적으로 확보할 수 있었다.

먼저 실태 파악에 나섰다. 1909년 대한제국 시기 시행한 '주세법'을 통해서였다. 술을 만드는 사람이면 누구든 제조장 1개당 면허 1개씩 발급 받도록 했고, 그렇지 않으면 벌금에 처했다. 그리고 면허 기피를 막고자 낮은 수준의 세금을 설정했다. 그 결과 1915년에 이르면 등록된 제조장 수가 40만에 육박한다. 이즈음 일제는 식민지 조선의 주조업 상황을 모두 파악했다고 판단한다.[51] 다음 스텝으로 넘어갈 차례였다.

1916년 총독부는 '주세령'을 발포한다. 골자는 다음과 같았다. ① 자가용주 면허 소지자는 제조량을 소량으로 제한하고 높은 세율을 매긴다, ② 1년 동안 총독부가 정한 기준 이상의 물량을 생산하지 못하는 제조장은 면허를 발급하지 않는다.

탁주(막걸리)를 예로 들면, 이제 자가용주 면허 소지자는 2석까지만 만들 수 있었다. 1석(한 말의 10배로 180리터에 해당) 미만은 1원, 1석 이상은 2원의 세금이 붙었다. 영업용 탁주가 1석당 0.7원인 것에 비하면 고율이었다. 세금은 계속 올라 1922년 석 수에 상관없이 3.5원, 1927년엔 6원에 이른다. 집에서 술 좀 만들어 먹겠다는데 행정적으로 수속 밟을 일은 늘었다. 점차 부담을 느낀 사람들은 면허를 반납했고, 1916년 30만 7,000명이던 자가용주 면허자는 1931년엔 1명으로 줄어든다. 결국 이듬해부터는 자가용주 면허제도가 완전히 폐지되기에 이른다.[52]

한편 총독부가 정한 물량을 맞추지 못한 작은 제조장들도 점차 사라졌다. 1916년 소주 2석, 탁주·약주 5석이었던 기준이 1919년엔 소주 5석, 탁주·약주 10석, 1927년 모두 20석으로 대폭 늘어났다. 음식점 겸업도 금지해, 술을 만들어 음식을 함께 내놓는 주막 같은 곳은 술, 음식 둘 중 하나를 포기해야 했다. 아울러 신규 면허 발급도 제한되면서 남은 제조장은 대규모 자본을 갖춘 소수에 불과해졌다. 일제의 마스터플랜이 성공한 것이다. 그 결과 1934년이 되면 주세액은 전체 조세액의 29.5퍼센트를 차지한다. 지세액을 넘어선 수치였다.[53]

자가용주 제조면허자가 사라졌다고 해서 집에서 술을 빚지 않는 것은 아니었다. 오히려 허가 받지 않은 술, '밀주'가 성행했다. 이러한 상황을 보여 주는 재밌는 기사가 있다. 1924년의 기사로, 부산의 한 독자가 불평을 말하고, 부산부 재무과 담당자가 답변하는 형식이다.

불평: 요새부터 양반들이 돌아다니면서 남의 집에 침입해 밀주 조사를 한다 하며 온 집 안을 뒤지니 이것이 옳은 일인가? 주인이 양조하지 않는다는 말을 듣고도 벽장까지 뒤지는 것이 관리의 특권인지 당국자에게 좀 질문하고 싶다.

답변: 아시는 바와 같이 밀주 조사에 대하여는 조선 명절 때는 해마다 한 번씩 형식상으로 조사 아니 할 수 없는 까닭에 계원들을 출장시킵니다. 조사 방법은 남의 집에 들어갈 때 그 주인에게 먼저 통지해서 주인의 양해를 얻은 후에 조사할 뿐만 아니라, 신을 신고 함부로 남의 안방에 들어간다든지 난폭한 행동을 하지 않도록 이미 엄중히 주의시켰습니다. 이후에도 그런 일이 없도록 다시 주의시키겠습니다.[54]

'형식상으로라도' 조사에 나섰던 이유는 바로 밀주 때문이었다. 제사상에 올릴 술은 집에서 담는 경우가 대부분이었고, 이것은 허가 받지 않은 '밀주'에 해당됐다. 관원이 매년 명절마다 집집마다 조사할 정도로 면허 없이 술을 만드는 경우가 많았던 것이다. 사람들은 밀주 단속을 피하기 위해 벽장에까지 술을 숨겼고, 이를 아는 관원이 벽장을 강제로 뒤져 보곤 했다.

1934년 자가용주 면허제가 폐지된 뒤에도 밀주 생산은 지속됐다. 어른 키만 한 막걸리 항아리를 땅에 파묻고, 짚으로 덮어 숨겼다는 허홍무의 구술이 이를 증명한다. 하지만 허홍무가 경험한 밀주 단속의 성격은 위 기사의 것과 달랐다. 기사의 밀주 단속이 주조업 집약화, 세금 증액을 목적으로 이뤄졌다면, 허홍무가 말하는 밀주 단속은 전쟁으로 술을 빚을 쌀이 부족한 속에 진행됐기 때문이다.

1937년 중일전쟁을 일으킨 일제는 1938년 '국가총동원법'을 선포한다. 일본 본토와 식민지의 모든 인력과 물자를 통제할 근거를 마련한 것이다. 곧이어 한반도에서 발생한 1939년 대가뭄에 충격을 받은 총독부는 미곡 통제를 시작했다. 전장에 보낼 쌀도 부족한데, 사람들이 마음대로 쌀을 사고팔게 내버려둘 순 없었다. 식민지 당국이 강제로 싼 가격에 미곡을 매입하는 공출供出이 시행되는 한편, 소비를 제한하기 위해 배급을 시행했다. 1943년의 '조선식량관리령'은 그 절정이었다. 그래도 조금이나마 허용되던 미곡 거래는 이제 아예 금지됐다. 오직 당국이 지정한 '조선식량영단朝鮮食糧營團'에 지정된 가격으로 넘기는 것만이 허용됐다. 시장가격보다 터무니없이 싼 값이었다.[55]

아울러 통제 대상도 확대되었다. "일본 놈들이 우리나라의 생활에 관한 모든 분야를 관리했다"는 말 그대로, '곡물의 가공으로 생긴 부산물 등의 수급 조정에 관한 건'을 시행해 쌀겨, 깻묵, 옥수수 껍질까지도 통제할 정도였다. 미곡과 마찬가지로 총독이 지정한 사람이 아니면 거래가 불가했다.[56] 그럼에도 식량 사정은 나아지지 않았고 1944년이 되면 도토리까지 줍게 해 거두기에 이른다.[57]

이런 분위기 속에서 밀주를 만든다고 쌀을 한 가마나 썼다고? 있어서는 안 될 일이었다. 하지만 영인면의 유지의 힘은 강했나 보다. 조사 나온 일본인이 '고개 숙이고' 들어오고 돈을 쥐어 주면 조용히 처리했다니 말이다. 그 시절의 유전무죄랄까.

2

식민지 농촌 지주가
사는 방식

소작 주고 소작료 징수

"그라구 내가 어렸을 때는 흉년이 들어서 다들 너무 어렵고 가난했어. 근데 우리는 천석꾼이라 타작을 받았어. 타작이라는 것이 무엇이냐 하면, 우리가 농사 지으라고 논을 500평을 주면은 그 사람이 농사를 지어 가지고 10분의 2를 갖다 주고 나머지를 자기네가 먹는거야. 그 많은 땅을 남 줘 가지고 농사를 지어서 수확을 하면은 그걸 갖다가 창고에다가 다 쌓아 놓았지. 동네에 창고가 있었는데, 그게 우리 거였어."

당연한 이야기지만, 허홍무의 할아버지는 그렇게 큰 땅을 직접 농사짓지 않았다. 머슴을 세 명이나 고용한 걸 보면 자작으로 농사짓는

땅도 일부 있었으리라 짐작되지만, 대부분의 땅은 소작을 줬다. 소작은 남의 땅을 빌려 농사를 짓고 대가로 수확량의 일부를 내는 방식을 뜻한다.

넓은 땅을 갖고 소작을 나눠 주는 지주제가 한반도에 정착한 건 16세기 후반이다. 토지에 부과된 조세를 벼슬아치가 직접 수취할 권리, 즉 수조권收租權이 소멸되자, 일정량의 녹봉에만 의지할 수 없던 관료층은 땅을 사들이기 시작했다. 자연스레 토지는 하나의 상품이 되어 거래되었고 널따란 땅을 가진 지주가 등장했다.[58] 지주제는 일본 식민 당국의 토지조사사업과 등기제도를 통해 더욱 공고해졌다. 이에 따라 대토지를 소유하고 소작료를 받는 일은 식민지 조선에서 안정적으로 큰 수익을 올릴 수 있는 대표 사업으로 자리 잡는다. 오늘날의 '건물주'처럼.

지주제가 발달하기는 일본도 마찬가지였다. 메이지 정부가 토지의 사유를 공인하면서 확산됐다. 하지만 일본은 조금 달랐다. 제1차 세계대전에서 비롯한 호황과 세계시장 진출의 영향으로 공업화가 비약적으로 진행되었고, 보다 높은 수익률을 자랑하는 정기예금·공채·주식·사채와 같은 대체투자 수단이 등장했다. 또한 공황으로 쌀값이 폭락하고 조세·공과 부담이 늘었다. 대지주들은 원래 운영하던 소작지를 매각하기 시작했다.

반면 식민지 조선에서는 조선총독부가 지주를 우선하는 농업 정책을 시행했다. 금융 지원도 뒤따랐다. 이에 따라 식민지 조선 지주들은 토지의 유지 혹은 확대를 선택했다. 시간이 갈수록 소작농 비율이 줄어든 일본과 달리, 식민지 조선의 소작농 비율은 계속 늘어났다. 1913~1919년 38퍼센트에서 1941년 54퍼센트까지 증가했다.[59] 허홍무 집안의 소작지 운영도 이러한 맥락 속에서 이뤄졌다.

식민지 조선에서 소작료를 받는 방식은 세 가지로 나뉜다. ① 소작료 액수를 고정하는 정조定租, ② 지주와 소작인이 수확량을 어떤 비율로 나눌지 정하는 타조打租, ③ 수확 직전에 지주와 소작인이 함께 혹은 지주가 혼자 작황을 보고 어떻게 분배할지 정하는 집조執租다. 1930년 통계를 보면 타조가 44.4퍼센트로 가장 많고, 집조 28.2퍼센트, 정조 19.2퍼센트순이다. 허홍무가 그 비율을 '10분의 2'라고 한 걸 보면, 허벽과 그의 소작인들은 타조로 소작료를 책정했다고 할 수 있다. 정조는 소작인이 일정액만 내고 나머지는 자신이 가질 수 있기에, 지주가 간섭을 하지 않아도 열심히 농사를 지었다. 하지만 타조는 비율만 정했으니 그 동인이 상대적으로 적어 지주의 간섭이 많았다고 한다.[60]

한편 소작료를 10분의 2로 책정했다는 대목은 의심스럽다. 허수열의 소작료율에 대한 연구에 따르면, 당시 충청남도의 소작료율은 2할을 훨씬 넘어서기 때문이다. 허홍무가 태어난 1935년부터 여덟 살이 되는 1942년 사이의 통계치를 보면 4~6할이 기본이다. 끔찍한 대가뭄이 조선을 휩쓴 1939년에는 98.6퍼센트에 달하기도 했다.[61] 이때 조선 전체 논농사의 작황은 평년대비 46퍼센트였고 충남의 피해는 특히 심해 평년대비 31퍼센트에 불과했다고 한다.[62] 물론 이 수치가 평균값이기에 특수한 경우로 2할의 소작료를 거뒀을 가능성을 배제할 순 없지만.

사실 소작인은 소작료를 낸다고 끝이 아니었다. 종자, 비료, 농기구를 자비로 마련했고 세금을 부담하는 경우도 있었다. 게다가 지주가 마름, 즉 소작료를 징수하고 보관하며 소작 계약에 관여하는 소작 관리인을 고용했다면 그의 보수도 부담해야 했다.[63] 소작으로 재산을 불리기엔 빠듯한 현실이었다.

흉년과 '노블레스 오블리주'

> "창고에 쌓아 놓은 곡식은 벼도 있고 쌀도 있었다. 해마다 흉년이 들면 동네 사람들을 불렀지. 가을에는 농사짓고 수확한 직후라 곡 식이 많아 먹을 게 있지만, 봄쯤 되면 우리나라는 먹을 거 없어 가 지고 아주 어려웠어. 그래서 동네 사람들 오라고 해 가지고 창고에 쌓아 둔 도정한 쌀을 나눠 줬다구. 동네 사람들한테 팔았던 게 아니 라 그냥 줬어, 봄에."

"해마다 흉년이" 들었다니 그게 무슨 말일까. 실제로 허홍무가 다 섯 살이 되던 1939년, 한반도에 대가뭄이 찾아왔다. 여덟 살이 된 1942년에도 기록적인 가뭄과 함께 홍수 피해가 발생했다. 당연히 식 량 생산도 크게 줄었다. 큰 흉년이 발생한 것이다. 1937년 중일전쟁, 1941년 태평양전쟁으로 확대된 전황은 식량 사정을 악화시켰고, 공 출과 배급으로 식량 소비를 통제했다. 이러한 상황은 어린 시절이 흉 년으로 가득했다는 기억을 남기기에 충분했다.

1939년의 여름, 이상하리만치 하늘이 맑았다. 따가운 햇볕이 내리 쬐었다. 태평양 고기압이 한반도와 일본 일대에 머무르길 고집했기 때문이었다. 시베리아 캄차카반도에서의 연이은 화산 폭발 또는 태양의 흑점이 영향을 끼쳤을 거란 견해가 있지만 명확히 규명되진 못했다. 그 결과는 조선총독부도 여태껏 없었던 참혹한 피해라고 평할 정도였다.

논농사는 물이 매우 중요하다. 하지만 조선 중남부 강우량은 평년 대비 45.6퍼센트밖에 되지 않았다. 일조량도 5~6퍼센트 증가해 물 증발량이 늘었다. 온도도 벼의 생육에 큰 영향을 미치는데, 서울 기준 섭씨 33도 이상 폭염일수가 47일이나 됐다.[64] 기상청 기상자료 개방 포털 사이트에서 확인한 바, 뜨거운 무더위로 기억되는 2018년 여름, 서울의 폭염일수는 35일이었다.

그 결과 1938년 약 2,410만 석이던 쌀 생산량이 1939년 약 1,430만 석으로 급감했다. 약 1,000만 석가량이 사라진 것이다. 보리와 조는 생산이 소폭 늘었지만, 밭벼와 콩 생산도 크게 줄면서 식량 위기가 찾아왔다. 이후 생산량을 어느 정도 회복하지만 1942년 또다시 흉년이 닥쳐온다. 쌀은 약 900만 석 급감했고, 잡곡도 300만 석가량 감소했다. 쌀과 잡곡의 생산량은 눈에 띄는 회복 없이 해방까지 지속된다.[65]

논밭으로 둘러싸인 영인면 신운리도 대가뭄이나 홍수 같은 재해에 직격탄을 맞았을 것이다. 지주야 모아 둔 재산과 식량이 있으니 피해가 덜했겠지만, 자급자족하는 자작농과 그보다 더 열악한 소작농은 당장 먹고살 길이 막막했다. 허홍무는 이러한 상황에 처한 동네 사람들에게 쌀을 그냥 줬다고 얘기했는데, 과연 사실일까?

이는 사실일 가능성이 크다. 관련 연구에 따르면, 당시 조선 사회에는 "부자들이 도덕성을 갖추고, 그들이 빈민 구제와 자선의 주체가 될 것을 요구하는 심리가 존재"했다고 한다. 조선시대에는 재해가 있을 때, 국가의 진휼 정책과 함께 민간 차원에서 지주의 소작인 구제가 함께 이뤄졌다. 이것이 관습으로 남아 식민지 조선 사람들에게 영향을 준 것이다.[66] 현실적으로도 지주는 고통 받는 지역 사람들을 외면하기 어려웠다. 소작농은 거대한 땅을 대신 일궈 주고 소출을 주는 존재였다. 또한 서로의 소식을 다 알고, 일을 돕기도 하고, 행사에 참여하는 마을공동체의 일원이기도 했다. 마을 사람들이 말하는 평판도 무시하기 어려웠다. 허홍무의 할아버지는 자선의 주체가 되길 바라는 사회적 분위기 속에서 마을공동체에 대한 책임감 아래 쌀을 나눠 줬을 것이다.

실제로도 신문을 찾아보면, 영인면에서 지역 유지에 의한 지역민 구제 사례가 많이 보인다. 백석포리의 이종호는 가난한 집 26호에 쌀을 나눠 주었고,[67] 아산리의 류기홍은 수년 동안 연말에 세금 낼 전곡을 주었으며,[68] 아산리의 이경해도 수년간 세금을 대납해 주었다.[69] 1940년까지 이런 기사들이 등장한 걸 볼 때,[70] 허홍무가 말하는 자선 행위는 조선 사회 지역 유지들의 자연스러운 모습이라고 할 수 있다.

지주의 세금, 지세와 소득세

"토지세라고, 농사지으면 토지로 소득을 봤다 해서 세금을 내야 했어. 얼마 냈는지는 몰라. 할아버지들이 냈기 때메."

058

일제시기 지주는 자신이 소유한 땅에 대해 어떻게 세금을 냈을까? 한일병합 이후 조선총독부는 땅 주인인 지주가 세금을 낸다는 원칙을 확립하면서, 물론 소작인에게 전가하는 경우도 많았지만, 일시적으로 조선의 '결'제도를 유지했다. "1결結에 몇 두斗를 세금으로 낸다" 할 때 그 '결'이다. 조선에서 그랬듯 결의 등급에 따라 세금을 내도록 했다. 하지만 1918년 토지조사사업이 완료되자 그 방식이 바뀐다. 지주가 가진 땅의 가격, 지가의 1.3퍼센트를 지세로 거둔 것이다. 1922년엔 1.7퍼센트로 인상된다.[71]

1929년 대공황으로 쌀값이 폭락하자 조선 사회의 혼란이 가속됐다. 또한 1931년 만주사변의 여파로 본국으로부터 많은 비용이 소요되는 여러 정책도 하달되는 중이었다. 조선총독부는 이러한 변화에 대응하기 위해 충분한 재원을 확보할 필요가 있었다.[72] 그 결과로 1934년, 소득세가 도입된다. 동시에 지세 세율은 1.5퍼센트로 낮췄다. 이제부터 지주는 지세와 소득세를 함께 납부했다. 소득세는 소작료, 수확물의 가액 등에 부과했다. 전체 액수에 따라 내는 세율이 달랐는데 예를 들어 전체 소득이 5,000원 미만이면 3.5퍼센트 같은 식이었다.[73]

소득세를 도입했음에도 재정은 날이 갈수록 부족했다. 일본이 전쟁의 소용돌이에 빠졌기 때문이었다. 총독부는 아예 지세 부과 기준을 변경하기로 결정한다. 지세는 땅이 한정돼 세율을 크게 올리지 않는 이상 금액을 늘릴 수 없었다.[74] 더구나 과세 기준이 되는 땅값은 1910년대 토지조사사업 이후 업데이트되지 않았다. 그래서 선택한 게 땅 임대가격에 세금을 매기는 방법이었다. 재산세 성격의 지세를 소득세 중심으로 바꾸려는 목적도 있었지만 더 많은 지세를 확보하려는 의도가 컸다. 1940년부터 3년에 걸쳐 토지임대가격조사사업이 진행됐고, 1943년에는 임대가격의 5퍼센트를 지세로 내도록 지세령이 개정된다. 그 결과 1943년의 거둬들인 지세액은 전년도에 비해 65퍼센트 상승한다. 임대가격을 기준으로 한 지세는 해방 후 1950년까지 이어진다.[75] 허홍무가 기억하는 '토지세' 납부 장면도 이러한 과정 속에 있었다.

머슴을 셋이나 부리다

"알쏭달쏭 한데, 일꾼들은 일 년에 다섯 가마? 일 년 내내 일하는 걸로 쳐서 대여섯 가마 정도로 사람을 고용을 했어. 세 명."

허홍무가 말하는 일꾼이란 머슴을 의미한다. 3명의 머슴이 1년에 5~6가마의 쌀을 받고 일했다는 말이다. 머슴은 언제 등장했을까. 조선 후기, 임금을 주고 노동을 받는 고용 형태가 광범하게 확산하는 가운데 등장한 것으로 보인다. 1894년 갑오개혁의 신분제 폐지도 영향을 끼쳤다. 해방된 노비가 다시 고용계약을 맺고 머슴으로 변화한 것이다.[76]

일제시기 저명한 지식인 배성룡裵成龍이 쓴 머슴에 대한 분석을 보자. 1930년 시점의 글이다.[77] 그에 따르면 머슴은 보통 1년을 기간으로 사람을 고용하는 것을 의미한다. 머슴은 고용주의 집에서 함께 사는데, 대부분은 딸린 식구가 없는 사람들이다. 머슴에게 보수를 지급하는 방식은 다양했다. ① 현물인 벼로 받느냐 현금으로 받느냐, ② 선불이냐 후불이냐, ③ 옷, 담배, 신발을 고용주가 부담하느냐 자비로 마련하느냐에 따라 달랐고 지역별로 계약 관행이 존재했다. 일손이 많이 필요한 농번기에 2~3개월 정도만 고용하는 경우도 있었다.

보수는 숙련도와 체력에 따라 차등을 두었다. 1년 기준 30~40원부터 100원까지 폭이 컸다. 단기로 고용할 때는 옷과 식사를 자비로 하는 조건으로 60~70원을 받기도 했다. 숙련된 머슴의 하루 보수는 20~30전 정도인데 당시 국밥 한 그릇이 25~30전에 달했으니,[78] 처우는 매우 열악했다고 할 수 있다. 배성룡의 평가대로 "5~10년의 고용살이를 하고도 한 푼의 재산이라고는 가지지 못하고 그 일생은 조식粗食을 먹기 위해 남의 집, 남의 일터로 전전"하는 안타까운 처지였다.

배성룡은 그 배경도 설명했다. 바로 노동의 공급이 너무 많다는 것이다. 일할 사람은 많은데 일자리가 없어 싼값에도 사람이 몰릴 수밖에 없단 말이다. 소작지는 점점 얻기 어려워지고, 도시의 공업도 그리 발달하지 못했기에 일자리는 부족했다. 그래서 농촌에서 나고 자라 농촌이 익숙한 이들은 그대로 남아 머슴이 된다. 만약 고용주의 농업 경영이 집약화되어 수입이 늘면 머슴의 임금도 오를 텐데, 집약화는 지지부진하니 20년 전이나 지금이나 노동의 가치는 여전히 헐값에 머문다. 그래서 결국 "조선 농업노동자의 궁상은 형용키 어려울 만치 비참"할 수밖에 없다고 보았다.

허홍무 집의 머슴도 비슷한 상황이었을 것이다. 통계청에서는 조선총독부의 통계자료를 정리해 서비스한다. 이에 따르면 1930~35년에 중中 등급 벼 1석은 6~12원 수준이다. 허홍무 집에 머물던 머슴이

5~6석을 받았다고 하니, 1석을 간단히 10원으로 계산하면 그들의 노동 대가는 1년에 50~60원으로 예상할 수 있다. 당시 머슴이 받는 중간 정도의 임금이었다.

고용한 머슴의 숫자에도 주목해 보자. 1930년, 조선에서 머슴을 고용한 농가가 전체 44만 2,908호인데 고용된 머슴 숫자가 53만 7,432명이다. 평균을 내 보면 한 농가당 1.21명의 머슴을 고용한 셈이다. 머슴을 3명 고용한 농가의 수는 9,927호뿐이다. 비율로 보면 2.2퍼센트다.[79] 이 또한 허홍무 집안의 위세를 알 수 있는 대목이라 하겠다.

농촌의 권력, 정미소 운영

"도정기라고, 벼를 집어넣으면 기계가 돌아가면서 껍데기가 다 벗겨져서 내려오면은, 아래에 채가 있어서 쌀은 쌀대로 빠지고 껍데기는 껍데기대로 따로 나오는 기계가 있었어. 도정은 동네 방앗간에서 했는데, 방앗간이 우리 거였어. 도정기를 돌리려고 발동기를 하나 사다 썼지. 발동기는 저기 기름, 그러니까 석유로 돌리지. 당시에는 석유가 우리나라에 많았어. 석유만 따로 파는 가게도 있었어, 시내인 영인면 소재지에. 방아는 15마력짜리로 굉장히 컸지. 엔진 달린 방아 키가 가슴팍까지 닿았어."

수확한 벼는 껍질을 벗겨 가공하는 도정을 거친다. 그래야 먹을 수 있고 상품 가치가 커져 수월히 판매할 수 있다. 도정을 손쉽게 처리해주는 정미소는 농촌에 없어선 안 될 핵심 시설이었다. 당시 농촌에서는 여러 농가가 힘을 모아 조합을 설립할 정도로, '도정 기계'를 마련하는 데 많은 자본이 필요했다. 또한 기계를 가동할 석유 구입 비용도 만만치 않았다.[80] 1950년대까지도 이장 경력자나 마을에서 영향력 있는 인물이 방아를 도입했다고 하니 방앗간, 즉 정미소를 소유한 것은 농촌 사회에서 권력을 쥔 것이나 다름없었다.[81]

신운리에 위치한 정미소 기록을 찾을 수 있었다. 1929년에 간행된 《아산군지牙山郡誌》에서다. 이 책은 온양온천을 중심으로 아산을 소개한 책자로, 온양온천을 개발하고 운영하던 경남철도주식회사의 입김이 강하게 반영됐다.[82] 여러 지역 정보가 담겼는데, 공장 항목을 보면 딱 하나의 공장이 소개돼 있다. 바로 영인면 신운리에 위치한 정미소다. 1928년 말 시점의 조사 결과다. 이 공장은 70평 규모로 1924년 10월 창업되었다. 공장주는 류기영柳冀暎.[83]

류기영은 누구일까. 진주류씨대종회의 족보에 따르면, 그는 류혁로柳赫魯의 아들로 태어났으며, 류혁로의 형 류태로의 양자가 된다. 류혁로는 아산에서 성장한, 일제시기 식민 정책에 적극 협력한 유명한 고급 관리다. 1876년 장위영 영관이 된 후 갑신정변, 을미사변에 가담했고, 한일병합 뒤로는 여러 관직을 지냈다. 19년 10개월 동안 조선총독의 자문기구인 중추원에서 활동한 경력도 있다.[84]

그의 위세는 류기영에게도 이어졌다. 영인면 소재지인 아산리에 주소를 둔 그는 충청남도 평의원·도회의원을 네 차례나 역임했고, 영인면금융조합장, 충남수산회 의원을 지냈다. 아산군 내 중등교육기관 설립운동을 벌이고, 홍수가 빈발하는 곡교천의 개수 공사를 요구하는 등 지역 발전에도 힘썼다고 한다. 운수여객 회사인 온양온천 자동차부를 소유하고, 실을 생산하는 회사 충남제사忠南製絲의 이사를 지낸 활발한 사업가이기도 했다. 1937년 아산을 소개하는 신문 지면에 지역 중진으로 소개되는 저명인사였다. 그는 1938년에 사망한다.[85]

신운리 같은 작은 동네에 또 다른 정미소가 있을 것 같지는 않다. 허홍무의 말이 사실이라면, 1928년 이후 어느 시점에 허벅이 정미소 운영권을 넘겨받았다는 소리가 된다. 그 시점이 1930년대 중반이라면 그리 좋은 선택이 아니었다. 중일전쟁의 장기화로 석유가 부족해져 판매 통제와 배급제가 실시되고, 미국은 1941년 이래 석유·원유의 일본 수출을 금지한다. 1938년 정점을 찍은 식민지 조선의 석유 소비량은 1944년에 이르면 10분의 1 이하로 급격히 감소했다.[86] 정미소 설비를 가동하는 데 석유가 꽤나 들었을 것이므로, 시간이 흐르면서 경영 사정은 계속 악화됐으리라.

정미소에서 도정한 쌀은 가마니에 담겨 유통되었다. 이 가마니에 대한 허홍무의 설명이 흥미로운데, 한번 들어보자.

"쌀은 한 가마씩 셌어. 가마는 볏짚으로 만들었고. 볏짚을 두 가닥으로 만들어 꼬면은 새끼줄이 되거든, 그 새끼줄을 나무로 만든 가마틀에 넣어 만들었어. 옷감 짜는 것처럼 말이야. 가마니에는 벼도 담았고 쌀도 담았어. 동네 사람들이 만들었지. 가마 치는 사람들이 한 개에 얼마씩 팔았어. 그게 얼마였는지는 기억이 안 나."

짚으로 짜서 쌀을 담는 가마니, 가마. 우리에게 친숙한 말이다. 하지만 이 말은 일본어 '가마스かます'에서 비롯됐다.[87] 원래 조선에서는 홉

(0.18리터), 되(1.8리터), 말(18리터), 섬 혹은 석(180리터)이란 단위를 사용했다. 그리고 짚으로 짠 '섬'에 곡식을 담아 숫자를 매겼다. 곡식 천 석을 거두는 부자란 뜻의 천석꾼처럼 말이다. 그런데 어쩌다 가마니가 등장할 걸까? 한 가마는 한 석의 절반에 해당한다.

19세기 말, 조선의 시장이 개방되자 일본은 막대한 양의 미곡을 사들인다. 이때 일본 상인들에게 고민이 생긴다. 첫째는 조선에서 사용하는 포장재인 '섬'이 일본 시장에 통용되는 '가마니'와 맞지 않았다는 것이다. 섬으로 산 쌀을 일본의 소비자가 선호하는 가마니에 다시 포장해야 했다.

둘째는 섬이 가마니에 비해 헐거웠다는 점이다. 알갱이가 작은 미곡은 제대로 포장이 되어야 한다. 그렇지 않으면 내용물이 유출되어 손실이 발생한다. 조선의 경우 껍질 채인 벼 상태로 유통되었기 때문에 치밀하게 짜지 않은 섬을 사용해도 큰 문제는 없었다. 하지만 일본 상인은 현미나 백미로 가공해 쌀로 유통했기에 보다 촘촘한 가마니를 선호했다.

일본 상인들은 일본에서 직접 가마니를 가져와 사용하기 시작했다. 조선에서도 이에 호응해 인천미두취인소仁川米豆取引所에서는 포장재를 일본산으로 하도록 했고, 부산 곡물상 동업자들은 조선산 포장재를 사용하지 않기로 계약하기도 했다. 병합 직후엔 총독부에서 직접 가마니의 보급과 미곡의 포장을 개선하라는 내용의 시책을 발표했다. 힘들여 일본산 가마니를 구해 오기보다, 조선에서 생산하는 가마니의 품질을 높이겠다는 심산이었다. 그에 맞추어 1911년, 전라북도 장관이 농가 부업으로 가마니 생산을 장려하라는 유고諭告를 냈고, 옥구군 나포면에 승입제조조합이 설립된 사실도 확인된다. 승입繩叺이란 가

마니를 뜻하는 한자어다. 점점 한반도에서는 일본의 가마니 사용이 당연하게 받아들여졌다.[88]

총독부는 쌀이 중요한 만큼 쌀 담는 포장재도 중요하게 생각했다. 그래서 가마니는 총독부가 나서서 관리하는 주요 품목이었고 통계자료도 작성했다. 관련 연구를 살펴보면 가마니 생산량은 1931년 4만 3,915매에서 1941년 11만 7,269매로 크게 증가한다. 가마니 생산을 장려한 결과였다.

가마니는 규격·품질 검사를 통과해야 하는 하나의 '상품'이었다. 총생산량의 약 60퍼센트가 상품으로 판매되었다. 1938년 기준으로 매당 가격이 0.2원(20전)이었다.[89] 농촌에서 구하기 쉬운 짚을 원료 삼아 새끼줄을 꼬고, 이를 직물처럼 엮어 만든 가마니는 현금화하기 쉬운 상품이었다. 시장에 가지고 나와 팔거나, 소속된 가마니 조합에 넘겨 대금을 받으면 됐다. 때문에 많은 농가가 부업으로 가마니를 짜 소득을 창출했다. '동네 사람들이 만들어서 한 개에 얼마씩 팔았다'는 허홍무의 얘기는 이러한 흐름 속에서 나온 것이다. 실제로 당시 농가 수입에서 가마니가 차지하는 비중은 영세농가의 경우 최대 60퍼센트를 넘기도 했다.[90]

당시 영인면에서도 이러한 모습이 포착된다. 1932년, 지역 유지와 지역민이 아산 시장의 발전을 위해 아산번영회를 조직했다. 이때 이들의 결의 사항 중 하나가 가마니조합과 가마니 검사소 설치였다.[91] 가마니조합을 만들어 운영할 정도로 가마니 제작은 농촌 사회의 주요 산업이었던 것이다. 따라서 가마니 값이 떨어지면 농촌에 큰 문제를 안겼다. 1933년 3월 아산에서 20전이던 가마니가 11전으로 폭락하자 가마니로 생계를 이어 가던 농가는 보릿고개를 앞두고 살 길이 막막

할 수밖에 없었다.[92]

　가마니는 삶이 어려운 이들을 구제할 수단이기도 했다. 1932년, 아산 인주승입조합仁州繩叺組合에서는 "좁쌀죽으로 연명할 수 없는 빈호貧戶"에 돈을 빌려주어 가마니 짜는 자본금을 삼게 했고,[93] 1934년, 아산군에 해일이 덮쳐 이재민이 발생했을 때는 아산군농회牙山郡農會가 가마니의 원료가 되는 곡초를 사서 이들에게 배부하기도 했다.[94]

성행개평性行槪評: 착실 온순하나, 이해력 부족하와 실력을 충분 발휘치 못하였다.

신체상황 급及 소견: 보통이나 한 시간에 두 번의 소변이 있어 그 치료를 요함.

출결석에 대한 의견: 신체에 이상이 있어 출석 상황 불량한 편이었다.

가정환경: 부父 외 4인 가족으로서 소농가이나 생활 정도 보통이다.

부는 보통학교 출신이지만 교육열이 부족한 듯하다.

—6학년 담임 임형로林亨魯가 작성한 허흥무   〈생활기록부〉 내용.

2부.

몰락 속의
해방 전후

일제시기 한반도 대표 금광. 평북 운산에 있었던 운산금광 모습이다. 당연히 이 정도 규모에는 미치지 못했겠지만, 허벽, 허옥 형제가 운영했다는 수영금광도 제련장을 별도로 설치할 정도였다고 하니 상당한 규모였을 것으로 보인다.

※출처: http://archive.history.go.kr/id/AJP025_01_00V0043_079.

"부父 외 4인 가족으로서 소농가이나 생활 정도 보통이다." 1949년 허홍무의 6학년 담임선생이 기록한 가정환경 평가다. 1940년 전후만 하더라도 "돈이 많고 하니까, 일본 놈이 고개 숙이고 들어오고" 하던 허홍무 집안이 이제는 소농가라니, 대관절 그동안 무슨 일이 발생한 걸까. 2부는 그 과정을 소상히 살핀다.

미리 살짝 언급하자면 이렇다. 1939~1940년 조부 허벽이 동생 허옥과 함께 사업을 하나 시작한다. 바로 금광 개발 사업이었다. 막대한 비용을 들였지만 성과는 지지부진했다. 결국 집안 재산 대부분을 까먹기에 이른다. 어떻게든 가족을 먹여 살려야 할 처지에 놓인 아버지 허용은, 1943년 가족을 데리고 부평의 한 공장에 취직한다. 미쓰비시에서 운영하는 군수품 공장이었다. 그러다 1945년 해방을 맞이한다. 아산으로 돌아온 허용 가족은 처가 동네에 작은 집을 얻어 생활했다. 그럭저럭 잘살던 처가였기에 도움을 받아 정미소를 운영할 수 있었지만, 수완이 부족한 허용은 그 기회마저 날리고 만다. 허홍무 가족이 갑자기 '소농가'가 된 연유는 이랬다. 말 그대로 '몰락 속의 해방 전후'였다.

이렇게만 보면 허홍무 일가의 경험이 일제 말 태평양전쟁 아래 전시체제, 그리고 뒤이은 해방공간 속 정치 격변과 큰 상관이 있겠나 싶지만, 단연코 상관이 있다. 허벽이 금광 사업에 뛰어든 이유, 허용이 하필 부평 미쓰비시 공장에서 일한 이유를 따져 보면 모두 일제의 전쟁과 연결된다. 여기서 언급하진 않았지만, 군국주의로 범벅된 허홍무의 국민학교 저학년 생활도 마찬가지다.

다만, 해방 이후 시점 허홍무의 구술은 한반도 정치 상황을 잘 드러내지 않는다. 어려운 가정환경 속에서 쌀 심부름을 했던 기억, 국민학교·서당을 다닌 기억 정도다. 10대에 막 접어든 허홍무에겐 정치보다 눈앞의 삶을 사는 게 우선이었다. 모두가 정치에 관심을 쏟는 건 아니니까. 따라서 해방공간에 대해선, 그의 삶에 알게 모르게 영향을 끼친 한반도와 아산 지역의 정치 상황도 별도로 짚도록 한다.

집안 전설로 내려오던 금광. 놀랍게도 그 기록을 〈조선총독부관보〉에서 찾을 수 있었다. 국사편찬위원회 '한국사데이터베이스' 사이트에 접속하면 키워드로 〈조선총독부관보〉 내용을 검색할 수 있다. 낑낑거리며 관보의 구성과 내용을 이해하고, 무관한 검색 결과를 걸렀다. 그러고 찾은 허벽·허옥의 이름이 어찌나 반갑던지. 당시 금광 개발은 총독부 중점 시책이었다. 규모가 작은 광산이라도 관련 행정 사항을 관보에 기입했다. 덕분에 허벽·허옥이 운영한 금광의 실체를 조금이나마 알 수 있었다. 농지라는 꾸준한 수익률을 보이는 안전자산을 두고도, 왜 그렇게까지 공격적으로 위험자산인 금광에 투자했을까 궁금했는데, 자료를 더 뒤져 보니 당시 식민지 조선 산업계가 말 그대로 황금에 미친, '황금광黃金狂' 상태였다는 사실도 새로 알았다. 해방 후 귀국한 대한민국임시정부 요인들에게 자신의 별장을 내준 최창학 같은 이가 대표적 금광 개발 성공 신화의 주인공이다. 하지만 성공 이면엔 보이지 않는 실패 사례도 가득한 법이다. 허벽도 그중 하나였고. 그 탓에 허홍무의 도련님 시절은 일곱 살에 멈출 수밖에 없었다. 그렇게 허홍무는 혼돈의 해방 전후를 맞이한다.

1

'황금광' 열풍에 뛰어들다

장항행 기차에 실린 황금 덩어리

"허옥 씨라는 작은할아버지가 천안에서 금광을 했어. 허옥 씨가 원래 광산에서 일을 했던 거는 아니야. 천안역 철도국에 근무했는데, 당시 장항에 제련소가 있었거든. 장항은 충청도를 지나서 전라도 군산 가기 전에 있어. 기차 종점이었는데, 거기에 제련소가 있었어. 기차로 돌을 실어다가 거기서 부숴서 녹이면은 돌은 돌대로 물에 섞여서 나오고, 쇠는 쇠대로 나왔지. 철도국에 근무하면서 제련소 관리를 했다고. 그 바람에 금광을 생각한 거야."

허옥은 허벽의 일곱 살 터울 남동생으로 1903년에 태어났다. 허홍무가 말하는 시점이면 30대 중후반의 나이다. 그가 근무했다는 철도국은 조선경남철도주식회사朝鮮京南鐵道株式會社다. 민간 철도 회사로, 1927년 천안에서 안성을 거쳐 장호원에 이르는 경기선을 개통한 데 이어, 1931년 8월 천안부터 남쪽으로 장항에 이르는 충남선을 완공했다. 오늘날 장항선으로 불리는 바로 그 철길이다.[1] 철도가 주된 사업이었지만 온양온천, 보령의 해수욕장을 개발하고 선박·자동차 운수 사업까지 할 정도로 사업 영역은 다방면에 걸쳐 있었다. 본사는 천안에 있었다. 허옥도 천안에서 일했다고 하니 본사에서 일했던 것 같다.[2]

기찻길 종점은 장항항이었다. 한반도 중서부에서 산출되는 미곡 등의 자원을 기차로 실어 와 배로 옮기는 주요 거점이었다. 이곳엔 장항제련소도 건설되었는데, 기차로 이송된 광물을 곧바로 제련할 수 있게 제련소를 철도 종점에 둔 것이다. 조선제련주식회사朝鮮製鍊株式會社가 운영한 장항제련소는 1935년에 첫 삽을 떠 선착장과 함께 1936년 완공되었다.[3] 일제의 국책 사업인 만큼 빠르게 지어졌다. 6월 3일 준공식이 거행될 때 총독 우가키 가즈시게宇垣一成가 참석해 직접 축사를 할 정도로, 전쟁을 준비하는 일제의 입장에선 매우 중요한 제련소였다.[4] 아마도 허옥은 장항제련소로 향하는 막대한 양의 광석이, 자신이 일하는 회사 철도에 실려 옮겨지는 모습을 매일같이 보았을 것이다. 근데 하필 금광을 생각했다니, 이게 무슨 말일까.

1930년대 들어 일제는 적극적으로 금 비축에 나선다. 가장 큰 이유는 금이 대외 결제 수단으로 사용되었기 때문이다. 지금은 달러와 같은 기축통화를 사용하지만, 이때는 금이 최고였다. 잇단 전쟁은 '국방 자재'와 '생산력 확충 자재' 수입 확대를 불렀고, 결제 수단인 금이 보다 절실해졌다.[5] 또한 대공황 극복을 위해 통화 발행을 크게 늘린 탓도 있었다. 통화 가치가 폭락하지 않도록, 보험 격인 금을 상당량 확보해야 했다. 1937년 중일전쟁 발발로 전시에 돌입하자 이젠 더 많은 생산을 넘어 통제까지 하기에 이른다. 9월 총독부는 '조선산금령朝鮮產金令'을 제정한다. 금제품 제조에 까다로운 규제를 두는 한편, 금을 직접 매입해 식민지 조선의 중앙은행인 조선은행으로 금을 집중한다는 내용이었다. 조선은행의 금은 최종적으로 일본 정부에 전달될 예정이었다.[6]

이러한 정세에 맞춰 금 가격도 뛰어올랐다. 1911년 1돈에 2.95원이던 금값은 1937년에는 18원, 1939년엔 30원까지 오른다.[7] 게다가 당국에서는 금을 시가로 매입했다고 하니,[8] 금을 캐기만 하면 무조건 높은 가격으로 팔 수 있었다.

금 생산량 추이[9] (단위: kg)

연도	1910	1912	1913	1916	1919	1921	1930	1941	1943
생산량	3,476	4,324	5,374	6,938	3,172	2,670	6,186	24,137	5,432

1돈당 금 가격 변화[10] (단위: 원)

연도	1911	1932	1933	1935	1937	1939
가격	2.95	7.25	10	13	18	30

어느새 금광은 높은 수익률을 자랑하는 식민지 조선 최고의 투자처로 떠올랐다. '금광왕' 최창학과 방응모의 성공 스토리도 사람들의 입에 오르내렸다.[11] 황금에 미친 '황금광黃金狂시대'가 된 것이다. 아래의 비판은 당시 사회 분위기가 어땠는지 여실히 보여 준다.

조선은 어디로 가나? 이천만 민중은 망치를 손에 들고 다 광산으로 갈 것인가?……이와 같이 광업열이 팽창하여 그칠 바를 모른다 하면 삼천리 산야는 광구로 변하고 말 것인가? 땅속에 금·은·동·철이 무진장이라 하여도 결국은 유한한 것이다. 세계적 금광왕도 생겨야 하겠지만 '포드Henry Ford'와 같은 자동차왕도 생겨야겠고 '워너메이커John Wanamaker'와 같은 백화점왕도 생겨야 될 일이며 조선의 창공을 흐릴 만큼 연기를 토하는 대공장이 많이 서야 될 것이다. 조선 산업계에 오직 활기를 띤 것은 금광뿐. 뜻있는 사람으로 이것을 어떻게 볼 현상이냐?[12]

장항제련소는 금을 매입할 수 있는, 총독부로부터 지정 받은 업체였다.[13] 장항제련소가 매입한 금은 조선은행으로 옮겨졌다. 허옥이 보았던 회사 철도에 실린 광물은, 상당 부분 금을 함유한 광물이거나 현장에서 제련된 금괴였던 것이다. 매일 쏟아져 들어오는 황금을 직접 보며, "웬만한 양복쟁이로 금광꾼 아닌 사람이 별로 없고, 또 예전에는 금광꾼이라 하면 미친놈으로 알았으나 지금은 금광 아니하는 사람을 미친놈으로 부르리만치 되었다"라는 얘기를 들으며,[14] 허옥의 마음속엔 어쩌면 자신도 '금광왕'이 될 수 있다는 부푼 꿈이 피었을지도 모른다.

제2의 금광왕을 꿈꾸며

"금광 이름은 기억이 안 나. 천안 광덕에서 했어. 광덕 금광 거기. 현장에 가 봤지. 가 봤는데, 7~8명이 뺑 돌아서 원을 그릴 정도로 큰 땅을 깊이 파 놓은 곳에 밧줄 걸어서 놓으면 내려가고 땡기면 올라오는 도르래를 해 가지고 돌이고 뭐 그런 걸 캐냈어. 위에 있는 공장에는 그걸 깨는 기계가 있었어. 깨는 기계가 있는데, 돌이 들어가면 쇠가 양쪽으로 돌아가면서 쫙쫙 깨 가지고 물이랑 같이 내려보냈어. 그러면 잔 거는 밑으로 다 빠진다고. 그럼 물이 내려가면서 끝에 가서 금이 막 비쳐. 땅도 파고 산도 팠어. 인부는 많았지. 위에서 하는 사람 따로 있고, 파 들어가는 사람 따로 있었어."

허홍무가 말한 광산은 실재했다. 조선총독부가 발행한 관보에서 그 정보를 찾을 수 있었다. 첫째는 광업권 설정 기록이다. 금광을 운영하고 싶으면 어떻게 해야 할까. 일단 어느 땅에 금맥이 있는지 조사해야 한다. 마땅한 곳을 발견했다면 그곳에 이미 타인의 출원이 있는지 살펴본다. 총독부 광산과를 찾아가 수수료를 내면 그 여부를 확인할 수 있었다. 다음으로 출원서를 제출한다. 반드시 총독부로부터 허가를 받아야 했기 때문이다. 〈하광광업원何鑛鑛業願〉이란 제목의 서류에 광구의 도면, 광물 표본 등의 서류를 첨부하고 수수료 100원을 내면 된다. 광업 관련 서류를 전문적으로 다뤄 주는 광무소에 대행을 의뢰해도 됐다. 보통 1개월이 지나면 총독부 광업과로부터 〈허가 통지서〉를 받을 수 있었다. 이제 마지막으로 광업과에 등록을 신청하면 광업권 설정이 마무리된다.[15] 총독부로부터 공식 허가를 받아 금광을 열 준비가 된 것이다.

〈조선총독부 관보〉를 보자. 등록일은 1938년 12월 3일. 등록번호는 16581, 광종은 금은광金銀鑛. 금광 소재지는 당시 행정구역을 기준으로 충남 예산군 신양면新陽面과 청양군 운곡면雲谷面에 걸쳐 있었고, 면적은 62만 6,000평이었다. 대표자로는 허옥, 동업자로 허벽. 임만산林萬山이 주소와 함께 기재돼 있다.[16] 허홍무의 구술과 다른 지점이 보인다. 광구는 천안이 아닌 청양, 예산에 있었다. 특히 청양군 운곡면은 일본 재벌 미쓰비시가 삼광광산三光鑛産을 운영할 정도로 금이 많이 묻혔다고 평가 받는 곳이었다.[17]

그리고 광업권자에 허옥과 허벽 외에 임만산이란 인물도 포함돼 있다. 그는 아마도 62만여 평의 상당 부분을 소유한 땅 주인이 아닐까 싶다. 그는 집 주소가 청양군 운곡면 추광리로 광구의 지역 주민이었다. 총독부는 광업을 위해 땅 주인으로부터 토지를 강제로 수용할 수 있도록 하고 손해를 보전할 것을 규정했는데,[18] 이를 위해 땅 주인과 접촉하는 과정에서 합류한 게 아닐까 추측된다.

둘째는 광업착수계鑛業着手届 기록이다. 광업 등록을 마치고 광업권을 취득하면 바로 광업에 착수해야 했다. 뚜렷한 이유 없이 등록일로부터 1년 이내에 착수하지 않으면 광업권이 취소될 수 있었다. 광업착수계는 실제로 광업에 착수했다고 알리는 문서였다.[19] 관보에는 착수일이 1939년 1월 4일로 되어 있다. 광업권을 설정하고 한 달 후에 실제로 금을 캐기 시작한 것이다. 또 사무소 주소와 이름도 적혀 있는데, 주소는 청양군 운곡면 추광리 218번지, 이름은 수영금광사무소水靈金鑛事務所였다.[20]

셋째는 금제련업 면허 발급 기록이다. '조선산금령'은 총독부의 허가를 거쳐 면허를 발급 받은 자만 금 제련을 할 수 있도록 했다. 여러 성분이 들어 있는 광석에서 금을 추출해, 일본 정부에 보낼 금괴로 만드는 과정이기에 까다로운 규정을 두었다. 허옥이 면허를 발급 받은 날짜는 1940년 6월 19일, 면허 번호는 '충청남도 제153호'였다. 제련장의 소재지는 청양군 운곡면, 제련장 이름은 수영금광제련장水靈金鑛製鍊場이었다.[21] 허홍무는 이곳에서 제련 과정을 목격했을 것이다. 이 기록은 큰 의미가 있다. 금광 경영을 시작한 지 1년 반이 되는 시점에 사업을 크게 확장했다는 뜻이기 때문이다. 제련장이 없다면 캐낸 금광석을 장항제련소 같은 커다란 제련소에 직접 팔거나 지정된 매입업자에게 싸게 팔아야 한다. 하지만 제련장을 갖고 있다면 직접 완제품을 만들어 더 큰 수익을 올릴 수 있었다.

보통 제련장은 광석을 운반하는 궤도, 큰 금광석을 깨뜨리는 교암기嚙岩器, 광석 저장고, 깨진 광석을 더 잘게 깨는 도광기搗鑛器, 물을 흘려 금을 함유한 조각을 남기는 도태기淘汰器 순으로 설치되었다. 또 기계를 작동하려면 동력을 넣는 원동소原動所도 필요했다.[22] 어마어마한 설비투자가 동반된 것이다. 금광석을 잘게 깬다고 다가 아니다. 작은 조각에서 금을 추출해야 한다. 수은을 활용한 혼홍법混汞法이나 청산가리와 아연을 활용하는 청화법靑化法 같은 제련 방법을 사용했을 텐데,[23] 이러한 재료도 끊임없이 투입됐다.

더 이상의 자료는 찾을 수 없기에 정확한 광산 규모나 생산량은 알기 어렵지만, 엄청난 투자가 이루어진 것은 분명하다. 62만여 평에 대한 토지 수용 비용, 광업권 설정 과정에서의 수수료, 매일매일 지급해야 하는 최소 7~8명 이상의 인건비, 제련장 설치 및 운영까지. 제2의 금광왕을 꿈꾸는 허옥에게 이러한 비용은 감수해야 할 투자였다. 천석꾼이자 면협의원인 든든한 형도 함께였다. 1939년 2월 27일, 그가 신문을 펼쳤다면 다음과 같은 문구를 읽었을 것이다. "삼천리 산하가 황금의 탄환彈丸! 발견된 금광만 전토全土의 절반! 220년간은 채굴! 중요 광물의 매장만 1천억 원, 광질도 세계 제1위."[24] 그의 마음속엔 장밋빛 미래가 가득하지 않았을까.

무리한 투자로 망한 수영금광

"그 많은 재산을 작은할아버지가 다 광산에서 까먹어 버렸어. 왜 그랬냐 하면은, 산을 파고 들어가다 보면 인제 이게 무너지잖아, 그럼 사람이 죽는 거야. 죽으면 그걸 보상해 줘야 했어. 얼만큼 보상했는지는 잘 모르겠어. 많이 죽었어. 무너지면 한 번에 7~8명씩. 그래서 재산이 날아간 거야. 작은할아버지는 재산이 없었어. 할아버지가 대 줬는데, 이거 팔고 저거 팔아 대 주니까 그 바람에 그게 다 날아간 거지. 나중에는 할아버지가 건강이 안 좋아져서 잘 못하니까 아버지가 막 팔아다 줬어. 우리 집안이 광산으로 다 망했다고. 그때 내가 여덟 살이었어. 잘살았던 게 몇 년 안 돼. 이게 다 날아가고 나니까, 아버지가 돌잖아. 잘살아서 그 시절에 기타랑 바이올린 가졌던 사람인데. 이후에 사람이 변했어."

바람은 바람일 뿐 사업은 뜻대로 되지 않았다. 허홍무의 말 대로면 인명사고가 계속 발생해 보상금을 지급하면서 사업이 망했다는 건데, 어느 정도 가능성이 있다.

1938년 9월부터 광업 노동자를 위한 법이 시행되었다. 그전까지 1년에 평균적으로 8,000여 명의 사상자가 발생했는데도 불구하고 '노동조건'이나 '재해 구제'에 있어 아무런 법적 보호를 받지 못했기 때문이다. 심각성을 인식한 총독부는 광업 노동자들을 위한 안전장치를 만든다. '조선광부노무부조규칙朝鮮鑛務勞務扶助規則'이었다. 부상과 사망에 대해 당사자와 유족에게 보상금을 주도록 했다. 부상으로 인해 '종신토록 부자유'한 경우 임금의 400일분, '종신토록 노동을 못하게 된 때'는 300일분, 사망하면 유족에게 300일분을 지급해야 했다.[25] '한 번에 7~8명씩' 죽고 다치는 일이 여러 번 반복됐다면, 예기치 못한 큰 비용이 계속해서 소요됐을 것이다. 또한 안전장치 없이 무리한 작업을 요구한다는 소문이 퍼졌을 테고, 인력을 구하기 어려워져 사업 진척에 악영향을 끼쳤을 수도 있다. 결국 광산 운영 비용은 끊임없이 나가는데 금 생산은 줄어 자본 잠식 상태에 놓였을 것이다.

추측컨대 무리한 작업을 지속했던 이유는 제련장 설치라는 무리한 투자 때문이 아니었을까 한다. 여기에 융자금까지 끌어다 썼다면 더 빨리 투자 비용을 회수하려 했을 것이다. 설상가상으로 금맥까지 잃었다면 조급함은 배가 됐으리라.

사실 이러한 소규모 광산의 실패 사례는 쉽게 찾아볼 수 있었다. 총독부 식산국 산금과 사무관 계광순桂珖淳이 평가한 것처럼 대박을 터뜨릴 확률은 '천의 1, 2'도 안 됐다. 점차 깊은 곳으로 파 내려갈수록 지하수를 만나거나, 금광석의 질이 낮아지거나, 단단한 단층을 만나

면 자본 사정이 열악한 소규모 광산은 좌절할 수밖에 없었다.[26]

금광이 망해 가세가 기운 시기는 대략 1940년대 초반으로 보인다. '조림대부제도'로 양여 받은 땅 신운리 산58-1. 이 땅의 〈임야대장〉을 보면 1941년 11월 1일 다른 사람에게 소유권이 넘어갔다고 되어 있는데, 수영금광 뒤처리를 위해 땅을 판 흔적으로 생각된다. 사업으로 한순간에 망한 허벽은 그 충격으로 몸져누웠고, 그 여파는 아들 허용에게까지 미쳐 집안을 잘 돌보지 못하게 된다. 허홍무의 부잣집 도련님 생활도 끝이었다.

참고로 허옥이 경영난을 버텼다고 해도 광산을 계속 운영하긴 어려웠을 것이다. 1941년 12월 '진주만 공격' 이래 일본이 영국과 미국의 적이 되면서 금은 대외결제 수단으로서의 가치를 잃었고, 1943년부터 수많은 금광이 총독부의 손길 아래 정리되기 때문이다.[27]

2

태평양전쟁기
조선인 가정의 생활상

일자리를 찾아 부평 공장지구로

"결국 풍비박산이 난 거야. 할아버지는 신운리에서 충격으로 돌아 가셨어. 나 여덟 살 때 아버지가 일본 사람이 경영하는 무기 공장에 취직을 해 가지고 사택을 지원해서 갔어. 당시 부평에 미쓰비시 공 장이 있었어. 거기 취직했다고. 거기 근무하는 사람에 한해서 방 한 칸, 부엌 한 칸으로 된 집을 빌려줬어. 아파트 같은 건 아니고 일자 로 쫙 지은 집이야. 지금의 부평역 뒤에 있었어."

〈호적부〉에 의하면 허벽이 죽었다는 허홍무의 말은 사실이 아니다. 허벽의 아들 허용이 '전 호주의 사망'으로 호주상속을 받은 연도가 1949년으로 되어 있기 때문이다. 그렇다면 허벽은 해방 후까지 살아 있었단 얘기가 된다. 허홍무는 자신이 여덟 살 무렵, 1942년경 돌아가신 게 분명하다고 말하지만 서류는 그렇지 않다고 하니 당황스럽다. 금광 사업이 망한 뒤 모종의 이유로 허벽은 허홍무의 눈에 띄지 않게 되었고, 이러한 기억이 '허벽의 사망'으로 고착화된 게 아닌가 한다.

어찌됐든 영인면의 천석꾼 집안은 망했다. 당장 생계를 걱정할 정도로 가세는 기울었다. 갑자기 가장의 무게를 짊어진 30대의 허용. 그 많던 재산이 사라지고 두 손만 남은 그의 선택은 공장에 들어가 일하는 것, 바로 부평 '미쓰비시제강三菱製鋼 인천제작소仁川製作所'였다.

일본은 이전까지 본토에서만 무기와 탄약을 생산하는 조병창을 운영했다. 하지만 조선 병참기지화 정책의 일환으로 1939년 조선에도 조병창을 건설하기로 결정한다. 중국 쪽 전선에 물자를 투입하기에 유리했기 때문이다.[28] 바로 부평의 '인천육군조병창'이다. 조병창과 더불어 연계된 산업체도 대거 입주한다.[29] 지금으로 따지면 거대한 산업클러스터가 생긴 셈이다. 부평이 '대공장지구'로서 몇몇 기업은 1,000~1만 명 이상의 일자리를 만들 예정이고, 장차 인구 50만에 이를 것이란 보도가 나올 정도였으니,[30] 일자리를 찾던 허용도 이러한 소식을 듣고 부평으로 가지 않았나 싶다. 실제로도 엄청난 구직 인파가 몰린 것 같다. 미쓰비시제강에서 근무했던 송백진의 기억에도 "부평 웬만한 동산에는 천막 같은 거 쳐 놓고 취직하려고 대기"했던 모습이 남아 있으니 말이다.[31]

이곳에 입주한 기업 중 하나가 히로나카상공弘中商工이다. 히로나카상공은 각종 기계의 제작·수리를 주업으로 했던 회사였다. 금광 개발 붐과 각종 개발 사업으로 기계류의 수요가 급증하자, 히로나카상공은 기존 경성공장에 더해 부평에 새로운 공장을 만든다.[32] 1939년 말 공장 완공과 함께 사택도 지어졌다.[33] 하지만 히로나카상공은 과도한 투자로 실적이 저조해져 경영난에 빠진다. 이때 등장한 게 일본 재벌 미쓰비시다.

참고로 간단히 소개해 보면, 미쓰비시는 1873년 하급 무사 이와사키 야타로岩崎彌太郎가 미쓰비시상사를 설립하면서 탄생했다. 선박 세척으로 해운업을 벌인 미쓰비시는 일본 군대와 군수품 수송을 통해 성장했다. 1880년대엔 일본 내 탄광, 조선소, 은행을 경영하기 시작했으며 끊임없이 사업 영역을 확장해 1930년이 되면 산하 회사가 120개에 이른다. 일본의 식민지에도 진출해 조선, 중국, 타이완, 남사할린에 사업체를 설치한다. 앞에서 언급한 청양군 운곡면의 삼광광산도 미쓰비시의 계열사 미쓰비시광업이 운영한 곳이다. 1940년대가 되면 일본 군수산업의 주축으로 자리 잡는다.[34]

히로나카상공은 조선총독부의 알선으로 1942년 6월 미쓰비시중공업에 공장을 팔고 만다. 미쓰비시중공업은 곧 미쓰비시제강을 설립하고 부평공장을 '미쓰비시제강 인천제작소'로 개편한다.[35] 바로 허용이 일했다는 그 공장이다. 공장에서는 전쟁이 끝날 때까지 무기 제작에 필요한 방탄용 강판, 각종 부품, 박격포를 제조했다. 바로 뒤 구술에서 허홍무가 해방 전 2년 동안 부평에서 학교를 다녔다고 하는 걸 보면, 허용은 1943년경 미쓰비시에 입사한 것으로 생각된다. 허용은 보통학교 졸업자였으니 눈에 띄는 기술은 없었을 테고, 공원工員 직급으로 아침 8시부터 저녁 6시까지 일하며 각 공정에서 제품 조립, 검사 등의 작업을 했을 것이다.[36]

1944년 1월 허용의 신분은 피징용자로 변한다. 1943년 제정된 '군수회사법'에 의해 미쓰비시제강이 '군수회사'로 지정되었기 때문이

1948년 촬영된 부평 일대이다. 앞쪽에 줄지은 미쓰비시 사택들 뒤로, 미쓰비시제강 공장과 밝은 색의 인천조병창 건물이 보인다. 허홍무는 아버지 어머니와 함께 이곳 미쓰비시 사택에서 살았다.

※출처: https://www.flickr.com/photos/norb_faye_lang/3854060308/in/photostream/.

다. 1942년 6월 미드웨이해전에서 패배한 뒤로 패색이 짙어진 일제는 더욱 군수품 생산에 매달렸다. 그 결과로 나온 게 '군수회사법'이다. 아무리 말을 잘 듣는다 해도 민간 회사를 정부 뜻대로 통제하긴 어렵다. 상황이 이렇게 긴박하니 이젠 민간 회사를 국책 회사로 바꿔 군수성이 직접 관리하겠다는 뜻이었다. 따라서 미쓰비시제강 인천제작소는 군수성의 직접 관리를 받는다.[37]

이는 허용이 마음대로 퇴사할 수 없고, 또한 강제 징용한 사람을 데려와 일을 시킬 수 있다는 뜻이었다. 1938년 '국가총동원법'이 시행되고, 이를 모법으로 수많은 통제와 징용, 징병, 공출에 관한 법안이 발표된다. 1939년, '국민징용령'이 공포되고는 국가에서 필요할 경우 강제 동원이 가능해졌다. 국내외를 막론하고 전쟁 수행 물자를 생산하는 공장, 탄광, 군부대, 건설 현장이라면 어디든 강제적으로 인력을 투입할 수 있었다. 처음에는 취업 알선 형식으로 지원자를 받아 충당했으나, 전쟁이 계속되면서 더 많은 노동력이 필요했고 강제성은 점차 강해졌다. 적어도 외형으로는 계약직과 다름없었다. 몇 년간 일하기로 계약하고 임금을 받는 형태였기 때문이다. 하지만 임금은 충분하지 못했고, 작업환경은 너무 열악해 도망가는 일도 수없이 많았다.[38] 어느 순간부터 허용의 눈에는 강제로 끌려온 징용자가 보였을 것이다.

그는 아내 그리고 아들 허홍무와 함께 사택에서 살았다. 일본인들이 사는 사택과 구분된 소규모 연립 사택이었다.[39] 아까 언급한 히로나카상공이 공장과 함께 지은 그 사택이었다. 회사가 바뀌어 보통 '미쓰비시 줄사택'이라 불렸는데, 줄사택이란 말은 "일자로 쫙 지어졌기" 때문에 붙은 이름이다. 허홍무의 구술대로 사택은 부평역 뒤쪽에

있었다. 오늘날에도 일부가 남아 있어 확인이 가능하다. 여기서 허흥
무는 해방이 되기까지 생활했다.

황국신민을 기르는 국민학교

"그래 가지고 내가 부평에 가서 국민학교 1학년에 들어갔잖아. 국민
학교에는 선생도 일본 사람이었지. 한국 사람은 없었어. 2년 동안 다
녔는데, 일본 사람들이 말도 제대로 못하는 시골 애들을 갖다가 일본
말로 가르치니까 뭘 알아? 이름도 다 갈아 버리고, 그런 바람에 그때
공부 별로였어. 그러고 선생이 종아리를 얼마나 패는지 말도 못했어.
뺨도 때렸지, 막 그냥. 제대로 못 배운 시골 사람들 많은데 말이여."

일제는 한반도를 병합한 뒤, 1911년 '제1차 조선교육령'을 통해 식
민지화 교육을 실시한다. 조선인을 '충량한 제국신민으로 육성'하기
위한 교육이 시작된 것이다. 3·1운동 이후 조선인을 달랜다며, 일본
과 같은 학제를 도입한 1922년 '제2차 조선교육령'도 마찬가지였다.
다만 1910~1920년대에는 '국가주의'나 '제국주의'가 그리 강조되지
않았다. 그보다 학생 개인의 성장에 관심을 기울이는 교육이 이뤄졌
다. 이른바 '다이쇼 데모크라시[大正 Democracy]'의 영향을 받았기 때문
이다. '다이쇼 데모크라시'란 1910~1920년대 정치적으로 자유로웠
던 일본의 분위기를 일컫는다. 경제발전과 지식의 확산으로 민주주의

사조가 널리 확산된 시기였다.[40]

그러나 대공황 이후 분위기가 변한다. 중국 대륙으로 세력을 확장하며 전시체제에 돌입한 일제는 조선을 병참기지로 만들고자 했다. 여차하면 징용·징병할 생각도 있었다. 그러기 위해선 천황과 국가에 절대 복종하는 신민이 필요했다. 그를 목적으로 황민화 정책이 시행됐다. 이제 학생의 자아는 중요하지 않았다. 언제든 국가를 위해 희생할 준비가 되어 있는, 일본어로 소통이 가능해 빠르고 정확하게 명령을 이행할 수 있는 사람이면 충분했다.

먼저 학생의 조선어 사용을 억제했다. 1938년 시행한 '제3차 조선교육령'은 필수과목이던 조선어를 선택과목으로 바꾼다. 강제는 아니었지만 승진 평가나 학교 운영에 영향을 주다 보니 각 학교는 조선어 수업을 대폭 줄이게 된다.[41]

1941년엔 초등교육 이수 학생을 위한 황민화 종합 대책, '국민학교 규정'을 발표한다. 서양의 영향을 받은 교육에서 벗어나 일본의 참교육을 실시한다는 명분이었다. "국체에 대한 신념을 견고히 하며 황국신민임을 철저히 자각하는 일에 힘쓴다"고 명시돼 있었다. 1938년부터 보통학교를 심상소학교로 바꿔 불렀는데, 1941년부터 심상소학교는 6년제 국민학교로 개편된다. 황국신민으로서 지켜야 할 덕목을 담은 수신修身, 일본어, 일본 역사, 지리 과목을 핵심으로 가르치게 했으며, 국민학교 1학년 교사는 반드시 일본인 교사로 두어 철저히 일본어 교육이 이뤄질 수 있도록 했다.[42] 허홍무가 일본인 선생밖에 없다고 한 이유다. 규정상 조선어 과목은 가르칠 수 있었지만 창씨가 진행되고, 조선어학회 회원들이 내란죄 적용을 받고, 일본어 상용화가 총독부의 목표인 가운데 굳이 선택과목인 조선어를 가르치는 학교는 없

었다. 이어 1943년 '제4차 조선교육령'에서는 아예 학교를 징병제를
위한 군대의 보조기관으로 설정하고 노동력 공급원으로 활용한다.[43]
학제나 수업 내용도 그랬지만, 특히 학생들을 괴롭힌 건 수업 외적인
부분에서 발생하는 강요와 체벌이었다. 1931년생인 박완서의 자전소
설《그 많던 싱아는 누가 다 먹었을까》에서 그 단면을 엿볼 수 있다.[44]
일제 말, 국민학교에 입학한 박완서가 제일 먼저 배운 일본말은 '호안
덴'이었다. 봉안전奉安殿을 일본어로 읽은 것으로, 천황의 사진이나 칙
어 같은 걸 넣어 둔 작은 집 모형이었다. 학교에 들어갈 때 반드시 그
쪽으로 몸을 숙여 절을 했는데, 몸을 90도로 꺾는 '최경례' 방식으로
해야 했다. 아침에 운동장에서 조회를 할 때는 〈황국신민서사〉를 외
웠다. "① 우리는 대일본제국의 신민입니다, ② 우리는 마음을 합하여
천황 폐하에게 충의를 다합니다, ③ 우리는 괴로움을 참고 몸과 마음
을 군세게 하여[忍苦鍛鍊] 훌륭하고 강한 국민이 되겠습니다."[45] 이걸
일본어로 외운 것이다. 조회를 마치면 군가에 맞춰 교실에 들어갔다.
중국과 전쟁하는 가운데 '짱꼴라'라는 말이 가장 심한 욕이었으며, 루
스벤또(루스벨트)와 짜아찌루(처칠)가 '무찔러야 할 악의 괴수'였고,
"깨어졌다 싱가폴, 물러서라 영국아" 하는 노래가 유행했다. 특히 박
완서에게 아주 끔찍하게 남은 기억은 서로 뺨을 때리게 하는 체벌이
었다. 짝끼리 서로 마주 보고 서서 상대방의 뺨을 선생님이 그만하라
고 할 때까지 때렸다고 한다.

허홍무가 살았던 미쓰비시 사택 근처에는 두 개의 국민학교가 있었
다. 하나는 일본인 자녀를 위해 만든 인천소화서仁川昭和西공립국민학
교, 다른 하나는 인천소화동仁川昭和東공립국민학교다. 방향을 가리키
는 동, 서에서 알 수 있듯이 큰길의 양 옆, 동쪽과 서쪽에 아주 가까운

거리에 있었다. 둘 다 부평동초등학교, 부평서초등학교로 지금도 운영되고 있는데, 조선인의 자녀였던 허홍무는 인천소화동공립국민학교에 다녔을 것이다.[46] 영인면 신운리라는 전형적인 조선의 농촌마을에서 한국어로 얘기하고 자란 허홍무가, 국민학교 입학 후 일본인 교사에게 일본어로 수업을 들으며 느꼈을 혼란을 생각하면 참 아찔하다. 더구나 종아리, 뺨을 그렇게 맞았다고 하니. 그렇게 이와무라 하루시게는 황국신민이 되어 갔다.

"B-29 떴다" 집집마다 방공호

"2학년 때 미군 B-29 비행기가 막 쳐들어왔어. 일본이 우리 한국을 점령하고 있으니까 공격하고 들어온 거야. 당시에 한국 공중에 떠다녔어. 부평 위에도. 해방되기 직전에는 미군 B-29 비행기가 부평으로 뱅뱅 돌아가며 폭격한다고 막 난리였어. 집집마다 방공호가 있었어, 사택 옆에도. 학교에서는 지하실로 다 들어갔지."

일제는 남의 땅을 공격하는 데 주의를 기울인 만큼이나 자기 땅이 공격 받을 상황에 면밀히 대비했다. 대표적인 게 적 비행 물체의 공격에 대비하는 방공防空 분야다. 일본은 제1차 세계대전 당시 독일이 영유한 칭다오青島를 공략하며 자국의 항공기를 투입하고, 독일의 항공기를 상대로 방공작전을 수행한 바 있었다. 이때의 경험에 더해 유럽의 전황을 살피면서 방공의 중요성을 실감한다. 1920년대 방공 군사 계획이 수립되었고, 1930년대에는 오사카, 도쿄와 같은 주요 도시에서 군관민 합동으로 대규모 방공 훈련을 행한다. 조선에서도 경성, 부산, 평양 등지에서 공격 받는 상황을 상정한 방공 훈련이 실시됐다.[47] 하지만 이때는 지금의 민방위 훈련처럼, 일반인의 입장에서는 '훈련하는 구나' 정도로 넘길 분위기였다.

그러나 방공은 곧 일반인의 삶에 깊숙이 침투한다. 1937년 7월 중일전쟁이 발발한 탓이다. 적의 공격이 가시화되며 누구든 방공의 실천을 강요받았다. 1937년 8월 11일 조선 총독 미나미 지로는 이렇게 강조했다.[48]

> 항공기가 전쟁에 사용되는 시대에는 전장은 반드시 일정한 장소에 국한되지 않는다. 적의 비행기가 언제 어느 곳에서 날아와서 폭탄과 독가스 등을 떨어뜨릴는지도 모른다. 즉 전투원과 비전투원과의 구별도 판연判然하게 된 것이 아니므로 누구든지 자기가 전투원이라는 생각이 필요하다.

이에 더해 가정의 부인까지도 그 대비를 위해 지식을 쌓고 훈련에 임할 것을 요구했다. 또한 같은 해 방공에 관한 사항을 법제화한 '방공법'이 발포되면서 경찰의 공식 업무로 가정의 방공 훈련과 설비 점검이 추가된다.[49]

1938년 5월 실제로 중국 항공기가 일본 영공에 출현하면서는[50] 더욱 적극적인 대비에 나선다. 가정을 방공에 동원하기 위해 조직화를 꾀한 것이다. 그해 6월 경기도에서 방공 훈련이 진행되는 가운데,

5~10호로 이뤄진 '가정방호조합'이 설립되기 시작했고, 1939년부터 가정방호조합을 경찰 보조 조직 '경방단'의 산하로 편재한다. 1941년에는 전 조선인을 통제·동원하려고 만든 '국민총력조선연맹'의 최말단 조직, 10호 단위의 '애국반'에 방공 역할이 이전된다.[51] 일개 가정 단위까지 방공에 투입할 시스템을 갖춘 것이다.

총독부는 방공 방법을 담은 전단, 팸플릿, 책자를 대거 배포하는 한편, 총독부 기관지 《매일신보》에 그 내용을 연재했다. 지붕에 올라가 모래를 끼얹는 방화 연습이나 소이탄 투하에 따른 방화·구호·방독면 사용 훈련도 수시로 이뤄졌다. 가정에서는 물과 모래를 담은 통, 그것을 뿌릴 양동이, 소방 시 착용할 작업복·모자·장갑, 고사포 파편에 대비할 방석, 등화관제燈火管制(야간에 적에게 포착되지 않도록 빛을 숨기는 일)에 사용할 검은 보자기 같은 용구를 준비하도록 했다. 각 학교에서도 학생을 대상으로 방공 교육이 이뤄졌다.[52]

참고로 이때 등장한 게 우리에게 익숙한 '몸뻬もんぺ' 바지다. 1990년대생인 나도 학부 시절 농촌 봉사 활동에 참여했을 때 몸뻬를 입고 작업했을 정도로, 아직도 한국 사회에서 상용되는 옷이다. 몸뻬는 원래 일본 동북 지방에서 입던 바지 형태의 작업복이다. 그런데 이 몸뻬가 1942년 일본 후생성에 의해 여성이 입는 표준적인 활동복으로 지정된다. 전시체제 속 기존의 여성복을 대신해 활동이 편한 복장이 필요해졌고, 후생성에서 현상공모를 통해 몸뻬가 채택된 것이다. 이후 식민지 조선에서도 한복치마 대신 몸뻬 바지를 착용하자는 캠페인이 대대적으로 전개되었고, 몸뻬를 입지 않을 시 사회 활동의 제약을 두어, 조선 여성의 전시 복장은 몸뻬로 통일된다.[53]

허홍무의 가정도 애국반에 소속돼 일제의 방공 정책에 참여했을 것이다. 미쓰비시 공장으로 아버지가 일하러 간 사이, 허홍무는 몸뻬를 입은 어머니와 함께 등화관제, 방공호 대피, 불끄기 같은 훈련에 임했으리라. 학교에서도 마찬가지였을 테고.

1944년 10월 말에 이르면 한반도에도 적기가 출현한다. 미국이 태평양전쟁의 승기를 잡은 가운데, 중국에서 발진한 미군 항공기가 조선에 모습을 드러낸 것이다. 정찰 외에 실제 공습도 이뤄졌다. 일본 당국이 인천에 미군기의 공습이 있었다고 시인한 것만 해도 1945년 5월 8일, 7월 18일 두 차례다.[54]

허홍무가 목격한 'B-29기'에 의해 폭격이 이뤄졌을 수도 있다. B-29기는 일본에 핵폭탄을 투하한 미군의 대표 폭격기다. 허홍무 말고도 수많은 사람이 B-29기를 봤다. 당시 인천조병창에서 일했던 이들의 회고를 옮겨 본다. 어떤 이는 B-29기가 뜨고 사이렌이 울리면 다 같이 하던 일을 멈추고 "한 시간 가까이 일하지 않고 방공호에 숨어 있었는데" 쉴 수 있던 그 시간이 기다려졌다. 다른 이는 "B-29기가 인천까지 날아와 까마득히 높게 떠서 비행기는 보이지 않고 하얀 비행운이 남은 걸 보자 겁이 나기도" 했다. 일본 비행기는 닿을 수 없는 높이였기 때문이다. 김포공항을 '쾅쾅' 폭격하는 소리가 조병창까지 들렸다고 하니,[55] 허홍무의 귀에도 들렸을 테다. 그도 전쟁이 곧 끝날 줄 예상했을까.

일제 패망과 일본인, 그리고 조선인

"해방은 부평에 있을 때 됐지. 해방됐을 때, 얼마나 한국 사람들이 난리였는지 그때 기억이 나. 국민학교 2학년 됐을 땐데, 도로 건너에는 독채로 지은 집에 일본인들이 살았어. 해방되고 나니까 일본 놈들이 집을 다 고대로 두고 보따리만 싸 가지고 그냥 가 버렸어. 보따리 들고 가는 것만 봤지, 그 사연은 몰러. 그 바람에 미쓰비시 공장에 다니던 아버지가 가자고 해서 (아산) 인주면 금성리로 간 거야. 기차는 그때 댕겼으니까. 옛날에는 기차가 요즘 같은 게 아니고 연탄을 때어 가지고, 기차 한 번 타고 나면은 탄가루가 칸칸마다 날려서 타고 오면 콧구멍이 새까맣던 시절이었다고. 부평역에서 서울역 거쳐서, 그것도 말이야, 얼마나 기다렸나 몰라. 기차 안에 사람도 많았어. 그러고 시골로 갔지."

당시 미쓰비시 공장은 강제적 징용 형태로 운영되고 있었기 때문에, 마음대로 퇴사할 수 없었다. 퇴사를 하고 싶으면 도망쳐야 했다. 육군에서 운영한 인천조병창의 경우 도망치면 헌병이 출동해 인근 도로를 장악해 검문했고, 곧바로 수배령이 내려졌다. 또한 부평역에도 헌병이 지키고 있었고 기차를 타려면 휴가증과 같은 증명서가 있어야 했다.[56] 바로 옆 미쓰비시 공장도 상황은 마찬가지였을 것이다. 허용이 이러한 삶을 벗어나 아산으로 돌아갈 수 있었던 이유는 해방되었기 때문이다.

1945년 5월 나치 독일이 항복하자 연합국의 칼날은 일제히 일본을 향했다. 8월 6일과 9일, 히로시마와 나가사키에 미국이 원자폭탄을 투하하고, 같은 시기 불가침조약을 맺은 소련이 만주를 공격하자 일제는 결국 항복한다. 8월 15일 쇼와 천황은 라디오 방송으로 연합국의 항복 요구 선언인 '포츠담선언'을 수락한다고 발표했다. '포츠담선언'(1945년 7월) 요구조건에는 조선 독립을 명시한 '카이로선언'(1943년 11월)의 이행도 포함되었기에, 천황의 방송과 함께 식민지 조선은 일제로부터 해방된다.

조선에 살던 약 70만 명[57]의 민간 일본인들은 어떻게 됐을까. 허홍무의 언급처럼 "집을 다 고대로 두고 보따리만 싸 가지고" 귀환해야 하는 처지가 된다. 안전이 우려되는 상황에서 조선에 계속 머물 순 없었다. 해방 다음 날부터 일본과 가까운 경남 일대에서는 일본인을 태우고 출발하는 선박이 줄을 이었고 부산항은 그야말로 북새통이었다.[58] 조선총독부도 가만히 있지 않았다. 8월 27일 종전사무처리본부 산하에 보호부를 설치하고, 점점 약해 가는 통제력을 보완하기 위해 재조일본인의 민간 연락 조직인 '세화회世話會'를 발족시켰다. 관공서에서 일본인을 대놓고 지원한다면 조선인의 반감을 살 게 분명했다. 그보다 민간 단체를 꾸려 뒤에서 지원하는 방식을 택한 것이다. 이렇게 미군 진주 전까지 빠져나간 일본인은 적게는 6만, 많게는 16만 명으로 추산된다.[59]

모든 일본인의 귀환은 미국의 방침이기도 했다. 9월 9일 미군이 서울에 진주하며 설치된, 38도 이남 미군 통치기관인 미군정은 우선 일본군을 귀환시켰다. 그 결과 10월 중순부터~11월 초 사이에 대부분의 일본군이 한반도를 떠난다. 동시에 미군정은 세화회의 협조를 얻어 일본인을 등록시키는 한편, 집결지인 부산항으로 이동시켰다. 부산항에 집결한 사람들은 수속을 거쳐 배에 탑승했다. 미군정 통계에 따르면 1945년 12월까지 귀환한 일본인 수는 46만 9,764명이었다.[60] 이후에도 일부 잔류 일본인과 38도 이북 소련점령지에서 월경해 내려온 일본인의 귀환 작업이 계속되었다. 1946년 12월에 이르러서야 미군정은 일본인 귀환이 거의 끝났다고 판단한다.[61]

그럼 그들의 재산은? 1945년 9월 25일 실시된 군정법령 제2호는 조선 내 일본 국·공유 재산을 적산敵産(enemy property)으로 규정하고, 군정 당국이 접수한다고 천명했다. 적산은 일본의 재산이 미군정에 귀속된다는 의미에서 '귀속재산歸屬財産'이라고도 한다. 이때 민간의 사유재산은 포함되지 않았다. 건물이나 물건의 매매·양도가 가능했다. 따라서 조선을 떠나는 일본인들이 자기 재산을 조선인에게 처분하는 일이 많았다. 하지만 반발에 직면한 미군정은 1945년 12월 6일 군정법령 제33호를 발표해, 모든 일본인 재산은 미군정이 관리하고 이를 사용하는 조선인에게는 사용료를 받았다.[62]

"귀속재산은 주택이 약 8만, 점포가 약 1만 3,000, 기타 건물과 소기업체 건물이 약 8,400~500이요, 대소 30여 종의 기업체 약 2,500개와 광산권 기타 주식 또는 지분권을 합하여 8·15 장부 가액으로 1,630억여나 되는 실로 우리나라 국재國財의 8할 이상을 점유하고 있는 것이다"라는 1949년의 기사처럼,[63] 미군정에 접수된 적산의 총규모는 전체 부의 80퍼센트에 달하는 것으로 평가되었다. 다만 최근 연구를 보면, 정확한 규모는 아직 불명확하나 80퍼센트는 과장된 수치로 이해하고 있다.[64] 이후 일부 기업체와 땅은 민간에 불하되었으며 나머지는 1948년 수립된 대한민국 정부에 이관된다.[65]

먼 길을 떠나는 한국인도 많았다. 먼 타지에서 징용·징병 생활을 하던 수십만 인파가 해방 소식을 듣고 고향으로 향했기 때문이다. 허용과 가족의 발걸음도 고향 아산으로 향했다. 기차를 타고 집에 간 과정은, 인천조병창에서 충남 보령으로 기차를 타고 간 이의 경험과 비슷하지 않았을까 싶다.[66] 그 내용은 다음과 같다. 8월 30일 조병창 안으로 기차가 들어왔다. 전부 화물칸이었다. 경부선, 경원선, 경춘선 등 지역별로 칸을 구분했는데 장항까지 가는 사람들을 위해서도 두 칸이 배정됐다. 출발한 기차는 부평역, 서울역, 수원역을 지나 천안역에 도착한다. 이곳에서 전라도, 경상도로 가는 노선과 장항으로 가는 노선이 나뉘기 때문에 장항으로 가는 두 칸은 떼어 놨다. 곧 경남철도 주식회사 화통과 연결된다. 기차는 온양, 홍성을 거쳐 그를 주포역에 내려줬다. 허홍무의 가족도 같은 경로를 따랐을 것이다. 집이 망했으니 예전의 그 넓은 집으로는 돌아갈 수 없었다. 그들이 간 곳은 허용의 처갓집이 있는 동네, 아산군 인주면 금성리였다.

3

해방 직후
아산의 이모저모

아산 지역 권력 변천사

"왜 그리로 이사를 갔냐면은, 아버지의 처갓집이 있던 곳이야. 그러니까 거기를 가야 좀 나으니까 부평서 바로 거기로 이사를 간 거야. 외갓집 동네에서 조그만 집을 하나 사 가지고 거기서 살았지. 아버지하고 외삼촌하고 정미소를 하나 시작했어. 외삼촌 이름은 지대영이었어. 선장면 면소재지였지. 정미소를 시작했는데, 아버지가 잘살던 때 생각이 나 가지고 맨날 술이나 먹고 방탕하게 지내는 거야. 그 바람에 외삼촌하고도 등졌지. 둘이 트러블이 생겨서 서로 잘했네, 못했네 해 가지고 그쪽에 정미소를 주고 우리가 그만두기로 했어. 그러고서 아버지랑 나랑 둘이 선장면 군덕리로 이사를 갔지, 어머니는 금성리에 있었고. 군덕리에는 아버지의 동생들이 살았어.

옛날에 잘살던 유래가 남아 있어서 유지라고 동네 사람들이 높이 봤지. 실상 아무것도 없는데.

선장면 방앗간에서 외삼촌이 쌀을 주면은 금성리로 가서 엄마한테 갖다 줬어. 그때 고생 많이 했어. 그때는 버스도 없었어. 댕겨 봐야 서너 시간에 한 대 있을까 말까 했지. 쌀을 한 말 가지고 갔어. 한 말이 10킬로그램 정도 됐지. 그걸 지고 금성리까지 간 거야. 가는 길에 아산만이 있어. 선장면에서 인주면 사이에. 건너 가려면 배를 타야 돼. 얼마나 고생을 했는지, 집에 갖다가 주면은 우리 엄마가 그걸로 밥해 먹고. 그때가 열두 살이었나, 그 정도 됐었어."

지일영이 시집올 적에 몸종을 데리고 왔을 정도로, 허홍무의 외가는 잘살았다고 한다. 실제로도 지일영의 아버지 지석호池錫浩가 1938년 11월 설립된 금성리구룡식산계金城里九龍殖産契의 주사主事를 역임한 사실이 확인된다.[67] 식산계란 '부락에 거주하는 사람들이 계를 조직해, 계원의 경제를 발달시킬 목적으로 공동사업을 운영하는 법인'을 말한다.[68] 대공황 이후 농가의 경제 사정이 악화되자 총독부는 농가의 통제 강화와 경제력 향상을 위해 1935년부터 정책적으로 각 농촌에 식산계를 설립하게 한다. 필수품인 비료를 공동구매하고 생산한 미곡을 공동판매해 발생하는 수익을 나누는 식이었다.[69] 금성리 구룡마을 전체가 참여하는 식산계를 지도하는 자리였으니 그의 경제력과 사회적 위치를 가늠할 수 있다.

해방 직후 허용은 처가의 도움으로 집도 얻고 정미소도 차릴 수 있었다. 그러나 모처럼 찾은 안정은 오래가지 못했다. 허홍무는 술 때문이라고 하지만 처가 식구들의 등쌀도 작용하지 않았을까 싶다. 영인면의 유지라고 해서 딸을 시집보내 놨는데 빈털터리가 되어 도움을 구하는 형편이 됐으니 처가 집안의 눈초리가 따가웠을 것이다. 게다가 함께 정미소를 운영했던 외삼촌 지대영이 허용을 무시했을지도 모른다. 오죽했으면 아내도 내버려두고 자신의 형제가 사는 동네로 가서 살았을까. 그 결과는 애꿎게도 허홍무의 고생으로 돌아왔다. 외삼촌이 준 쌀자루를 짊어지고 폭이 최대 500미터가 되는 곡교천曲橋川을 넘나들어야 했으니.

좌우익 대립과 미군정

그 무렵 아산은 어떠한 변화를 맞이했을까.[70] 일제는 패망했지만 사람들의 삶은 지속됐다. 그 말은 계속해서 행정과 치안을 맡을 권력이 필요했다는 뜻이다. 8월 15일 항복 소식을 들은 30~40명의 청년이 온양우체국 앞에 모여 '대한 독립 만세'를 외쳤다. 점점 불어난 시위대는 군청과 온양경찰서까지 진출했다. 다음 날 지역 유지 7명이 모여 총독부가 임명했던 아산 군수 정홍섭鄭弘燮을 찾아갔다. 자신들이 조직할 자치회가 행정과 치안을 담당하겠다고 요구한 것이다. 정홍섭은 이에 합의하고 스스로 사퇴한다. 정홍섭은 일본에서 야마구치고등학교山口高等學校, 규슈제국대학九州帝國大學을 졸업한 조선인 엘리트로 충남도청에 근무했으며, 당진·서천 등지의 군수도 역임한 인물이었다.[71] 자치회는 곧 치안유지회를 만들어 권총으로 무장하고 치안을 유지했다. 주로 일본군으로 징병되었거나 학교를 통해 일본식 군사훈련을 받았던 이들이었다.

하지만 곧 일본군과의 충돌이 발생한다. 온양에 위치한 육군병원

분원에 주재하는 약 50명의 병력이었다.[72] 8월 17일, 공설운동장에 5,000여 명이 모여 '대한독립 범아산군민 경축대회'를 열었다. 해방의 기쁨을 만끽한 사람들은 시가행진에 나섰는데, 일부 흥분한 이들이 일본인 집에 돌을 던지고 욕설을 하는 일이 발생한다. 위협을 느낀 일본군은 자치회 사무실을 습격해 치안대원을 폭행하고 서류를 강탈하기에 이른다. 이튿날 자치회 간부들이 일본군 책임자를 찾아가 항의했으나, 무장한 일본군이 들어와 공포 분위기를 만들고는 '일본인의 생명과 재산에 위협을 느낄 때에는 군사적 조치가 불가피할 것'이라고 위협했다. 자치회는 일본군과의 충돌로 희생이 발생할 것을 우려해 그들과 폭력을 방지하자는 선에서 합의한다. 일본군은 미군이 아산에 들어오기 전까지 자리를 지켰다.

아산에 자치회가 발족되어 활동하고 있었지만, 8월 19일 또 다른 자치기구가 탄생한다. 여운형이 주도하는 건국준비위원회의 아산 지부였다. 말 그대로 '건국'을 준비하는 만큼 전국에 걸친 광범한 조직이었다. 지역의 행정을 도맡는 수준의 자치회보다 훨씬 큰 영향력을 행사했고 많은 지지를 얻었다. 9월 6일엔 조선인민공화국을 선포하면서 건국준비위원회는 해체되고 각 지부는 '인민위원회'로 개편된다. 이들은 규모와 지지세를 바탕으로 군청, 면사무소, 경찰서를 접수하고 11월까지 주도권을 쥔다.

그러나 아산인민위원회의 행정권 행사에 불만을 품는 사람이 많았다. 너무도 성급히, 게다가 소수의 사회주의 성향 인사가 모여 조선인민공화국의 성립을 결정해 대표성이 없다고 보았다. 그들은 자치회 멤버를 주축으로 세력화를 꾀했다. 10월 6일 미군의 아산 진주, 10월 16일 이승만의 귀국이 계기로 작용했다. 미군은 '미 육군 태평양사령부

포고 1호'를 통해 자신들이 수립한 미군정 이외에는 어떠한 조직도 행정권을 행사할 수 없다고 못 박았다. 조선인민공화국은 이승만에게 주석 직을 제의했지만 그는 단호히 거부했다. 인민위원회의 위신이 추락하는 속에서 10월 10일, 이승만을 주축으로 만들어진 전국 단위 조직, 독립촉성중앙협의회의 아산 지부 '독립촉성회 아산군협의회'가 꾸려진다. 이들은 군정 당국에 적극 협조하며 인민위원회의 해산을 촉구했다.

초기엔 두 조선인 단체가 충돌하면 미군정이 중재를 나서기도 했다. 10월 19일, 직접 아산 군수를 임명해 아산의 행정을 장악한 미군정이었지만 실정을 정확히 파악하기도 전에 무턱대고 인민위원회를 적대할 순 없었다. 하지만 얼마 안 있어 조선인민공화국이 미군정에게 비협조적인 태도로 나오자 인민위원회의 활동을 제지했다.

1945년 12월 6일 자《중앙신문》의 한 기사를 보자.[73]

충남 아산 지방에서는 군정의 대행자와 일반 민중들과의 사이에 여러 가지 불상사가 발생하여 주목을 끌어오던 중, 그간 구금되었던 인민위원 청년동맹 간부는 무사히 석방되었다. 그런데 조선의 실정을 잘 이해하지 못하는 군정관과 민중 사이에서 모략과 술책을 하는 일부 민족 반역자들이 행정기관을 담당하고 있는 것은 인민을 위한 참다운 행정이 될 수 없다 하여, 아산인민위원회 대표 강약수姜若秀, 최정용崔正龍, 김갑용金甲龍 3씨는 군정청을 방문하고 그들을 배제하고 민중을 편안케 하여 달라고 진정을 하였는데 군정 당국에서는 진상을 조사한 후에 선처하더라고 한다.

여기서 아산인민위원회의 생각을 확인할 수 있다. 그들이 보기엔 미군정 군정관이 임명해 행정기관에서 일하는 한국인은 "모략과 술책을 하는 일부 민족 반역자"였다. 또 군정 당국과 대립각을 세워 몇몇 인민위원회 인사가 구금되었다는 사실도 알 수 있다. 그럼에도 시간이 지날수록 미군정의 행정권력은 아산에 공고히 자리 잡았다.

또다시 공출을?

또 한 가지 알아야 할 것은 미군정이 실시한 공출제다. 다만 이때의 공출은 일제시기의 것과 구분된다. 일제 때의 공출은 전쟁 물자로서 소모하기 위한 수탈 성격이었다면, 미군정기는 식량 사정의 안정을 위한 재분배가 목적이었다. 물론 공출의 재실시는 농민에게 과거의 악몽을 불러일으켰을 테지만 말이다.

1945년 10월 5일, 미군정은 일반고시 제1호 '미곡의 자유시장'을 공포한다. 이로써 일제가 시행한 각종 식량 통제는 해제된다. 미곡을 자유롭게 사고팔 수 있게 된 것이다. 그러면 왜곡된 시장이 정상으로 돌아와 저렴한 가격으로 쌀이 유통될 것이라 보았다.

하지만 이것은 커다란 오판이었다. 해외로 나갔던 인구가 대거 유입되고 38도선을 넘어 내려오는 월남인이 다수 발생했으며, 일제 말 화폐의 대량 발행과 물자 부족으로 인한 인플레이션이 초래됐다. 쌀값이 하루가 다르게 오르자 사람들은 선뜻 판매하려 하지 않았다. 매점매석이 판을 쳤지만 행정이 완비되지 못해 단속에 어려움을 겪었다. 쌀은 감쪽같이 사라졌다. 이러다 식량 부족 사태에 직면하리라 판단한 미군정은 특단의 조치를 내린다. 미곡의 자유 거래가 허용된 지

불과 3개월이 지난 1946년 1월 25일, 미군정은 법령 제45호 '미곡수집령'을 발포해 공출에 착수한다.

특기할 것은 미군정이 여름에 수확하는 밀·보리와 같은 하곡도 공출 대상에 포함시켰다는 사실이다. 일제시기에도 공출하지 않았던 하곡이었다. 1945년산 미곡 수집이 실패로 평가받자 1946년 5월 '중앙식량행정처'를 설치, 하곡 공출에 나섰다. 1947년이 되면 공출 목표치를 달성하며 미군정 주도의 미곡 시장 통제 시스템이 자리 잡는다.[74] 이는 대한민국 정부 수립 이후에도 계속됐다. 1950년 2월 '양곡관리법'이 시행되면서 부분적으로 완화되긴 하나, 통제가 사라졌다고 할 수 있는 건 1957년에 가서였다.[75]

당시 아산군 영인면 벽포리의 공출 상황을 담은 신문 기사를 보자. "일정 때에는 공출 성적이 좋지 못하던 아산군 영인면 벽포부락碧浦部落에서는 해방된 금일에는 공출 완납을 못 하면 부락의 수치라 하여 부락민과 관계 당국자의 협력으로 추곡 배당량 2,114가마니를 면내 우등으로 완료하였다 한다"고 알렸다.[76] 아산에서의 공출 내용과 그에 대한 태도를 엿볼 수 있다.

분명 허홍무의 가족도 이러한 변화를 직간접적으로 느꼈을 것이다. 이사하면서, 사업을 하면서 여러 행정 수속을 밟아야 했을 테니 말이다. 또한 정미소를 운영했던 만큼 공출이 진행되는 상황도 주의 깊게 살펴봤으리라 생각한다.

1945~1950년의 초등교육 경험

"거기서 국민학교에 들어갔어. 트러블이 생기고 별안간 (군덕리로)
이사를 가고 그러다 보니까 잘 못 다녔지. 금성초등학교는 3학년
때 들어갔어. 9월에 입학했고 그때는 사람이 많았어. 한 오륙십 명
있었어. 오전반 오후반 따로 있었지. 한글 가르치고 보태기, 빼기
그런 거 가르쳤지. 학교에 가면 내가 나이가 제일 어렸어. 국민학교
졸업했을 때 열네 살이었어."

1945년 7월부터 서울엔 전면 휴교령이 내려졌다. 언제 발생할지
모르는 공습 때문이었다. 주요 군수 시설이 밀집된 부평도 폭격의 위
험 속에 있었으니, 허홍무가 다니던 학교도 휴교령이 시행되었을 것
이다. 8월 15일 천황의 항복 선언이 라디오에서 흘러나오자, 교직원
만 남아 있던 학교의 모습은 둘로 나뉘었다. 통곡하는 일본인 교직원
과 감격에 눈물짓는 한국인 교직원. 봉안전과 〈황국신민서사〉는 불살
라졌다. 이후 대부분의 학교들은 9월에서 길게는 10월까지 휴교에 들
어갔다. 미군정은 1945년 9월 17일 '일반명령 제4호'를 발표해 교육
에 관한 조치를 내리면서 9월 24일, 공립국민학교가 개학했다.[77] 동시
에 일제시기 동안 시행된 4월 신학기제도는 미국식의 9월 신학기제로
바뀐다. 수업을 받는 기간은 9월부터 3월까지였고, 4~8월 사이는 방
학이었다.

인주국민학교 금성분교 편입

해방 이후 국민학교의 교육 여건은 열악했다. 우선 폭증한 학생 수를 들 수 있다. 미군정은 전격적인 의무교육 계획을 발표하면서 6~12세의 아동들을 모두 등록하도록 했다.[78] 일제시기 국민학교는 의무제가 아니었다. 1930년에는 초등교육 취학율이 17.3퍼센트였으며 1942년이 되어서야 47.7퍼센트로 상승한다.[79] 그러나 미군정의 조치로 1945년 50퍼센트대였던 취학률은 1948년까지 73퍼센트 내외로 증가한다. 학생 수만 본다면 약 100만 명이 늘었다.[80] 더불어 교원 부족 문제도 심각했다. 해방 당시 국민학교 교원 2만 2,000명 중 40퍼센트 정도가 일본인이었다. 이들이 사라지고 생겨난 공백은 너무도 컸다. 미군정은 부랴부랴 정규 사범학교 외에 교사 임시 양성과정 운영에 나서는 한편,[81] 2부제로 나누어 학년당 하루 3시간씩 수업을 듣게 하는 식으로[82] 교원 부족 문제를 해결하고자 했다.

그 시절 극심했던 이념 대립은 아산의 초등교육 현장에도 파고들었다. 1947년 말의 한 기사를 보자.[83]

아산군 온양리 국민학교 교원 중에는 일부 적색 악질분자가 있어서 아동들에게 〈적기가赤旗歌〉를 부르게 하는 등 악질행위를 계속하여 오던 중 학무과에서는 일부 숙청을 목적으로 그들 악질 교원에게 임시 전근을 명하였는데 도리어 그들은 밀의한 끝에 책임을 교장에게 전가시키며 모욕을 주다가 주모자 변원기는 교장에게 사임을 권고하게 되었다. 이에 대하여 학부형들의 알선으로 아동 지도의 지장이 없도록 양력兩力 일단 간정은 되었으며, 그 후 주모자인 변원

기, 채희병 여교원 외 일곱 명은 경찰서에서 엄중한 취조를 받고 있
다 한다.

　다소 편향된 논조의 기사지만 당시 교육 현장의 모습을 잘 드러낸
다. 여기서 아이들에게 부르게 했다는 〈적기가〉는 무엇일까. 민경찬
교수는 "아마 1945년에서 1948년 사이에 이 땅에서 산 사람 중에서
〈적기가〉를 불러 보지 않았거나 아니면 들어 보지 못한 사람은 한 사
람도 없었을 것이다. 좌익 진영에서 보면 공산혁명을 고무 찬양하는
노래였지만 우익 진영에서 보면 소름끼치는 무서운 노래였다"고 설
명한다. '민중의 기旗 붉은 기는 전사의 시체를 싼다'는 가사로 시작하
는 이 노래는 19세기 말 영국의 사회주의자가 독일 민요의 음에 가사
를 붙여 〈더 레드 플래그The Red Flag〉라고 이름 붙인 게 시초다. 1920
년대 일본 사회주의 운동가들에게 소개되었고 곧 조선으로 유입된다.
이렇게 〈적기가〉는 사회주의 세력의 대표적 노래로 굳어졌다.[84] 사회
주의 배척 기조를 지닌 군정 당국은 〈적기가〉를 부르게 한 교사들에
게 임시 전근을 명령한다. 그러나 그들은 단체행동에 나서 교장에게
사임을 권고하기까지 했다. 극심한 대립으로 치닫는 가운데 흥미로운
부분은 학부모의 반응이다. 일단은 "아동 지도에 지장이 없도록" 학
부모가 직접 중재에 나섰다. 이념에 크게 개의치 않았던 것이다. 허홍
무도 어쩌면 〈적기가〉를 불러 봤을지도 모른다.

　허홍무가 다녔다는 '금성초등학교'는 공립으로, 지금도 운영되고
있다. 당시엔 인주국민학교 금성분교였다가 허홍무가 졸업한 직후 금
성국민학교로 승격된다.

　분교가 생산한 자료는 본교에서 보관하므로, 허홍무의 〈생활기록

부〉는 인주초등학교에서 발급받을 수 있었다. 그럼 그의 〈생활기록부〉를 살펴보자. 생각보다 많은 정보가 담겼다. 허홍무의 졸업일자는 1949년 7월 21일이다. 만 14세였다. 허홍무의 말 대로면 1945년 9월에 3학년으로 편입해 4년 동안 학교를 다닌 게 된다. 이유는 알 수 없지만 3학년은 빼고 4~6학년 기록만 적혀 있었다.

가정환경과 출석일수 항목을 통해 허용이 외삼촌과 다툰 뒤 정미업을 그만둔 시점을 특정할 수 있었다. 가정환경을 보면 4學년 때 "6인 가족에 정미업" 이렇게 쓰여 있다. 그런데 6학년이 되면(5학년은 공란), "부외父外 4인 가족으로서 소농가小農家이나 생활 정도 보통이다"로 내용이 바뀐다. 4학년 때는 정미업으로 분명 적혀 있는데, 6학년 때는 소농가가 된 것이다. 출석일수를 보자. 4학년 때는 237일을 출석하고 질병으로 5일, 사고事故로 4일을 결석했다. 하지만 5학년 때는 204일 출석, 질병 17일에 사고 9일로 결석 횟수가 크게 증가한다. 6학년도 마찬가지다. 207일 출석, 질병 11일에 사고 5일이었다. 4학년을 마치는 1947년 7월 이후로 집에 큰 변화가 있음을 의미한다. 1948년경 허용이 정미업을 그만두었고, 그 영향으로 허홍무가 학교에 잘 나가지 못했다고 볼 수 있겠다.

성적도 확인할 수 있다. 국어, 회화, 이과, 산수, 보건, 음악, 미술 각 과목의 점수와 총합이 기재되었는데, 4학년 때는 총합 583점(31명 중 22등), 5학년 때는 총합 578점(40명 중 19등), 6학년 때는 총합 546점(39명 중 23등)이었다. 지금과 똑같이 각 학년별로 선생님의 평가도 있는데, 4학년 "진보 없음", 5학년 "산수과에 노력 필요", 6학년 "미술에 대하여 연구만 하면 장래 유망함"이라 적혔다. 아무리 그래도 그렇지, 진보가 없다니. 4학년 선생님의 평가는 너무 박해 보인다.

어렵게 합격한 온양중학교를……

"(국민학교) 졸업반이 되면은 중학교 갈 사람 안 갈 사람을 구별해서, 갈 사람은 중학교 옆에 방을 하나 얻어 가지고 선생님이 시험 공부를 시킨 거야. 선생이 아버지의 이종이었어. 온양중학교 시험 볼라고 임 선생네 모여서 공부했다고. 그렇게 해서 온양 나와서 거기 중학교에서 시험을 봤는데, 다른 애들은 부모가 왔는데 나는 혼자 시험 보러 갔어. 그런데 인제 합격은 됐는데, 돈이 없어서 못 들어간 거야. 내가 한평생 걸어온 길이 험악했잖아, 제대로 배우지도 못하고."

정부가 바뀌고 새로운 대학입시 방향이 제시될 때면 한국 사회는 크게 술렁인다. 좋은 대학에 가고 싶은 학생은 많지만 정원이 한정돼서다. 이때는 중학교 입시 문제가 그랬다. 지금과 달리 중학교는 의무교육에 포함되지 않았다. 초등과정을 의무교육으로 운영하는 것도 쉽지 않은 현실에서, 중학교 의무교육제는 먼 훗날에 기약할 일이었다. 해방 이후 국민학교 졸업자는 쑥쑥 느는데 그들을 수용할 중학교 입학 정원은 너무 적었다.

이미 일제시기부터 일어난 현상이긴 했다. 1927년엔 지원자의 31.1퍼센트, 1939년엔 21.4퍼센트만이 중학교에 입학할 수 있었다.[85] 해방이 되었다고 해서 크게 달라질 건 없었다. "다시 시험지옥을 전개하게 될 모양"이란 지적이 나올 정도였으니.[86]

1946년 5월 해방 후 첫 중학교 입시 방침이 결정되었지만 그 내용은 해마다 바뀌었다. 1946년에는 출신 학교장의 추천서·필답시험·구두시험·신체검사로 선발이 진행됐는데, 일제시기와의 차이라면 일본어와 산술이던 시험과목이 13개 모든 과목으로 확대된 점을 들 수 있다. 1947년에는 출신 학교장 추천서 무용론이 대두되어 폐지된다. 그리고 학교 자율로 출제하던 필답시험을 대신해 지능과 기억력을 테스트하는 데 초점을 맞춘 '지능고사'가 도입된다. 정부가 일정한 틀을 제시하고 그에 따라 학교에서 시험을 출제하는 방식이었다. 1948년엔 국민학교의 내신, 지능고사, 신체검사로 입시가 이뤄졌으며, 다시 비판이 제기돼 1949년에는 오직 각 중학교에서 실시하는 시험 성적만으로 입학이 결정됐다.[87]

시행착오라지만 그를 받아들이는 학생과 학부모의 심정은 그렇지 않았다. 다음은 1947년 7월 한 중학교의 결과 발표 장면에 대한 묘사다.[88] 지금의 입시 풍경과 전혀 다를 게 없어 무언가 뜨끔하다.

발 하나 들여놓을 틈 없이 교정의 일각을 뒤덮은 군중들은 한순간 숨까지 죽이고 마음이 일제히 바지직 탄다. 이 한순간의 결과로서 귀중한 내 자녀의 앞날에 진취와 낙오가 결정되는 것이니 무심코 벽에 나와 붙는 방을 바라보는 마음이 비상한 조바심을 맛보게 되는 것은 너무나 당연한 일일 것이다.

허홍무도 국민학교를 졸업하는 1949년에 입시를 치른다. 6학년 담임 임형로林亨澄 선생님과 함께 준비했다. 그 과정에서 부모의 도움은 없었다. 남들이 부모님과 함께 오는 시험장에 허홍무는 혼자 갔다. 임선생님은 제자의 부모가 중학교 진학에 관심이 없다는 사실에 안타까움을 느꼈는지, 〈생활기록부〉에 별도로 "부父는 보통학교 출신이지만 교육열이 부족한 듯하다"고 기록했다.

허홍무는 3대 1의 경쟁률을 뚫고[89] 입학 자격을 획득한다. 시험 수준은 어땠을까. 1949년 온양중학교의 시험문제는 확인하기 어려우나, 같은 해 서울의 대동상업학교에서는 '가장 어려운' 문제로 "물가는 어떻게 하여 결정이 되는가", "입헌정치란 무엇인가"와 같은 문제가 출제되었다. 성인인 나도 '헉' 하고 잠시 숨이 막힐 만한 문제지만 "제법 훌륭한 필답"이 있었다고 한다.[90] 그런 시험을 치르고 입시의 문을 뚫었으니 허홍무는 얼마나 뿌듯했을까.

문제는 돈이었다. 학교는 입학금으로 5~6만 원을 요구했다. 중간 정도 월급쟁이가 받는 급여의 절반에 달하는 액수로 "세민층細民層에서는 도저히 감당할 수 없는 금액"이었다.[91] 입학금을 마련해도 끝이 아니었다. 수업료, 학용품, 교과서 비용도 만만치 않았다. 학기 수업료를 내지 않았다고 시험 보던 학생을 내쫓는가 하면, 교사 증축비를 안 낸 학생에게 낼 때까지 성적부 발부를 보류한 일도 있었다.[92] 이러한 상황을 당국이 모르는 바 아니었다. 하지만 중학교의 부족한 재원을 보충해 줄 형편이 안 되어 그저 지켜볼 뿐이었다. 문제를 지적하는 기자에게 당시 서울시장 이기붕은 이렇게 대답했다.[93]

매년 되풀이되는 문제인데 학교 경비의 부족으로 인한 것이다. 어느 공립 중학의 예를 들면 1년 4,000만 원이 필요한데 시의 경비와 수업료를 합해야 겨우 9백만 원밖에 안 되니 양해를 바라는 바이며 입학금을 못 내는 합격자를 거부하는 일이 있다면 절대로 처단하겠다.

그러나 허홍무의 사례처럼 돈이 없어 중학교에 못 가는 경우가 허다했다. 자신의 의지가 아닌 환경 탓에 강제로 꿈을 버려야 했으니 얼마나 허탈했을까. 이 일은 그에게 평생의 한으로 남는다.

대음리 서당의 추억

"졸업해도 가난하니까 중학교에 못 가서 서당을 다녔어. 대음리에 있었어. 선생님 이름도 잊어 먹었네, 홍 뭔데, 수염이 길었어. 회초리로 때리면서 가르쳤지. 《천자문千字文》부터 《명심보감明心寶鑑》, 《소학小學》까지 배웠어. 《명심보감》만 읽어도 한문 훤해.

기억나는 거는, 종이에다 말아 가지고 담배 피우는 사람들이 많았는데, '10분간 휴식' 하면은 다들 화장실로 간다고. 옛날에는 아궁이에다 불 때면은 재를 그 화장실 구석에다 갖다 놨었어. 거름 할라고. 근데 그 선생님네가 부자였어서 화장실이 굉장히 넓어. 한 20명 되는 사람이 다 들어가 가지고 담배를 막 피우는 거여. 안 피웠어, 나는. 그렇게 피웠는데, 그 뚫어 놓은 문으로 연기가 펑펑 나가잖아. 그걸 본 선생님이 회초리 갖고 와 가지고 막 도망갔지. 공부 시간이 돼서 딱 들어갔는데, '나와' 해 가지고, 모조리 치는데, 아휴, 옛날 그 추억이 남아 있지. 내가 나이가 제일 적고 하니까, 되게 귀여움을 받았거든. 지금도 가끔 생각나. 결혼한 사람도 있었고 결혼 안 한 사람도 있었고.

서당은 돈 내고 다녔지. 9시 반인가까지 가서 세 시간 했어. 집에 가서 점심 먹고. 그때 선생님이 붓을 줬는데, 손을 밑에 대고 쓰니까 대지 말라고 회초리로 때렸던 기억이 나. 그래서 지금도 붓을 잡으면 그냥 들어야지, 받치는 거는 안 돼. 그때가 열네댓 살 됐을 땐

데, 그때 배운 게 지금도 되더라고. 배운다는 게 그렇게 힘이 있다
는 걸 느꼈어."

조선시대 대표 교육기관인 서당은 신식 교육이 보급되는 중에도 사
라지지 않았다. 근대 교육 시설이 학령인구를 미처 다 수용하지 못하
는 가운데, 교육 수요를 상당 부분 흡수했기 때문이다. 일본인은 할
수 없는 조선인 고유의 교육이 이뤄진 점, 개량운동을 통해 교육의 질
을 향상시킨 점도 호응을 얻었다. 총독부는 '서당규칙'을 1918년 제
정, 1926년 개정하면서 가르치는 과목을 제한하고 설립인가를 얻게
하는 한편,[94] 1929년 대대적인 폐쇄 조치로 통제했지만, 1941년까지
도 서당 학생 수는 15만 명을 상회했다.[95]

서당의 명맥은 해방 후에도 이어졌다. 특히 학교 시설이 턱없이 부
족하자, 1948년 초대 문교부장관 안호상은 의무교육제가 실시되어도
당분간 미취학 아동을 모두 포용하진 못할 것이라 인정하면서, 대신
서당을 이용하는 것도 방법이라 말하기도 했다.[96] 하지만 의무교육이
점점 뿌리내리고 서당 교육이 "봉건적인 교육 방법을 유일의 전통으
로 하고, 한문 치중의 교육을 하고 있는 이 현상은 웃지 못할 기적적
인 존재"[97]라는 인식이 굳어지면서 대부분의 서당은 사라진다. 허홍
무도 어찌 보면 중학교 진학이 좌절되고, 배우고 싶은 열망을 서당으
로 해소한 게 아닐까 한다. 대음리는 금성리의 서쪽에 접한 지역으로
허홍무는 이곳의 서당을 다녔다.

20세기 초중반 충남 지역 서당 수학 경험자들과의 면담으로 작성
된 논문에 따르면, 마을에 학교가 없거나 학비를 마련하기 어려워 서
당에 가는 경우가 많았다. 또는 "일본인 학교에 가서 공부하는 것보다

우리의 말과 예절을 배우기 위해서" 가기도 했다.

입학 연령도 다양했는데, 6세에서 심지어 40세도 있었다. 또한 수학 기간은 보통 1~3년이었지만, 10년 이상 공부하는 사람도 있었다. 이는 서당이 오늘날의 교육기관처럼 '몇 년의 과정 수료' 식이 아닌 인생 전반에 걸쳐 학습하는 평생교육 시설로 받아들여졌음을 의미한다.[98] 그래서 허홍무의 말처럼 나이 있는 결혼한 사람들도 함께 공부했던 거다.

훈장이 먼저 읽고 뜻풀이 해 주면 학생들이 따라 읽는 '강독', 시나글을 짓는 '제술', 새로운 한자와 여러 한문체를 익히는 '습자'가 주된 교육 내용이었다. 학생들은 읽고, 쓰고, 암기하며 학습했고 훈장 앞에서 테스트를 봤다. 합격하면 다음 진도를 나가는 식이었다. 익히지 못하면 계속 반복했다. 능력에 따라서 갑반《대학》·《중용》), 을반《소학》·《명심보감》), 병반《천자문》)으로 나누었다는데,[99] 허홍무는 《소학》과 《명심보감》을 익혔다고 하니 을반 수준까지 수학했다는 걸 알 수 있다. 이걸 단순히 '한문 공부'로 치부하긴 좀 그렇다. 지금으로 따지면 '융합 교육'이랄까. 회화·작문·문학·도덕·철학·역사 지식을 쌓는 동시에 관혼상제나 예절과 같은, 그 당시 농촌공동체에서 살아가는 데 필요한 요소들을 습득하는 과정이었다. 그 많은 사람이 괜히 서당을 찾은 게 아니다.

마침내 '독립'은 되었건만

> "이승만 때, 정부 수립 됐다는 소식을 들었지. 서당 댕길 때였어. 난 뭐, 어려서 정치에 관심이 없었으니까 별로 생각을 안 했는데, 그때는 이승만 대통령 선출한다고 떠들고 선전하고, 막 그랬지. 동네서도 투표하느라고 시끄러웠어. 투표는 동네 마을회관에서 했지."

1945년 8월 15일, 한반도는 일제의 지배에서 '해방'됐지만 '독립'한 건 아니었다. 구성원을 대표하는 정부를 세워 스스로 결정하고 행동하는 '독립'은 다른 차원의 문제였다. 11월 24일 갓 귀국한 김구가 방송으로 "앞으로는 여러분과 같이 우리의 독립 완성을 위하여 진력盡力하겠습니다"라고 말한 것처럼,[100] '독립'은 계속해서 쟁취해야 할 목표였다.

1945년 8월 8일, 소련은 일본에 전쟁을 선포하고 만주와 한반도 북부를 공격해 무서운 기세로 일본군을 패퇴시켰다. 미국은 크게 당황했다. 이대로 두었다간 한반도 전체가 소련군에 점령될 가능성이 컸다. 미국은 8월 11일, 38도선을 미·소 양국의 한반도 점령 기준선으로 두면 좋겠다고 판단한다. 13일, 이 안을 전달 받은 소련은 이의 없이 받아들인다. 그 전부터 수차례의 회담에서, 함께 한반도에 대한 관심을 표명하고 전후 처리 방안을 논의했던 두 나라였다.[101] 38도선 북쪽은 소련군의, 남쪽은 미군의 점령지가 된다.

"적당한 시기에 조선을 자주 독립"시킨다고 결정한 '카이로선언'과 그 이행을 명시한 '포츠담선언'이 있었다. 미국과 소련은 '포츠담선언'에 참여했지만 조선의 독립 절차, 방법, 시기를 구체적으로 결정하지 않은 상황이었다. 한국인의 자생적인 정부 조직, 대한민국임시정부와 조선인민공화국이 존재했지만 안타깝게도 정치세력에 머물렀을 뿐 정부로 인정받진 못했다. 일본에 승리한 강대국 간 합의가 이미 있는 상태에서, 일본의 식민지에서 이제 막 벗어난 한반도 사람들이 마주할 수밖에 없는 냉정한 현실이었다.

1945년 12월 16일, 미·소 양국은 이 문제를 논의하기 위해 모스크바에서 회담을 개최한다. 미국, 소련, 영국, 3개국 외상이 만난 회의인 모스크바삼상회의다. 12월 27일 결과가 도출됐다. 주요 내용은 이랬다. ① 한반도에 임시정부를 수립할 것이다, ② 임시정부의 구성을 위해 미군, 소련군 대표자가 논의하는 공동위원회를 설치한다. 구성 방안을 작성할 때 민주주의 정당 및 사회단체와 협의해야 한다, ③ 임시정부 그리고 민주적인 단체의 참여 아래 공동위원회는 독립 달성 방안을 작성한다. 그 방안을 다시 임시정부와 협의하고, 최고 5년의 신탁통치 협정과 관련해 미·영·중·소 정부가 심의할 수 있게 제출한다.[102] 한 번 읽고는 이해할 수 없을 정도로 복잡하다. 이 어지러운 절차는 자신의 영향력을 넓히려는 미·소 양국의 복잡한 셈법이 작용한 결과였다.

소식을 들은 한반도 사람들은 찬반이 갈렸다. '신탁통치라니 이게 웬 망발이냐!'며 절대 수용 불가를 외치는 측과 '일단은 합의에 따라 정부 먼저 수립하자!'는 측이 충돌했다. 냉전이 심화되는 가운데 개최된 '미소공동위원회'도 지지부진하긴 마찬가지였다. '민주주의 정당 및 사회단체'의 기준을 두고 첨예하게 대립했다. 특히 모스크바 합의를 반대하는 정당·단체를 포함시킬 수 있느냐가 문제였다. 1차(1946

년 3~5월)와 2차(1947년 5~10월)까지 회담이 이어졌지만 끝내 결렬된다. 조선인 사이의 갈등 해결을 위해 김규식, 여운형 같은 정치인들도 나섰지만 역부족이었다. 모스크바 합의가 발표된 지 2년이 넘어가도록 임시정부가 수립되기는커녕 38도선도 철폐하지 못했다.

미국은 전략을 수정해 유엔을 활용하기로 한다. 유엔은 종전 직후인 1945년 10월 출범한 국제기구로 미국이 연합국의 참여를 이끌어 탄생했다. 미국은 소련의 반대를 무릅쓰고 유엔 총회에 한반도 문제를 상정했다. 1947년 11월 14일, 다수 국가의 지지를 받아 결의안이 채택된다. 요지는 다음과 같았다. ① 9개국(호주·캐나다·중국·엘살바도르·프랑스·인도·필리핀·시리아·우크라이나) 대표로 유엔한국임시위원단을 꾸려 한국에 보낸다, ② 이들의 감시하에 1948년 3월 31일까지 선거를 실시하고 국회를 구성, 정부를 수립한다. 소련의 입장에서는 모스크바 합의를 일방적으로 폐기한 셈이었다. 그런 만큼 유엔한국임시위원단의 활동에 협조하지 않겠다고 선언한다.

1948년 1월, 소련에 동조하는 우크라이나를 제외한 나머지 8개국 대표로 구성된 유엔한국임시위원단이 서울에 도착했다. 하지만 소련의 거부로 38도선 이북에 출입할 수 없었다. 고민하던 위원단은 결국 유엔 소총회에 한반도 문제를 회부하기로 결정한다. 그리고 2월 26일, 유엔 소총회는 '위원단이 접근 가능한 지역'에서 선거를 치른다는 결의안을 통과시켰다.[103]

그렇게 5월 10일, 38도선 남쪽에서만 총선거가 실시된다. 유사 이래, 만 21세 이상의 모든 성인에게 재산·성별·교육 수준과 관계없이 투표권이 주어진 최초의 선거였다. 문맹자를 위해 유권자로 등록할 땐 자필 서명이 아닌 날인을, 투표할 땐 후보자의 이름을 직접 쓰는

게 아니라 후보자의 이름 옆에 표시를 하는 기표 방식으로 결정했다.[104]

1948년 4월 1일 시점 추정 총인구 1,994만 7,000명 가운데, 만 21세 이상인 983만 4,000명이 투표할 권리를 가진 유권자였고, 유권자의 79.7퍼센트에 해당하는 783만 7,000명이 투표를 하겠다고 등록했다. 실제 투표자는 703만 6,750명으로, 이들의 투표에 의해 200개 선거구에서 198명의 국회의원이 선출된다. 4·3사건이 발생한 북제주군의 2개 선거구를 제외하고 선출된 숫자였다.[105]

아산에서는 한국민주당 윤보선尹潽善, 대한독립촉성국민회 홍순철洪淳徹, 민중당 이종영李鍾榮 등 7명의 후보가 출마한 가운데, 아산 출신으로 성균관대에서 경제학사를 강의하던 무소속 서용길 후보가 당선됐다.[106] 그는 대표적인 소장파 국회의원으로 후에 '반민족행위처벌법'에 의해 구성된 '반민족행위특별조사위원회' 특별검찰관으로 활동한다.[107] 허용과 지일영은 투표를 했는지, 했다면 누구를 뽑았는지 궁금하지만 지금으로선 알 방법이 없어 아쉽다.

선출된 국회의원들은 헌법 제정을 마무리한 후, 대통령으로 이승만을 선출했다. 그리고 1948년 8월 15일 '대한민국' 정부가 수립된다. 38도선 이북도 남쪽 상황을 예의 주시하며 헌법을 마련하는 등 미리 정권 창출 준비를 하고 있었다. 9월 9일, 김일성을 수상으로 하는 '조선민주주의인민공화국' 정부가 수립됐다. 먼 길을 돌고 돌아 찾은, 반쪽짜리 '독립'이었다. 드디어 스스로 결정하고 행동하는 정부가 탄생했지만, 두 개나 등장하리라 예상한 사람은 아무도 없었다. 1910년 식민지가 됐을 때의 대한제국 영토 그대로 독립하길 바랐지만 결국 반으로 갈리고 말았다.

그게 끝이 아니었다. 두 정부는 각자 자신이 진짜 한국인을 대표한다고 주장했다. 그러려면 상대는 반드시 없어져야만 했다. 북한은 1948년 1월 강동정치학원江東政治學院을 설치하고 게릴라 부대를 남파해 후방교란을 꾀하는가 하면, 남한은 1949년 2월 호림부대虎林部隊를 창설해 그대로 맞대응했다. 수백 명 남짓한 무장 부대가 38도선을 드나들며 충돌했다.[108]

또한 양측은 미·소군 철수 후 38도선 경계를 따라 진지 구축 작업을 벌였다. 그런데 38도선은 가상의 선이기에 명확한 경계를 설정하긴 어려웠고, 이는 연대급 군대가 부딪치는 대규모 전투로 이어졌다.[109] 특히 1949년 개성, 옹진에서 많은 전투가 벌어졌는데, 인근 지역에 피란을 해야 한다는 소문이 파다하자 구자옥具滋玉 경기도지사가 직접 "항간에 유포되어 있는 피란 운운은 전부 낭설이니 속지 말기를 바란다"고 나서서 말할 정도였다.[110] 또한 김구를 살해한 안두희安斗熙는 법정에서 "옹진 전투에 투입되기 전 죽으러 가는 마음으로 인사하러 가서 마음이 착잡했는데, 당시 정치 상황과 관련해 얘기를 하다 김구가 버럭 화를 내자 살해했다"고 범행 이유를 밝힌 바 있는데,[111] 이 지역의 충돌이 얼마나 격했는지 가늠케 해 준다. 이렇게 앞으로 다가올 전쟁은 차츰 '형성'되고 있었다. 이 모든 일은 허홍무가 열심히 국민학교와 서당에 다니던 사이 일어났다.

나는 그 당시 저녁이면 굴속에 앉아 있으면요. 사람 죽이려고 쫓아 댕기면서.
사람 살려 달라고 소리 질러 가면서, 맞아 가면서 말이야, 죽기 전에.
그때는 아주 세상이 어떻게 돌아가나 그런 생각이 났었어.
— 반동분자로 찍혀 숨어 있던 때를 회상하며.

3부.

한국전쟁의
소용돌이에서

1951년 4월, 대구 인근에서 부역행위자들이 국군 헌병에게 총살된 후 파묻히는 장면이다. 미 군사고문단 소속 군인이 촬영한 것으로 그가 적은 이들의 죄목은 '공산주의자 부역 행위'였다. 허홍무도 마을이 수복되는 과정에서 똑같은 장면을 보았다고 구술했다. ※출처: https://pages.newstapa.org/2023/07_koreanWar/.

허홍무는 종종 손자인 나에게 문자를 보낸다. 내용인즉슨 특정 정치세력이 북한에 이로운 정책을 내세운다며 대한민국이 위기에 빠졌다는 거다. 어느 단체 SNS 대화방에 공유된 걸 그대로 보낸 것 같은데, '종북좌파', '김정은', '처단'과 같은 민감한 단어로 채워져 있다. 2000년대 통일 강조 교육을 받고, 친구들이 금강산 여행을 다녀온 얘길 들으며, 무언가 통일이 실현될 것 같은 분위기 속에서 자란 나는 늘 궁금했다. 이 세대는 대체 어떤 경험을 했길래 북한에 이런 적개심을 보이는 걸까. 허홍무의 한국전쟁 '인공 치하人共治下' 경험담을 듣고 나서야 의문이 해소될 수 있었다.

한국전쟁이라 하면 보통 맹렬한 전투를 떠올린다. 영화 〈태극기 휘날리며〉, 〈고지전〉 전투 장면처럼 말이다. 그게 아니면 짐을 이고 어디론가 떠나는 피란 행렬, 또는 〈국제시장〉 초반 장면 같은 부산에서의 피란 생활 정도다. 그렇지만 전쟁의 양상은 훨씬 다종다양했다. 그중 하나가 잘 언급되지 않는 소위 '인공 치하'다. 미처 피란 가지 못했거나 피란 생각 없이 마을이나 도시에 남아 있다가, 그대로 인민군의 점령을 거쳐 북한 당국의 통치를 겪은 상황이다. 전쟁 초 3개월간 낙동강 방어선을 제외한 38도선 이남 대부분 지역이 '인공 치하'에 놓였다. '인공 치하'가 잘 알려지지 않은 이유는 기록 부재 탓이 크다. 그래서 경험자들의 구술에 의존할 수밖에 없는데, 북에 협조했거나 '인공치하' 속 피해자나 가해자가 된 이들에게 그 경험을 얘기해 달라고 하기는 좀처럼 쉽지 않다. 다행히 허홍무는 그 경험을 나에게 털어놔 주었다(북한에 반대하는 처지에서 일방적 피해를 겪었기 때문에, 그러니까 말해도 위험하지 않은 얘기라 그럴 것이다). 그럼에도 허홍무의 구술만으로 내용을 서술하기 아쉽던 차에, 허홍무가 살던 곳과 가까운 마을에서 당시 상황을 기록한 일기가 있단 걸 알게 되었다. 이 자료와 함께 1기 진실화해를위한과거사정리위원회(2005~2010)에서 발간한 조사보고서를 참고해 아산 서부 지역의 '인공 치하'가 어떻게 전개되었는지 밝힐 수 있었다.

당시 16세였던 허홍무에게 전쟁은 참으로 갑작스레 다가왔다. 전쟁 발발 2주밖에 안 된 1950년 7월 7일경, 허홍무가 머물던 아산 금성리 마을이 인민군에게 점령된다. 곧 북한의 점령 통치가 시작됐다. 이 가운데 허용 일가는 반동분자로 찍혀 숙청 대상에 오른다. 다른 숙청 대상자가 농기구에 맞아 죽는 걸 보며 허용, 허홍무 부자는 밤길을 달려 도망가야 했다. 허홍무는 어느 굴 속에서 한 달 정도를 숨죽여 지냈다. 이렇게 보면 그에게 북한이란, 이념이나 정치사상으로 따질 존재가 아니다. 그저 사람들을 죽이고 자기의 목숨까지 앗아가려 한 공포의 대상일 뿐이다. 3개월간 느낀 극도의 공포감은 북한을 향한 적개심으로 이어져, 평생 허홍무의 생각을 지배하는 신념이 된다. 전쟁에서 겪은 일을 들려 달라고 했을 때, 그의 표정은 순식간에 구겨졌다. 관련 이야기가 끝날 때까지 표정은 한 번도 풀리지 않았다. 마지막엔 이렇게 덧붙였다. 누구한테 이런 얘긴 처음 해 본다고.

1

2주 만에 점령된 아산

전쟁 결심은 누가 먼저?

> "서당 다니고 나서 (금성리, 군덕리를) 계속 왔다 갔다 했어. 서당은
> 더 다녀도 되는데 내 형편이 그랬지. 그때 6·25가 난 거야. 김일성
> 이가 남침해 가지고 인민군이 막 쳐들어온 거야."

한국전쟁의 발발 책임은 누구에게 있을까. 여러 설명이 가능하겠지
만 '맨 처음 전쟁을 결심한 측'이 누구냐고 한다면 북한으로 보는 게
맞다. 이는 1990년대 초 탈냉전 시기 공개된 소련의 자료에 명확히
드러난다. 다음은 1949년 3월 7일, 모스크바를 방문한 김일성이 스탈
린과 나눈 대화다.[1]

김일성: 스탈린 동지. 이제 상황이 무르익어 전 국토를 무력으로 해방할 수 있게 됐습니다. 남조선의 반동세력들은 절대로 평화통일에 동의하지 않을 것입니다. 그들은 자신들이 북침을 하기에 충분한 힘을 확보할 때까지 분단을 고착화하려고 합니다. 이제 우리가 공세를 취할 절호의 기회가 왔습니다. 우리의 군대는 강하고 남조선에는 강력한 빨치산 부대의 지원이 있습니다.

스탈린: 남침은 불가합니다. 첫째, 북조선 인민군은 남조선군에 대해 확실한 우위를 확보하지 못하고 있습니다. 수적으로도 열세이고, 둘째, 남조선에는 아직 미군이 있습니다. 전쟁이 나면 그들이 개입할 것입니다. 셋째, 소련과 미국 사이에 아직도 38도선 분할 협정이 유효함을 기억해야 합니다. 이를 우리가 먼저 위반하면 미국의 개입을 막을 명분이 없습니다.

김일성: 그렇다면 가까운 장래에 조선의 통일 기회는 없다는 말씀인가요. 남조선 인민들은 하루빨리 통일을 해 반동 정부와 미제국주의자들의 속박을 벗어나고 싶어 합니다.

스탈린: 적들이 만약 침략의 의도가 있다면 조만간 먼저 공격해 올 것이오. 그러면 절호의 반격 기회가 생깁니다. 그때는 모든 사람이 동지의 행동을 이해하고 지원할 것이오.

"전 국토를 무력으로 해방"하기로 결정한 김일성이 스탈린에게 허가를 요청하는 장면이다. 군사·경제적으로 많은 부분을 소련에 의지하는 북한이었던 만큼, 전쟁을 일으키기 위해선 소련의 허락이 꼭 필요했다. 그러나 스탈린은 준비 부족과 미국의 참전 가능성을 들어 "남침은 불가"하다고 선을 그었다. 김일성은 돌아가는 수밖에 없었다.

하지만 곧 스탈린의 마음을 바꾸는 소식이 들려온다. 하나는 8월 소련의 핵무기 개발 성공이었다. 미국뿐 아니라 소련도 핵무기를 손에 넣은 것이다. 다른 하나는 중국에서 전개된 공산당과 국민당의 싸움, '국공내전'에서 공산당이 거둔 승리다. 미국에게 막대한 물자를 지원받던 국민당은 타이완으로 쫓겨 갔고 중국 대륙은 공산당의 차지가 된다. 10월, 공산당의 리더 마오쩌둥毛澤東은 '중화인민공화국'을 선포한다. 소련은 크게 고무되었다.[2] 또한 1949년 6월 미군이 남한에서 철수했다는 사실, 1950년 1월 미국의 국무장관 애치슨의 발표에서 한반도를 미국의 방어선에 넣지 않았다는 점도 영향을 주었다. 점차 북한이 전쟁을 개시하기에 유리한 정세가 형성되었다.

1950년 3월 말에서 4월 중순 사이, 김일성은 다시 모스크바를 방문한다. 이때의 대화 분위기는 그전과 사뭇 달랐다.[3]

김일성: 마오쩌둥 동지는 항상 조선 전체를 해방하는 우리의 희망을 지지했습니다. 마오쩌둥 동지는 중국 혁명만 완성되면 우리를 돕고, 필요한 경우 병력도 지원하겠다는 말을 여러 차례 했습니다. 하지만 우리는 자신의 힘으로 조선 통일을 이루겠습니다. 우리는 해낼 수 있다고 믿습니다.

스탈린: 완벽한 전쟁 준비가 필수입니다. 무엇보다 군사력의 준비 태세를 잘 갖추어야 합니다. 엘리트 공격 사단을 창설하고 추가 부대 창설을 서두르시오. 사단의 무기 보유를 늘리고 이동 전투 수단을 기계화해야 합니다. 이와 관련된 귀하의 요청을 모두 들어주겠습니다.······북측의 선제 공격과 남측의 대응 공격이 있은 뒤 전선을 확대할 기회가 생길 것이오. 전쟁은 기습적이고 신속해야 합니다.

남조선과 미국이 정신을 차릴 틈을 주어서는 안 됩니다. 강력한 저항과 국제적 지원이 동원될 시간을 주지 말아야 합니다.

스탈린의 달라진 태도가 눈에 띈다. 그는 전쟁을 성공으로 이끌기 위한 조언을 전하면서 군사적 도움도 약속했다. 전쟁을 허가한 것이다. 이에 더해 스탈린은 '중국 지도부의 동의를 받을 것'이란 조건을 걸었고, 이후 김일성은 마오쩌둥과 만나 마침내 동의를 얻는다.[4] '김일성의 제안과 스탈린의 허가, 그리고 마오쩌둥의 동의와 협조'로[5] 북한의 전쟁 준비는 완료되었다. 그리고 1950년 6월 25일, 전쟁이 발발한다. 허홍무가 열여섯 살 때였다.

전쟁의 전개와 '인공 치하'

전쟁의 전개 과정을 간략하게나마 짚을 필요가 있다.[6] 전쟁은 1950년 6월 25일부터 1953년 7월 27일까지 장장 3년 동안 이어졌다. 전개 과정은, 정전협정이 시작된 1951년 7월 10일을 기점으로 ①과 ②, 두 단계로 구분된다. ①은 다시 4개로 나눌 수 있는데, 양 진영이 엎치락뒤치락하면서 가져간 주도권에서 비롯한다.

①-a는 6월 25일부터 9월 15일까지 북한 인민군이 주도권을 잡은 기간이다. 서울은 3일 만에 함락되었고, 9월 초가 되면 낙동강 전선 이남을 제외한 모든 곳이 인민군의 수중에 떨어진다. 하지만 그 이상은 진격하지 못했다. 미군의 발 빠른 대응과 유엔군의 투입으로 인민군의 발걸음은 낙동강에서 멈춰야 했다. 8월 한 달간 치열한 공방전이 전개된다.

①-b는 9월 15일부터 10월 중순까지다. 9월 15일 인천상륙작전의 성공으로 전세가 역전되며 국군과 유엔군이 주도권을 잡는다. 10월 8일엔 38도선을 넘었으며, 중순에 이르면 신의주, 강계, 백두산부터 소련 접경 지역 일부를 제외한 대부분을 점령한다.

①-c는 10월부터 1951년 1월까지다. '중국인민지원군', 즉 중공군이 압록강을 건너 넘어오며 다시금 전세가 역전되었고, 국군과 유엔군은 후퇴했다. 1월 4일엔 서울이 함락되었으며 방어선을 경기, 강원 남부까지 내려야 했다. 공세에 밀리던 유엔군은 1월 말이 되어서야 반격에 나설 수 있었다. 소모전이 이어지자 유엔군에 참여한 국가들은 전쟁의 장기화에 대한 우려를 나타냈고, 미국에 휴전을 촉구하기에 이른다.

①-d는 1951년 2월부터 휴전을 논의하기 시작한 7월 10일까지다. 2월, 유엔군은 충북, 경북 북쪽 경계까지 내려온 중공군을 저지하고 다시 올라가 38도선 인근에서 대치했다. 유엔군 사령관 맥아더는 38도선을 재돌파하고 중국과의 전면전도 불사하겠다는 입장을 표명했으나, 휴전을 고려하던 미국 정부와의 마찰 끝에 해임된다. 이렇게 전선이 위아래로 크게 오가는 양상 때문에 한국전쟁은 '톱질 전쟁'이란 별칭을 갖는다.

②에서는 전선이 교착 상태에 빠진 가운데 정전 협상이 진행됐다. 미국은 소련, 중국과 접촉했고, 7월 10일 개성에서 정전을 위한 회담이 개최된다. 합의가 진전되면서 11월 27일부터 12월 27일까지 임시 휴전이 선언되기도 했다. 하지만 새로운 국경선을 어떻게 그을지, 포로는 어떻게 처리할지를 두고 갈등이 이어졌다. 유리한 상태에서 협상 결과를 이끌어 내기 위해 미국은 북쪽을 끊임없이 폭격했다. 중국의 대규모

공세도 마찬가지였다. 한 치의 땅을 두고 벌이는 악명 높은 고지전도 계속됐다. 협상이 시작되고도 전쟁은 2년을 더 끌었고, 결국 1953년 7월 27일, 북한군 사령관 김일성, 중국인민지원군 사령관 펑더화이彭德懷, 유엔군 사령관 클라크Mark W. Clark가 〈정전협정문〉에 조인하면서 전쟁은 정전 상태에 들어간다.

뒤이어 등장하는 허홍무의 구술은 인민군의 점령 후 북한의 행정이 이뤄지는 상태, 이른바 '인공 치하'에 대한 이야기다. 북한이 주도권을 잡았던 ①-a에 집중된다고 보면 된다. 그 뒤로 전선은 한참 위에 위치했기 때문에 아산은 전쟁의 직접적인 영향에서 벗어나 있었다.

아산 출신 강신항의 일기

그리고 하나 더, 《어느 국어학도의 젊은 날》이라는 책을 소개한다. 저자는 강신항姜信沆. 그는 훈민정음 연구에 독보적인 성과를 남긴 국어학계의 원로다.[7] 갑자기 그의 책을 소개하는 이유는 저자 강신항이 1930년생으로 아산 출신이기 때문이다. 정확히는 아산군 도고면 기곡리 출신이다. 도고면 기곡리는 허홍무가 있었던 인주면 금성리와 9킬로미터, 선장면 군덕리와 3킬로미터 남짓 떨어진 곳이다. 그는 '인공 치하' 당시 고향 기곡리에 머물며 자신의 경험을 일기로 기록했다. 그리고 간직했던 일기를 1995년 출판했는데, 그게 바로 이 책이다.[8]

허홍무보다 다섯 살이 많은 강신항은 전쟁 발발 전 서울대학교 문리대 국문과를 다니고 있었다. 전쟁 발발 직후 고향에 돌아와 6월 28일부터 11월 2일까지 머물렀다. 이 기간, 허홍무와 불과 몇 킬로미터 안 되는 가까운 거리에서 지냈다. 경험과 감정이 소상히 기술된 당대

기록으로, 기억에 국한된 허훙무의 구술을 보완하는 데 큰 도움이 되었다. 앞으로 강신항의 일기가 자주 언급될 터라 미리 설명해 둔다.

피란 없이 맞이한 인민군

"선장면 군덕리 집에 라디오가 있어서 틀으니까, 인민군이 어디로 왔다, 어디로 갔다, 국군이 어디로 들어왔다, 그러다가, (금성리에 있을 때) 우리 동네 앞길을 그냥 바로 지나가는 거야. 인민군 총이 굉장히 길어. 거기다 칼을 꽂아 메면은, 사람은 작은데 총이 높이 있어. 당시에 고등학교, 중학교 나온 애들이 가면 총을 메어 보냈다. 줄줄이 따라가는 사람이 쪼그맸어. 눈은 반들반들한데. 탱크는 못 봤어.
국군이랑 인민군이랑 싸웠지, 인민군이 들어올 때 국군 후퇴하면서. 내가 국군을 왜 안 따라갔냐면은, 아직 나이가 어리고 쪼그맸거든. 그러니까 따라갈 수는 없었는데, 눈으로는 그런 걸 봤지."

아산이 인민군에게 점령된 것은 1950년 7월 7일이다. 전쟁 개시 후 2주가 되어 가는 시점이었다. 7월 6일부터 8일까지 미군 제34연대와 인민군 제105전차사단, 제4사단이 성환과 천안 일대에서 전투를 벌였다. 그사이 인민군은 아산에도 진입한다. 7월 7일 오전 11시 중대병력이 탱크 3대를 앞세워 동쪽에서부터 둔포, 음봉을 거쳐 들어왔다. 소수의 경찰이 인민군과 전투를 벌였지만 얼마 버티지 못했다. 이어 인민군 후속부대가 와 온양, 공주, 예산 등지로 퍼진다.[9] 허홍무가 목격한 건 이때 발생한 인민군과 경찰 사이의 총격이 아니었나 싶다.

허홍무는 인민군이 들이닥치기 전까지 라디오를 듣고 어느 정도 전황을 인지했다. 하지만 피란 가진 않았다. 전쟁이 났는데 어떻게 피란을 안 가냐 생각할 수 있지만, 피란은 결코 쉬운 일이 아니었다. 서울을 예로 들더라도 공무원·군인과 그 가족은 교통수단을 수월히 확보해 피란했지만, 찾아갈 연고지가 없거나 어린아이와 노부모 혹은 병을 앓는 가족이 있어 떠나지 못하는 사람도 많았다.[10]

한편으론 피란을 떠나는 게 더 위험할 수 있었다. 정부는 피란민 관리를 위해 그들의 분산·수송·수용·급식·치료 등의 대책을 내놓았지만 급박한 상황에 실행은 더뎠다.[11] 피란 중 어쩌다 작전구역에 들어가기라도 한다면 목숨을 담보할 수 없었다. 1950년 7월 하순 영동 지역에서 발생한 '노근리 사건'이 대표적이다. 이동하던 피란민 무리에 인민군이 숨어 있다고 판단한 미군은 무차별로 공격을 감행했다. 여성과 어린이, 노인을 포함 400여 명의 무고한 희생자가 발생한 것으로 추정되는 끔찍한 사건이다.[12]

강신항처럼 인민군의 남하가 곧 저지된다는 희망을 품고 가까운 지역으로 피란했다가 낭패를 본 사례도 있다. 그는 7월 8일 근처 신창면까지 인민군 보병대가 들어왔다는 소식을 듣자마자, 과거 우익단체였던 대한독립촉성국민회의 지역 지도자를 지낸 할아버지를 모시고 서산으로 떠난다. 서산은 국군과 경찰에 의해 치안이 유지되고 있었고, 곧 전황이 역전되리라는 판단이었다. 그러나 7월 15일, 서산 남쪽 홍성까지 인민군의 수중에 들어가면서 더 이상 떠날 곳이 없는 처지가 된다. 그와 할아버지는 "죽어도 고지故地에서 죽자"는 심정으로 천안에 사는 아무개인 척 피란민 행세를 해 집으로 몰래 돌아왔다. 다행히 지역에서 신망이 두터웠던 할아버지는 면노동당위원장, 인민위원장의 힘으로 목숨을 건졌다.[13]

허흥무의 가족도 분명 고민했을 것이다. 전황에 대한 정보, 연고지, 피란을 떠났을 때 먹고사는 문제, 마을의 분위기를 따졌을 테고 결국엔 마을에 머물기로 결정했다. 그리고 인민군의 점령을 그대로 지켜봤다.

동네 '빨갱이'들의 기승

"여기서부터 진지한 얘기야. 동네에 빨갱이, 그러니까 공산주의자가 있었어. 김일성이가 북한에서 공작원을 보내 가지고 사람들 포섭도 하고 남북을 왔다 갔다 하면서 활동하는 걸 장려했거든. 전쟁나기 전에도 공산당이 많이 보였어. 공작원이 와 가지고 잘사는 집에 머슴살이 하는 사람을 포섭하는 거야. 머슴살이하는 사람들한테 (엄지를 보이며) '야, 너희들은 이거다. 그러니까 너희들은 부자 놈들 거 다 뺏어다가 살 수 있다.' 이거를 주장하면서 장려한 거야. 그래 가지고 전쟁이 나서 공산당이 딱 쳐들어왔는데, 동네 빨갱이가 별안간에 왕창 일어나더니 아산 군청서부터 면사무소까지 다 차지하고, 동네에까지 다 들어왔어. 그때 동네 부잣집에서 머슴살이하던 사람들이 다 빨갱이 주동자였지."

우리가 앞으로 건설할 국가는 어떤 모습인가. 누군가는 무산자가 집권하는 사회주의를, 누군가는 민족을 기반으로 하는 보통선거·의회제도를 떠올렸다. 전자는 좌익, 후자는 우익으로 불리며 팽팽히 대립했다. 38도선 이남에서의 대립은 우익의 승리로 귀결된다. 냉전 기류 속 미군정의 탄압이 작용한 결과였다.[14] 그러는 사이 좌익은 국가건설을 방해하는 적으로 상정됐고, 좌익을 멸칭하는 '빨갱이' 표현이 널리 퍼졌다.

> 농민들 입장에서야 좌익분자들, 그러니까 빨갱이 말이 맞지. '다 같이 공평하게 먹고살자' 그러니. 없는 사람들이 왜놈들 밑에서, 또 있는 사람들 밑에서 그렇게나 학대받고 힘들었잖아. 쌀 한 말 갖다 먹으면 일을 엿새씩 해 줘야 했고. 이런 세상을 겪은 사람들이 다 공산주의가 옳다고 했지.[15]

위와 같은 어느 좌익 경험자의 구술에서 나타나듯, '다 같이 공평하게 먹고살자'는 간단한 메시지는 빈곤을 겪는 많은 사람의 마음을 사로잡았다. 그 결과 지방 곳곳에 사회주의 세력이 뿌리내렸다. 앞에서 말한 아산인민위원회가 대표적이다. 1947년 하반기, 좌익은 미군정의 탄압에 맞서 활발한 지하 활동과 폭력투쟁을 벌였는데 아산에서도 이러한 모습이 확인된다. 1947년 11월, '민주애국청년동맹' 아산 지역 책임자 이병학李秉鶴과 남조선노동당 당원 홍태식洪泰植이 청년층 세력 확장을 목적으로 여러 직장과 단체에 사람을 잠입시켰다가 경찰에 검거된 바 있었고,[16] 5·10총선거 직전인 1948년 5월 8일에는 사이렌을 신호로 경찰지서, 경찰 가족, 입후보자의 살해 및 방화를 계획한

17명이 염치면에서 체포되었으며, 9일엔 신창면의 전신주 2개를 파괴한 남로당원이 체포되었다.[17] 우익의 시각에서 "전쟁 나기 전에도 공산당이 많이 보였어"라는 말이 나올 법했다.

이승만 정부는 당연히 이들을 가만둘 생각이 없었다. 1949년 4월 20일, 국민보도연맹國民保導聯盟이란 단체를 만들어 과거 좌익 가담자를 자수토록 해 가입시켰다. '보도保導'란 보호·지도한다는 뜻으로 좌익 전력을 가진 사람들을 개조한다는 의미였다. 조직 강령엔 "대한민국 정부를 절대 지지"하고 "북한 괴뢰정부를 절대 반대"한다고 명시되어 있었다.[18] 그리고 전쟁이 발발하자, 다급해진 정부는 북한군에 동조할 수 있다는 이유로 보도연맹원들을 학살하는 만행을 벌인다.[19] "경찰 후퇴 시에 지방 빨갱이들을 잡아다가 온양읍 풍기리 냇가에서 처형했다는 이야기를 들었다"는 당시 경찰의 증언에 비추어 아산에서도 다수의 보도연맹원이 처형됐을 것으로 보인다.[20]

하지만 사람의 신념을 일일이 확인하고 제한하는 게 가당키나 한 일일까. 그동안 몸을 피해 잔뜩 웅크렸던 '좌익'은 인민군의 진주 소식을 접하곤 드디어 해방의 시간이 도래했다고 생각했다. 이천의 한 마을의 사례를 보면, "전쟁 나고 인민군이 들어와서 인민위원회를 만들었죠?"라는 연구자의 질문에, 지역의 좌익 경험자는 "아니죠. 인민군이 들어오기 전에 벌써 조직적으로 인민위원회를 만들고 그랬죠"라고 답했다.[21] 이처럼 지방의 좌익은 완전히 사라지지 않았고, 인민군이 들어오기도 전에 허홍무의 표현대로 "왕창 일어나" 활동을 재개했다.

재빨리 인민위원회를 조직한 이들은, 인민군과 함께 진주한 민족보위성 정치국 산하 '군정 부대'로부터 마을을 인계 받아 북한 내무성

아래에 편재되었다.[22] '인공 치하'가 시작된 것이다. 강신항은 7월 14일부터 도고면 치안대장과 인민위원장이 일을 보기 시작했다고 썼는데, 허홍무가 있던 인주면도 같은 시기에 인민위원회가 행정을 본격적으로 가동했을 것으로 보인다.

이후 1950년 7월 14일에 발표된 '군·면·리(동)인민위원회 선거 실시에 관한 정령政令'에 따라 7월 15일에서 9월 13일 사이 리부터 군 단위까지의 인민위원회 위원 선거가 실시됐고, 임시적 성격에서 벗어나 합법적인 절차를 거친 북한의 공식 행정기구로 출범한다.[23]

2

북한 당국의
점령 정책

'안 나오면 죽는' 회의

"인민군이 쳐들어와서는, 동네 빨갱이들을 통해서 저녁마다 회의를 하는 거야. 그냥 아무 안건도 없이 '회의한다. 모여라. 안 오는 놈은 모두 때려죽인다.' 이렇게 공포스럽게 하니까, 동네 사람들이 누구랄 것도 없이 다 모였어. 그걸 매일 해. 안 나오는 사람은 반동분자로 찍히고. 오늘 할 일, 내일 할 일, 이런 거 얘기하고. 나도 회의에 참석했었어. 학생이고 뭐고 안 나오면 다 죽인다고 그래 가지고.

그때 들판에 벼가 익어 가고 있었거든. 공산당들이 곡식 수확하는 거를 관리했어. 벼가 하나 있잖아, 그리고 열매가 이렇게 맺잖아, 이런 거를 다 계산하는 거야. 평당 몇 포기인지 기준을 만들어서 200평 같으면은 숫자를 딱 따져 가지고 수확량을 계산하는 거야,

공산당들이. 논 가진 사람들에 한해서 수확량을 전부 체크해 가지고 수확된 걸 싹 거둬들이는 거야. 10분의 1만 주고 싹 거둬들인다고. 그런 식으로 계산해서 회의 때 결과를 작성하는 거야."

북한은 자기들 시스템에 맞춰 점령지를 뜯어고치는 정책들을 시행했다. 허홍무가 경험한 여러 회의는 그러한 정책을 이행하는 과정에서 열린 것이다. 대표적인 정책 몇 가지를 살펴보자.

첫째는 주민의 의식화다. 주민의 대부분은 전쟁 전 '반공反共'을 국시國是로 삼는 대한민국의 국민이었다. 당연히 그대로 둘 수 없었다. 북한은 문화선전성을 중심으로 각종 의식화 사업을 실시했다. 각 인민위원회는 총회와 강습회를 열었고, 각종 산하 단체들은 주민을 가입시켜 교육에 나섰다. 북한체제의 우월성, 즉 토지개혁으로 빈부격차가 사라지고 노동자의 천국이 되었으며 남녀가 동등한 자유와 권리를 누린다는 점이 주된 내용이었다. 더불어 인민군의 활약, 소련의 역할도 강조되었다. 거의 매일 밤 이러한 사상 교육이 이뤄졌다.[24]

둘째는 토지개혁이다. 북한에서는 이미 1946년 3월 토지개혁법령을 공포하면서 '무상몰수 무상분배'의 원칙 아래 급진적 토지개혁이 실시되었다.[25] 북한 당국은 경험을 살려 점령지에도 토지개혁을 똑같이 실시해, 인구 다수를 차지하는 농민의 지지를 이끌려고 했다. 1950년 7월 4일, 북한 최고인민회의 상임위원회는 '공화국 남반부 지역에 토지개혁을 실시함에 관하여'라는 정령政令을 발표한다. 각 마을에서 고용 농민, 토지가 없거나 적은 농민이 총회를 열어 5~9명의 '농촌위원회' 위원을 선거하고, 위원들은 몰수한 토지의 분배안을 작성해 인민위원회의 승인을 얻어 분여를 실시한다는 방법이 명시되었다.[26] 강신항도 관련 기록을 남겼다. "토지개혁으로 몰수할 것은 우리 집 것뿐이고 분배할 곳은 많아서 말썽"이었다는 8월 13일의 기록, 토지개혁이 완료되었다는 8월 21일의 기록, '토지개혁 경축대회'가 열려 농악소리, 만세 소리가 시끄럽게 들린다는 9월 4일의 기록은 토지개혁의 진행 상황을 짐작게 한다.[27] 다만, 북한의 점령지 토지개혁과 관련해 한 가지 알아 둘 점은 남한도 1949년 6월 '농지개혁법'을 제정하고, 1950년 3월이 되면 농지개혁안을 확정했다는 사실이다. '유상몰수 유상분배' 원칙이 적용됐다. 북한에 비하면 훨씬 완만한 방식이었다. 분배된 토지 산출량의 15퍼센트를 국가가 5년간 지주에게 보상액으로 지급하고, 같은 방식으로 농민도 토지 산출량의 15퍼센트를 5년간 지주에게 상환하도록 했다. 그러나 전쟁 발발과 동시에 중단되었다가, 1950년 10월 서울을 수복하고 나서야 재개할 수 있었다. 서울 수복 직후, 원래 이승만 정부는 농지개혁을 1년 연기하려고 했으나 미국의 강력한 요청으로 농지개혁의 즉각 재개를 선언했다고 한다. 정부가 농지개혁을 중단한다면 북한 점령기 토지개혁을 경험한 농민들의 반감을 사고, 이것이 결국 전쟁 수행에 악영향을 끼칠까 우려한 결과였다.[28]

셋째는 세제개혁이다. 허홍무가 구체적으로 기억하는 것이기도 하다. 1950년 8월 18일 '공화국 남반부에 있어서 농업현물세를 실시함에 관한 결정서'를 공포하며 '농업현물세제'를 시행했다. 벼, 콩 같은 가을에 수확하는 작물은 북한과 같이 수확량 25퍼센트를 현물로 납부하고, 보리나 감자 같은 작물은 1950년도에 한해 면제하고,[29] 각 마을에 농민대회에서 선출한 위원으로 '농작물관리조정위원회'를 조직해 농작물 판정 사업을 집행한다고 했다.[30] 하지만 낙동강 전선에서 더 나아가지 못해 보급 상황이 열악해지자 '애국미', '감사의 쌀', 성금 헌납을 요구했고, '현물세 조기 납부운동'을 벌였다. 이걸로도 부족하면 산하 청년단체를 동원해 가택수색에 나서 식량을 징발했다.[31] 따라서 실제 현물세율은 훨씬 높았다고 볼 수 있는데, "10분의 1만 주고 싹 거둬들"였다는 허홍무의 구술은 좀 과장되긴 했지만 체감상 허황된 말은 아니었다.

세액 계산 방법도 많은 불만을 야기했다. 정확성을 기한다는 명목으로 작물의 낱알까지 셌기 때문이다. 강신항의 일기에는 "요 며칠간 실태조사라고 하는 것이 있어 고추 한 포기에 몇 개, 벼 한 이삭에 벼 몇 알 등으로 조사하는 모양이었다"는 내용이 등장하며,[32] 전북 부안군의 인민위원장을 역임한 허영철의 증언도 이를 뒷받침한다.

이런 정도의 농토에 이런 정도의 소출이 나온다는 정확한 통계가 필요했고, 이런 분석은 농업을 과학적으로 하기 위해서 다른 제도에서도 하는 일이다. 그래서 실무 일꾼들이 정확성을 기한다고 한 것인데, 결과적으로는 주민들의 여론이 좋지 않았고, 왜곡된 비난을 받게 되었다. 북에서 온 사람들이 지독하다는 것이다.[33]

매일같이 이뤄지는 의식화 교육, 그리고 토지개혁, 세제개혁과 관련해 수도 없는 모임이 개최되었으리라 상상할 수 있다. 이렇게 허홍무는 '매일' 회의에 참석했고, '인공 치하' 속에서 마을이 변화하는 모습을 고스란히 보았다.

의용군으로 끌려간 사람들

"서당 다닐 적에 화장실에서 담배 피우다 혼난 사람들, 지금 다 어디 갔는지 몰라. 북한 가서 고생하는 사람도 있을 테고, 학도병으로 끌려가서."

또한 북한은 점령 지역의 상당수 젊은이를 인민의용군으로 데려갔다. 허홍무가 언급한 '학도병'은 인민의용군을 의미한다. 미군의 참전은 북한을 당황시켰다. 예상치 못한 일이었다. 부랴부랴 예비 병력 확보에 나섰다. 우선 7월 1일 만 18~36세를 대상으로 동원령을 선포한데 이어 '인민의용군조직위원회'를 조직하기로 결정한다. 7월 6일엔 '의용군 초모招募 사업에 대하여'라는 당 결정을 내려 제도상의 준비를 마친다. 실제 의용군 모집은 인민위원회나 분주소(파출소에 해당)에서 적령자를 조사하면 산하 단체들이 찾아다니거나, 인민위원회 회의 또는 마을 모임을 통해 이뤄졌다. 당연히 수월히 모집될 리 없었고, 결국엔 할당량이 정해지며 물리력과 강제성이 동반됐다. 어쩔 수 없던 마을 주민들은 투표나 제비뽑기로 의용군에 나갈 사람을 결정하곤 했다.[34]

강신항의 일기에도 당시 상황이 잘 드러난다. 8월 중순이 지나면 이틀, 사흘에 한 번꼴로 의용군을 모집했고, 하순이 되면 '날마다' 모집했다.[35] 그도 여의치 않자 9월 3일부터는 마을마다 몇 명씩 배당제가 시행된다.[36] 점점 차례가 다가오자 그가 선택한 방법은 〈여행증명서〉를 발급 받아 서울에 간 척 위장하는 것이었다. 9월 16일, 마을에 할당된 10명 중 3명이 부족해 강신항을 찾는 일이 있고 나서는 다락에 올라가 숨어 지냈다.[37] 9월 21일, 그는 당시의 의용군 모집 광경을 이렇게 묘사했다.[38]

부락에서도 날이면 날마다 젊은이들이 의용군으로 끌려간다. 그들은 죽음의 길을 눈물을 씻으면서 따라가며 쫓겨 간다. 그 부모들이 울며불며 다니는 모습은 차마 눈물 없이는 바라볼 수 없는 현장이다.

소집된 의용군은 3~7일간의 교육을 받은 후 전선으로 이동했고, 북한군 '도망 방지' 요원들이 따라붙어 감시했다.[39] 만약 도망치다 잡히면 곧바로 사살됐다.[40] 그렇게 남한 점령 지역에서 의용군이 된 인원은 최소 10만 명 이상으로 추산된다.[41] 이 중 많은 사람이 북으로 가면서 끝내 고향으로 돌아오지 못했다. 그리고 허홍무의 구술처럼 그들은 기억으로만 존재하게 된다.

미 공군에 굴 파기로 대응

"인민군이 들어오고 나서 면소재지 뒤에 있는 산에 방공호를 쫘악 팠어. 빨갱이들이 동네 사람 동원해서 빨갱이들이 삽으로 산 중턱에다가 방공호를 찌다랗게 파 가지고 지들 목만 보이도록 해 났어. 거기서 총 쏘려고 그런 거지."

땅에서 막강한 위용을 보인 북한이지만 하늘에선 아니었다. 북한이 공군력을 전쟁에 활용한 기간은 아주 짧았다. 미 공군의 상대가 되지 못했기 때문이다. 제2차 세계대전에서 다양한 실전 경험을 쌓은 베테랑 미 공군과 창설된 지 몇 년도 안 된 북한 공군의 실력 차는 너무 컸다. 게다가 북한은 미국의 우수한 제트기에 맞서 프로펠러 비행기를 운용하는 형편이었다.

1950년 7월 하순이 되면 한반도의 상공은 미 공군이 완전히 장악한다. 전쟁 발발 후 불과 한 달밖에 안 된 시점이었다. 이러한 양상은 11월 들어 중국인민지원군이 참전하고, 소련 공군 부대가 투입되기 전까지 지속된다.[42]

낙동강 전선의 교착 상태와 별개로, 인민군 점령 지역 하늘엔 미군 비행기가 늘 휘젓고 다녔다. 강신항의 일기에도 관련 목격담이 7월 하순부터 9월 하순까지 1주일에 두세 차례꼴로 등장한다. 그중 몇 가지만 살펴보자.

7월 28일
B-29기에 의한 구양교 폭격이 있어서, 도고 치안대의 뒤에 있는 산으로, 인가로 뛰어다니기 네 차례.[43]

8월 21일
하오에 쌍발 경폭격기가 3대 편대를 지어서 뒷동산 근방을 배회하다. 역전에 일발 세례를 주어, 몇 사람이 상하고, 몇 집에 파편이 날아갔다. 동리 사람이 우왕좌왕. 사람들 얼굴이 창백하다.[44]

'구양교'는 삽교천 위에 지어진 다리, '역전'은 도고온천역을 의미한다. 미 공군이 후방 지역 곳곳의 주요 시설 파괴에 나선 사실을 보여 준다. 뿐만 아니라 조종사들은 보급품이나 적 병력이 들어 있다고 생각되는 농촌 마을에 수시로 기총소사나 폭격을 했기 때문에, 후방 지역 사람들은 언제나 긴장의 끈을 놓치지 말아야 했다.[45] 아래 상황처럼 말이다.

8월 1일

우차에 재산 몰수 대신 자진해서 바치는 쌀을 싣고 벼를 얹어 놓고 SD와 면인위로 향하다가 황소고개에서 비행기(F-80)를 만나 솔밭으로 기다. 다행히 비행기는 신창과 온양온천을 향하여 가 버렸다.[46]

8월 27일

오늘 장날, 신덕이를 데리고 후생의원행. 하두 우는 통에 진찰은 못하였으나 비타민B 부족, 소위 각기라 하였다. 때마침 공습경보에 놀래어 허둥지둥 도망하다시피 귀가하다.[47]

북한은 어떻게 대응했을까. 7월 8일 '전시철도복구연대'를 조직하고 폭격으로 손상된 철도·도로·교량에 투입했다. 이른바 '복구대'였다. 그러나 민간 지역에도 피해가 누적되자 8월 1일부터는 방공 사업 강화의 일환으로 '방공용 굴설掘設'에 착수한다.[48] 굴 파기는 미 공군에 마땅한 대응 방법이 없던 북한의 최선책이었다.

강신항의 마을에서도 8월 들어 복구대원을 차출하기 시작했다. 심지로 뽑는 방식이었다.[49] 차출된 이들은 타 지역으로 이동해 수일에서 수십 일 동안 그곳에 머물며 현장 복구, 굴 파기에 동원되었다.

하지만 인천상륙작전 이후 전황이 급박해지자 복구대 모집 방식과 작업 내용이 변화한다. "일할 수 있는 사나이는 모두 보국대인가, 복구대라는 이름 아래 일터로, 일터로 끌려가게 되었다. 집에는 여자들만 남게 되었다"라는 기록처럼 사람들이 강제로 차출되었으며,[50] 방공호뿐 아니라 전투를 대비한 참호도 함께 구축되었다.

9월 27일에 이르면 "아산군 일대를 복구대를 시켜서 진지 구축에 분망 중"인 상황이 된다.[51] 허홍무의 묘사와 일치하는 대목이다. 그렇지만 미 공군은 이런 모습마저 다 지켜보고 있었다. 강신항이 "그러나 어제 비행기가 다 보고 갔다. 저공비행으로 비웃으며 날아갔다"고 쓴 것처럼 말이다.[52]

3

반동으로 찍힌 허홍무 일가

가차 없는 반동분자 숙청

"동네서 이장 했던 사람들을 반동분자로 찍어 가지고 그냥 죽였어, 저녁이면은. 낮에, 밝을 때는 안 했어. 저녁 때, 어둑어둑 해질 무렵에 머슴살이하던 사람이 곡괭이, 몽둥이, 대나무 창을 가지고 나타났어. 낮에는 회의도 하고 다른 일도 하다가 저녁에는 죽일 사람 명단을 가지고 순번을 정해서 하는 거야. 아버지는 명단에 있는 사람이었어.

첫날 동네 이장을 죽이는 거여. 우리 집에서 두 집 건너가 이장네 집이었어. 내가 이때 피해서 아버지랑 군덕리로 도망을 갔잖아. 이장 죽이는 걸 내 눈으로 봤다니까. 빨갱이들이 소리를 질러 가면서 '죽여! 잡아 죽여!' 하면서 뛰어가니까 사람들이 다 알잖아. 그래서 나가 보면, 창, 몽둥이, 곡괭이, 농기구, 별걸 다 가지고 쫓아가면서 도망가는 놈을 뒤에서 때려죽이는 거야. 이장은 몽둥이 맞고, 머리를 곡괭이 같은 걸로 막 찍히고, 창에 찔려 죽었어, 길바닥에서."

적대세력에 의한 희생. 좀 더 원색적으로 말하면 반동분자 숙청. '인공 치하'에서 특히 주목되는 점이다. 허홍무의 말대로 광범위한 죽음이 잇달았다. 지역의 우익 경력자, 이장과 같이 남한 정부 소속으로 일했던 사람들로 경찰·군인, 그들의 가족까지 대상이었다. 시흥군 내무서의 경우를 보자. 내무서장 강룡수는 1950년 7월 16일 내무서의 첫 사업으로 각 면의 분주소에 반동분자의 색출과 체포를 지시한다.[53] 반동분자를 솎아 내는 데 북한 당국의 지시가 있었음을 보여 주는 대목이다. 여기에 해당 지역에서의 계급 갈등, 그동안 우익으로부터 받은 고통, 처참한 죽음을 맞이한 보도연맹원 유가족의 분노가 더해져 그에 대한 처벌이 '처형'으로 이어졌다.[54] 또 다른 학살의 현장이 펼쳐진 것이다.

강신항에 의하면, 도고면 기곡리에서는 두 차례 숙청이 진행되었다. 첫째는 점령 초기인 7월 18일이었다.

과연, 인민위의 강도정치는 시작되었다. 18일 H를 비롯하여 여러 명에게서 재산, 가산 몰수를 감행하기 시작하였다. K 등 3인이 무참하게 학살당하였다. 최고 반동분자 8명의 이름이 드러났다. 우리 조부님도 그중 한 사람이었다. 내일은 우리 집이 재산을 몰수당할 차례라는 풍설이 돌았다.[55]

그러나 할아버지가 지역에서 신뢰 받는 인물인 덕에 면노동당위원 장, 인민위원장의 도움으로 그의 집은 위기에서 벗어날 수 있었다. 대신 요구가 있을 때마다 자진해서 바치는 형식으로 많은 재산을 헌납했다.

둘째는 9월 3~4일이다.[56]

사람이 맞아 죽다. 사람이 맞아 죽다. 사람이 도고면에서 4일 밤에 아홉이나 맞아 죽다. 사람을 때려죽이다. 사람을 때려죽이다. 몽둥이, 삽, 낫, 괭이, 쇠스랑으로…… 온 인민이 공포 속에서 떨다. 부르르……[57]

"언제 반동분자 숙청의 범주 안에 들어갈지" 몰랐던 강신항의 집은 수시로 집을 비운 채 다른 곳에서 밤을 보내기 일쑤였다.[58]

구사일생으로 목숨을 건진 사례도 있었다. '면내 부자'로 불린[59] 아랫마을 H는 사람들에게 맞은 뒤 공동묘지에 묻히기 위해 옮겨졌지만, 숨이 붙은 걸 확인한 마을 위원장의 기지로 살 수 있었다. 이 일을 두고 기관 사이에 갈등이 벌어졌다. 군 내무서에서는 왜 갑자기 H를 죽였냐고 따졌고, 면인민위원회에서는 빨리 H를 찾아내 죽여야 한다고 주장했다. 마을 위원장은 중간에서 수습하느라 골머리를 앓았다고 한다.[60] 이 사례를 통해 기곡리의 숙청 작업이 행정기관의 지시하에서 진행되었으나, 한편으론 관계기관끼리의 조율 없이 처리되는 임의성이 강했다는 걸 알 수 있다.

얼마나 이런 일이 잦았는지 충청남도의 상급기관에서는 8월 15일자로 "내무서원들이 지방 인민들의 말에만 치중하여 죄 없는 자를 함부로 취급한다든가 극히 경미한 사건을 감정적으로 처리하여 인권을 유린하는 비법적인 일이 없도록" 감시하라고 지시를 내린 바 있었다.[61] 그러나 9월에도 같은 상황이 반복되는 걸 보면 큰 효과가 없었나 보다.

허홍무의 구술은 강신항의 일기 내용과 거의 일치한다. '숙청 명단의 존재', '낮이 아닌 밤 시간대', '농기구로 사용하는 도구로 때려죽이는 방식'처럼 상세한 부분이 들어맞았다. 허홍무가 있던 금성리에서도 같은 광경이 그려졌을 것이다. 허홍무와 허용은 운이 좋은 편이었다, 죽음을 면했으니. 허홍무는 첫 번째 처벌 대상자인 이장의 숙청을 목격했고, 그 길로 아버지와 함께 다행히 피신할 수 있었다.

그럼 피신 시점은 언제일까? 허홍무가 농업현물세 관련 회의에 참여한 걸 보면, 최소 '농업현물세제'가 시행된 8월 18일 시점까지 마을에 머물렀단 얘기가 된다. 그리고 뒤에서 언급하겠지만, 허홍무는 피신 직후부터 아산이 수복되는 9월 하순까지의 기간이 "한 달이 채 못 됐다"고 얘기했다. 또한 기곡리에서 숙청이 벌어진 9월 3~4일경 인근 선장면에서도 몇 명이 숙청으로 죽었다고[62] 한 걸 보면, 같은 시기 아산군 전체에서 숙청이 진행됐을 가능성이 높다. 종합하면 허홍무 부자의 피신 시점은 9월 초로 정리된다. 밤 기온이 제법 쌀쌀해지던 그때, 두 사람은 그저 살기 위해 달리고 또 달렸다.

대한청년단의 가족이란 '죄'

"하루저녁에 몇 명씩 그렇게 하니까 내가 그걸 보고 놀라 아버지랑 밤새 걸어서 군덕리로 간 거야. 내가 명단에 든 건 아니었고, 우리 집은 아버지가 대상이 되었어. 그리고 허창성, 허규 작은아버지가 청년단 단장이었어. 그때 두 분이 30대였어. 허창성은 단장, 허규는 간부였어. 빨갱이가 오기 전에 대한청년단이라고 있었어. 공산당이 쳐들어오기 전에 청년단이 앞장서서 공산당 잡으라고 만든 거였지. 당시에 청년단은 열 몇 살부터 서른 몇 살까지인가, 무조건 가입해야 했어, 의무로. 동네 청년은 다 모이는 거야. 보통 20~30명 정도 됐는데, 그중에서 단장이었어. 그때 동네마다 다 구성되어 있었어. 북에서 쳐들어오면 군하고 경찰하고 함께한다는 조건으로 구성이 된 거였어.

어머니도 집 비워 놓고 외갓집에 따로 피란 가고. 아버지랑 나는 선장면까지 밤중에 걸어서 간 거여. 60리를 걸어서 가는 길에 강이 있었는데 물이 빠지기를 기다리느라 강가에 앉았다가 물이 빠졌을 때 건너가서 선장면으로 갔어."

허용은 왜 숙청 명단에 올랐을까. 많은 땅을 소유했던 지주 집안 출신인 점, 그의 아버지 허벽이 면협의원을 지내며 일제에 협력했던 점이 영향을 끼쳤으리라 본다. 그렇지만 그보다 직접적으로 작용한 것은 그의 동생들인 허규, 허창성이 대한청년단에서 활동했단 사실이다. 북한이 보기에 대한청년단은 '악질 반동분자'에 해당하는 제거 대상이었다.

이승만 정부는 1948년 11월 여기저기 난립한 우익 청년단체들을 통합하기로 결정한다. 미군정 시절 좌익 탄압에 일조한 이들이었지만, 그동안 커진 영향력을 견제하는 한편, 청년 자원을 보다 효율적으로 관리·활용하려는 심산이었다. 12월 19일, 국민회청년단, 대동청년단, 대한독립청년단, 서북청년단 등 40여 개 단체가 모여 결성식을 가졌다. 통합된 단체의 이름은 대한청년단이었다. "우리는 총재 이승만 대통령의 명령을 절대 복종한다", "민족과 국가를 파괴하려는 공산주의 적구도배赤狗徒輩를 남김없이 말살하여 버리기를 맹세한다"라는 선언문 내용에서 이 단체의 성격을 충분히 짐작할 수 있다.[63] 그리고 전국적으로 조직을 편재, 필요시 군경의 작전에 참여할 수 있는 준군사 조직으로 만들었다.

특히 각 마을에는 경찰서의 통제 아래, 대한청년단원을 중심으로 '부락자위대'가 편성되었다. 충남 서천을 예로 들면, 1949년 11월 서천경찰서의 주도로 부락자위대가 꾸려진다. 각 마을에 한 집당 1명씩 18세 이상 40세 미만의 대한청년단원으로 구성되었다. 대장은 서천경찰서장, 각 읍면의 대장은 지서 주임, 각 마을의 대장은 대한청년단 리里단장이었다.[64] 아산도 같은 방식으로 부락자위대가 편성됐을 것이다. 허창성은 1928년생, 허규는 1925년생으로 당시 20대 초중반이었다. 허홍무에 의하면 허창성은 선장면 군덕리의 대한청년단 리里단장을 맡았고, 허규는 그 단원이었다.

이승만에게 충성하는, 그리고 공산주의자를 적구赤狗, 즉 '붉은 개'라 부르며 말살을 다짐하는 대한청년단은, 북한이 보기에 무조건 제거해야 할 대상이었다. 게다가 일부는 경찰과 함께 보도연맹 학살에

투입되기도 했던 이들이었다.[65]

　허용은 허창성, 허규의 형이라는 이유로 숙청 명단에 오른 듯하다. 실제로 한국전쟁 시기 관련 사건을 조사한 진실화해위원회의 보고서에는 대한청년단의 가족이라는 이유로 목숨을 빼앗긴 사례가 등장한다.

　논산에 사는 여성 윤○○의 첫째 아들은 면의 대한청년단 단장, 둘째 아들은 단원이었다. 1950년 9월 2일경, 윤○○은 둘째가 잡혀가 분주소에 감금되었다는 소식을 듣는다. 놀란 그는 둘째의 집으로 건너가 며느리 박○○과 함께 아들의 소식을 기다렸다. 그러던 9월 6일, 비극이 발생한다. 좌익 무리가 몰려와 윤○○을 몽둥이, 삽, 곡괭이로 살해한 것이다. 반동분자의 가족이라는 게 이유였다. 박○○은 살았지만 여독으로 얼마 못 가 사망한다. 한편 둘째 아들 김○○도 9월 9일, 같은 도구로 맞아 죽었다. 김○○의 어린 두 자식도 안타까운 죽음을 맞이했다. 갓난아기인 작은아들은 박○○에게 업혀 분주소에 김○○을 면회하러 갔는데, 시끄럽게 운다는 이유로 분주소원이 바닥에 내동댕이쳐 충격으로 죽은 것이다. 세 살 난 큰아들도 그러한 혼란 속에서 죽고 만다. 한편 윤○○에겐 첫째, 둘째에 이어 셋째, 넷째 아들도 있었는데, 셋째와 넷째는 면인민위원회와 자위대 사무실에 잡혀가 구타·고문을 당해야 했다. 다행히 윤○○의 첫째 아들은 전쟁이 발발하자마자 가족과 부산으로 피란 가 목숨을 부지할 수 있었다고 한다.[66] 상황이 이럴진대, 만약 허용과 허홍무가 사로잡혔다면 어떻게 됐을까.

구명 위해 도망치다 부자 이별

"도망가서 군덕리로 갔더니, 군덕리 역시 동네 이장이 (이미 죽었고) 너희 할아버지네 집이 도롯가 동네에 있었거든. 앞에는 기다랗게 논이었고 벌판 끝나고 나면 강이었어. 동네에서 이렇게 있으면은, 들판에서 논에서 사람 죽이느라고 난리였지. 논으로 도망가잖아, 그러면 막 패 쫓아가고 '아이고 아이고' 죽는다고 소리 지르고. 여기저기서 그러는 바람에 군덕리에서 다시 도망을 간 거야.

무작정 동네 뒤로 가다가 지금 내 왼쪽 발바닥에 있는 흉터가 생겼어. 나무를 베고 나면 그루터기가 뾰족하잖아. 도망가다가 거기에 콱 찔렸어. (상처를 보여 주며) 그 자리가 이거야. 아버지는 아버지대로 도망가서 천안 광덕으로 간 거야. 광덕에 우리 허씨가 조금 살았어. 그 집으로 도망을 간 거야.

나는 도로 와 가지고 삼촌네 가서 이걸 싸맸어. 째졌으니까. 내가 이거 째져서 돌아갔을 때는 고모만 있었거든. (청년단 간부인) 삼촌들도 다 도망가고 없었고 거기서 처치하고서 집 뒤 산에 있는 방공호로 갔어. 방공호라고 구멍을 파 가지고 동네 김치 항아리 같은 거 넣어 놓던 데야. 우선 급하니까 집은 비워야겠고, 발 싸매고 거기에 들어가 있었지."

도망간 군덕리도 상황은 같았다. 결국 허용과 허홍무는 그 길로 먼 친척이 사는 천안까지 가기로 한다. 너무 마음이 급했던 탓일까. 안타깝게도 허홍무는 발에 상처를 입어 아버지를 따라가지 못했다. 대신

삼촌네 뒷산의, 일제 말기에 만들어진 것으로 보이는 방공호에 들어가 조용히 숨어 지냈다. 가족의 생사도 분명치 않아 불안이 가득한 가운데, 욱신거리는 상처를 쥐고 밤이면 죽어 가는 사람들의 비명을 들어야 했던 허홍무는 극도의 공포를 느꼈을 것이다.

같은 시기 아산에서 발생한 이장, 지주 살해 사건을 살펴보자. 첫째는 신창면에서 발생한 사건으로 대상은 마을 이장, 의용소방대장을 역임한 47세 승○○이었다. 9월 9일, 분주소원과 좌익 인사가 그의 이력을 문제 삼아 끌고 갔는데, 결국 인민재판을 받고 개울에서 총살된다. 가족들은 이 소식을 승○○의 옆집에 살던 한 좌익이 알려 온 덕에 알 수 있었다. 나중에 찾은 시신은 다리가 부러졌고 가슴에 총상이 있었다고 한다.[67]

둘째는 인주면 신성리의 지주, 42세 오○○를 대상으로 벌어진 사건이다. 9월 4일, 그는 저수지에서 양수기로 물을 끌어와 논에 대고 있었다. 그때 평소 알고 지내던 내무서원 하나가 그에게 소식을 전달했다. 충격적인 소식이었다. 당일 개최된 궐기대회에서 오○○를 죽이기로 결정했다는 것이다. 어떤 종류의 궐기대회였는지는 모르지만, 지주 오○○에 대한 참여자들의 적개심이 폭발한 상황이었다. 그는 그대로 도망쳤다. 피신한 곳은 아버지 산소를 지키는 산지기의 집이었다. 하지만 끝내 좌익 무리는 그를 찾아냈고, 끌고 나와 낫과 쇠스랑으로 죽였다. 가족까지 모두 죽인다는 얘기까지 들려와, 그의 가족은 모두 인근 마을로 피란 갔다.[68]

1952년 3월 남한 정부에서 발표한 《6·25사변 피살자 명부》에 따르면 이렇게 인민군, 좌익의 손에 죽은 아산 지역 희생자가 240명에 달한다.[69] 그래도 같은 마을에서 어쩌면 평생을 함께 산 사람인데, 계급·이념을 문제 삼아 이렇게 끔찍이 죽일 수 있었던 걸까? 연구자 박찬승은 그 해답으로 '복합적 갈등구조론'을 제시한다. 계급·이념뿐 아니라 훨씬 오래전부터 축적된 '양반·평민과 같은 출신 신분에 따른 갈등', '친족 내부에 생긴 갈등', '마을 간 갈등', '기독교와 사회주의 사이의 종교 갈등'이 복합적으로 영향을 끼쳤다는 얘기다. 여기에 남북한 국가권력이 개입하면서 갈등이 직접적인 폭력으로 표출되는 계기가 되었다고 설명한다.[70]

그럼에도 마을 이웃의 '정'이 동시에 존재한 걸까. 위 두 사례에서 눈에 띄는 지점이 있다. 피해자나 그 가족에게 소식을 알려 온 사람이 있었다는 것이다. 승○○의 가족은 '옆집에 살던 좌익'이 그의 죽음을 전해 주어 뒷수습을 할 수 있었고, 오○○도 알고 지낸 내무서원 덕에 우선 몸을 피할 수 있었다. 사실 이런 행동은 반동분자 혐의를 받을 수 있는 아주 위험한 처사였다. 그러나 그들은 위험을 무릅쓰고 소식을 알렸다. 함께 살던 이웃이었기 때문이다.

생명줄이 된 인천상륙작전

"저녁에 굴속에 앉아 있으면, 사람 죽이려고 쫓아댕기고 사람 살려 달라고 소리 질러 가면서, 맞아 가면서 도망치는 소리가 들렸어. 그때는 세상이 어떻게 돌아가나, 그런 생각이 났어. 밥은 고모 집이 얼마 안 떨어져 있으니까 날라다 주는 걸 먹었지.

인민군이 막 진격해서 저기까지 내려갔잖아, 낙동강까지. 근데 인천 상륙작전이 성공해 가지고 가로로 딱 막아서 인민군이 좌절하고 올라갔잖아. 굴속에 한 달은 있었어. 한 달이 채 못 돼서 국군이 왔어. 국군이 들어오는 바람에 내가 나갔어. 당시 선장면 북쪽이 바다로 이어지는 천인데, 인천에서 딱 막으니까 인민군들이 풍비박산이 된 거야. 미군이 들어와서 막았잖아. 상륙작전을 지휘한 맥아더 장군 동상이 인천에 있어."

허홍무가 굴에 숨어 있던 기간은 9월 초부터 말까지였다. 밖으로 나올 수 있던 것은 전세가 역전돼 인민군이 후퇴했기 때문이다. 결정적인 계기는 인천상륙작전의 성공. 만약 작전이 성공하지 못했다면? 허홍무는 기약 없이 굴속에서 지냈을 것이다. 자꾸만 음식을 갖고 방공호에 오르는 고모를 누군가 수상히 여겨 발각됐을지도 모를 일이다. 인천상륙작전은 그의 삶을 지속시켜 준 사건이었다. 작전을 계획하고 지휘한 맥아더는 생명의 은인이었다. 굳이 인천에 '맥아더 장군 동상'이 있다고 강조한 이유다.

북한의 애초 계획대로면 부산 점령은 8월 15일에 끝나야 했다. 그러나 낙동강 방어선은 견고했다. 결국 인민군은 8월 16일 이후 식량 보급이 중지되고, 점령지에서 모집된 의용군의 투입으로 점차 사기가 떨어진다. 끊임없이 공세를 펼쳤지만 유엔군과 국군은 안간힘을 다해 막았다.[71] 그렇다고 남한에 유리한 정세라고 할 순 없었다. 9월 6일엔 대구에 있던 육군본부를 부산으로 이전하는 한편, 미군은 완전히 밀릴 상황을 가정해 남한 정부의 해외 이주 계획까지 세울 정도였으니 말이다.[72] 어느 한쪽이 우세하지 않은 가운데, 전쟁의 향방은 교착 상태를 누가 어떻게 깨느냐에 달려 있었다.

유엔군 사령관 맥아더는 인천상륙작전을 준비 중이었다. 7월 23일, 상륙작전 구상을 합참에 제안한 그는 8월 12일, 인천상륙작전 계획을 마련한다. 작전일은 9월 15일로 정했다. 충분한 수심이 확보되는 만조 상태가 9월 15일, 10월 11일, 11월 3일뿐인데, 상륙이 늦어질수록 적의 방어 역량이 강화되고 10월 추수기에 접어들면 인민군의 식량 사정이 개선되는 점이 고려돼 가장 앞선 날짜로 정해졌다.

윗선에서는 기습 효과에 대한 의문, 세계에서 두 번째로 심한 조수 간만의 차, 인천항의 좁은 수로와 빠른 유속을 들며 대안으로 군산을 제시했다. 그러나 서울의 빠른 재탈환으로 적에게 심리적 타격을 입힐 수 있으며, 병참선의 효과적 차단이 가능하다고 역설하는 맥아더에게 결국 동의한다. 9월 9일, 미국 합동참모본부는 맥아더의 인천상륙작전을 최종 승인한다.[73] 그다음은 우리가 아는 대로다. 9월 15일 새벽, 상륙을 감행한 끝에 다음 날 인천이 탈환되고 동시에 낙동강 전선에서는 반격을 실시해 북상한다. 인민군은 모든 전선에서 후퇴를 결정했다.

북한은 인천 상륙을 생각하지 못했을까? 연구자 박태균은 이렇게 설명한다. "북한군은 낙동강 전선이 유엔군에 뚫릴 경우 인민군이 급격한 궤멸 상태를 당할 것을 더 두려워한 것 같다."[74] 낙동강 전선 약화를 감수하고 병력을 빼 해안 방어를 강화하거나, 모든 역량을 낙동강 전선에 투입해 재빨리 한반도 점령을 완수하거나 둘 중 하나만 해야 했다. 보급선은 너무 길고 제공권은 미군이 장악한 상태에서 둘 다는 불가능했다. 후자를 선택한 결과는 인민군의 패퇴였다.

강신항은 9월 15일 인천상륙작전의 포격 소리를 들었다. "서북쪽에서 연달아 포성이 끊일 사이 없이 난다. 함포 사격인가 보다"라며 군함에서 포 쏘는 소리 같다고 적었다. 아산의 서북쪽이라면 인천 방향이다. 강신항이 있는 기곡리와 작전 구역 사이의 거리는 최소 60킬로미터 이상인데 포성을 들었다는 사실이 놀랍다. 엄청난 규모의 포격이 이뤄졌음을 가늠케 한다. 이러한 포성은 17일까지 계속되었다.[75] 9월 22일엔 소문에 "인천서 상륙하여 서울까지 갔다"는 말도 들렸다.[76] 허홍무도 멀리서 들려오는 포성을 숨죽여 듣지 않았을까.

4

유혈이 낭자한
수복 광경

후퇴 앞둔 분주소원들의 포악질

"아산군 인주면 면사무소 부면장이 있었는데, 우리 집안 할아버지
였어. 이름은 잘 몰러. 이분이 누구냐면은 너희 할아버지의 이종이
여. 외가 이모들의 자식끼리가 이종이여. 그래서 집안 할아버지지.
근데 이 할아버지의 아들이 당진군 경찰서장이었어. 그 첫째 아들이
경찰서장이고, 둘째 아들이 군인이었거든. 이게 진짜 무서운 거여.
근데 동네 빨갱이가 나무로 십자가를 만들어 놓고 이 부면장을 양쪽
으로 팔을 잡어 매고 얼굴을 낫으로 깎았어. 참 참혹했어. 내가 그걸
직접 봤어. 당시에 금성리로 돌아가는 와중에 본 거야. 내가 국민학
교 다니던 쪽으로 오다가."

"아! 눈물이 나온다. 아! 눈물이 나온다. 아! 눈물이 나온다. 종성이 가 와서 전하여 주고 간 이 소식. 도고인민위원회, 분주소 놈들이 후 퇴하였다고. 모든 사무는 중지되었다고. 아! 이 소식이 꿈이냐, 사실 이냐." 9월 27일 자 강신항의 일기다.[77] 그러나 기쁨은 얼마 가지 못했다. 북한 지도부가 후퇴를 명령하면서 이런 말을 덧붙였기 때문이다. "유엔군 상륙 시 지주支柱가 되는 모든 요소를 제거하라."[78] 이에 따라 각 지역의 형무소, 내무서, 분주소에 구금 중인 정치범, 유엔군 과 국군에 협력할 만한 우익인사들에 대한 처형이 이어졌다.[79] 허홍 무가 언급한 '인주면 부면장'도 그 대상이었다.

진실화해위원회의 보고서를 읽던 중, 놀랍게도 허홍무가 기억하는 내용과 같은 사건을 찾을 수 있었다. 바로 '방○성 희생 사건'이다. 신 청인인 아들, 2명의 마을 주민, 1명의 집안 어른의 진술을 토대로 밝혀진 사실은 다음과 같다.

방○성은 인주면 공세리 사람으로 당시 50세였다. 그는 대한독립 촉성국민회, 인주면 부면장, 대한청년단원 이력을 갖고 있었다. 게다가 첫째 아들은 경찰, 둘째는 의용소방대원, 셋째는 국군이었다. 9월 18일, 인주면 분주소로 잡혀간 방○성은 10여 일간 감금되어 구타와 고문을 당한다. 그리고 북한군 퇴각 직전인 9월 28일, 걸매리 앞 갯벌 에서 분주소원과 지방 좌익에 의해 쇠창에 찔려 죽는다. 시신은 가족 과 마을 사람들이 수습했다.[80]

인주면 부면장, 그 아들들의 직업에 대한 언급을 보면 허홍무가 설명한 사람은 방○성이 분명하다. 다만 걸리는 것은 허홍무가 방○성의 고문 장면을 목격한 장소다. 보고서는 방○성이 이미 분주소에 잡힌 상태에서 걸매리 갯벌까지 끌려가 쇠창에 찔려 죽었다고 했다. 그럼 허홍무는 어떻게 본 걸까? 금성국민학교나 인근 건물이 인주면 분주소가 관할하는, 사람들을 구금하는 장소로 사용됐다면 말이 되지 않을까 싶다.

이러한 추측을 바탕으로 허홍무의 방○성 고문 장면 목격 과정을 정리해 보자. 강신항의 일기에 따르면, 도고면에서 북한군이 후퇴한 일자는 9월 27일이다. 도고면과 북쪽으로 바로 맞닿아 있는 곳이 선장면 군덕리였으니, 허홍무도 같은 날 후퇴를 목격했을 것이다. 그는 9월 27~28일 사이 집으로 향한다. 하지만 인주면의 인민군 퇴각 일자는 하루 늦은 9월 29일이었다.[81] 따라서 허홍무는 집으로 가는 길에 아직 활동하는 인민군과 좌익들을 볼 수 있었을 것이다. 그러다 인주국민학교 분교에 이르러 방○성이 분주소원들에 의해 고문 당하는 장면을 보았다. 참혹했다. 당황한 허홍무는 그대로 몸을 숨겼을 테고, 기회를 틈타 재빨리 지나쳤을 것이다. 방○성을 걸매리로 끌고 가는 모습은 보지 못했다.

똑같이 인민군 후퇴기의 학살을 목격한 강신항은 이렇게 적었다.[82]

우리는 일제로부터 군정으로, 군정에서 민국으로, 민국에서 인공국으로, 이제야 다시 민국이 찾아오려고 하고 있다. 그럴 적마다, 조선 사람은 조선 사람들끼리 서로 죽였다. 1차 해방시는 친일파가 죽었다. 그러나 국군이 후퇴할 적에는 보도연맹 관계 좌익이 모두 죽었다. 그리고 며칠 후 인민군이 왔을 때 미처 도망 못 간 우익 간부가 총살 당하였다. 이제, 이제 인공국이 가면서 우익을 죽이려 한다. 그리고 현재 죽이고 있다. 우익들은 피신 중이다. 좌익들도 또한 살육을 하면서도 도망 중이다. 남은 인민들만이 어쩔 줄 모르고 이쪽저쪽만을 바라보고 입을 벌리고 있다.

치안 공백 속 아비규환

"면사무소는 금방 정리가 안 되고, 사람들은 정신이 없었어. 사람들이 다 죽어서 누구든지 나가면 위험해질까 두려움만 생겨서 나오지를 않았거든. 그러니까 한동안 비어 있다가 경찰들이 다시 서에 집결하고 이제 자리가 잡히는 거야. 경찰들이 오니까 빨갱이들은 다 도망쳐서 북한으로 가 버리거나 인민군하고 사살되었거든. 동네가 아수라장이 되어 버렸지. 우리 동네만 그런 게 아니라 면 전체가 그러니까 아주 말도 못했어."

'인공 치하'는 막을 내렸다. 그런데 국군, 유엔군, 경찰은 아직 눈에 보이지 않았다. 눈에 보이는 건 후퇴 직전까지 우익 학살을 자행하는 좌익 인사, 인민군 패잔병이었다. 그래서 "누구든지 나가면 위험해질까 두려움만 생겨서" 함부로 나올 수 없었다. 이런 상태는 남한 경찰이 치안을 확보하는 10월 4일까지 계속됐다. 어떠한 통제도 없이, 죽이려는 자와 살려는 자가 뒤섞인 '아비규환'이었다. 허홍무는 그 경험을 간략히 얘기하고 넘어갔지만 강신항은 매우 상세한 기록을 남겼다. 이를 통해 당시의 분위기를 느껴 보자.

"통신기관도 아무것도 없는 어두컴컴한 현실에서"[83] 사람들은 그저 소문에 의존할 뿐이었다. 국군이 어디까지 왔다더라. 하지만 확인할 방법은 없었다. 9월 28일, 누군가 용기 내어 패잔병 때려잡기에 나섰다. 비록 정신없이 후퇴하던 그들이었지만 그리 순순히 굴복하지는 않았다. 끝내 그 과정에서 무고한 희생자가 발생한다. "금산리 동지들이 패잔병 셋을 백주에 때려잡다가 실패하여 도고산 일대에서 추격전이 어제 벌어졌다가 안산 밑에서 무고한 동길에 외숙만 총살 당하였다."[84]

9월 29일, 지인이 온양, 아산까지 아군이 진주했다고 전했다. 철도와 길거리엔 몽둥이, 총, 창을 들고 도망가는 떼가 줄을 이었다. 그러나 안심도 잠시, 약 40명의 무장한 무리가 마을에 찾아와 몇몇 주민을 죽이고 떠났다. 그들은 강신항도 찾았다. "강신항이라는 대학생 나오라, 젊은 놈 나오라, 태극기 내놓으라는 호령이 무서웠다." 다행히 마당을 쓸던 고모가 '집의 남자들은 복구대에 나갔다'고 기지를 발휘한 덕에 살 수 있었다. "밤사이에 총소리는 그치지 않았으며, 부락민 중에 집에서 잔 사람은 하나도 없었다."[85]

9월 30일 저녁, 유엔군 기계화 부대가 선장면에 왔다가 그냥 가 버렸다. 10월 1일 낮에도 탱크 세 대가 근처에 있다가 사라졌다. 자신들을 지켜 주리라 여겼던 주민들은 충격에 빠질 수밖에 없었다. 유엔군은 어느 농촌 마을에 주둔하면서까지 주민들을 지켜 줄 여유가 없었다. 진격작전을 수행하기에도 빠듯했다. 어떤 사람들은 우리라도 직접 무기를 들고 마을을 지켜야 한다고 주장했다. 반면 가만히 숨죽이고 있어야 한다는 사람도 있었다. "부락민이 양론으로 갈려 어제부터" 토론한 결과 무기를 들고 '부락을 수호'하기로 결정했다. 그럼에도 불구하고 표적이 될까 싶어 "태극기를 꼽았다 뺐다 야단"이었다. 다행히 1~3일 밤은 무사히 지나갔다. "참으로 정신을 못 차릴 만치 떨었다."[86]

그리고 10월 4일, 기다리고 기다리던 경찰이 복귀한다.[87] 아산이 대한민국에 수복된 것이다. 삶과 죽음 빼곤 모든 게 불분명한 가운데 허홍무, 강신항이 느꼈을 공포는 감히 상상키 어렵다. 이 경험은, 탄환과 포탄이 날아다니는 격전지만이 전쟁의 전부가 아니란 걸 명확히 보여 준다. 그래도 다행이라면 다행일까. 이후 아산은 전선 후방에 위치하면서 위아래로 오가는 톱질을 한 번밖에 겪지 않았다. 반면 서울, 경기도, 강원도의 여러 지역에서는 이듬해 1·4후퇴를 지나며 두 번째 톱질을 겪는다.

무차별적인 부역자 처벌

"마을이 복구되면서 군인 아들, 서장 아들이 군부대랑 당진에서 차로 총을 가지고 와서 동네 빨갱이들을 끈으로 전부 엮어 가지고 방공호 판 데다가 쫙 세워 놓고서 몽땅 다 사살을 했어. 그러고서 그대로 묻어 버렸어. 인주면 전체 빨갱이들이 집결되었어. 우리 금성리 사람도 있었고, 옆동네 빨갱이들도 있었고. 옆동네가 홍씨 집성촌이었는데, 이름 그대로 붉을 홍 전부 빨갱이었어. 그때 다 죽어서 동네 전체에 혼자 사는 여자들이 많았어.

총살시키는 거 나 봤다니까. 세워 놓고 총을 머리에 탕 쏘면은 머리 뚜껑이 탁 날아가. 그리고 머리에서 덩어리가 쑥 빠지면서 안에 아무것도 없었어. 그렇게 해서 바다에다 집어넣었어. 그걸 보고 나는 무서워서 벌벌 떨고⋯⋯.

가을이 되니까 벼를 벴는데, 사방에서 죽은 시체가 막 나왔어. 군인
들이 인민군 자폭한 걸 그대로 냅두니까 그런 시체들이 막 나오고
굉장했었어. 하여튼. 이제 '사는 것이 목적이다' 해 가지고 동네마
다 생활을 준비하는 단계였지. 그때 어려운 고비를 많이 겪었어."

'인공 치하'에서 북한에 협조한 '부역자'를 어떻게 처리할 것인가.
관련한 법적 근거가 있긴 했다. 전쟁 발발 당일부터 시행된 '비상사태
하의 범죄 처벌에 관한 특별조치령'이 대표적이다. 대통령의 헌법 권
한인 '긴급명령'을 발동하여 효력이 발휘된 법으로, 1950년 6월 25일
제정 및 시행되었으며 6월 28일 관보에 게재되었다. 이 법은 살인·방
화는 사형, 적에게 정보를 제공하거나 물품을 제공한 행위는 사형·무
기·10년 이상의 유기징역으로 처벌하고 형사절차를 밟아 판사가 단
심제로 심판하도록 규정했다.[88] 정부는 아울러 부역 활동이 피동적이
었는지 주동적이었는지, 부역한 결과가 괴뢰에게 얼마큼 도움을 주었
는지 따지겠다는 나름의 판단 기준도 제시했다.[89]

그런데 문제는 수복 직후 재판을 제대로 진행할 형편이 안 되었다
는 것이다.

미 24사단 소속 일부 병력과 협동, 9월 29일 전주에 진주한 나는 죽
창 등을 가진 지방 청년들이 벌써 2,000여 명의 부역자를 체포해
놓고 있는 놀라운 광경에 직면하였다. 이런 때 대개 미숙한 경찰의
약식 신문을 거쳐 사찰주임 등이 등급을 대충 구분하여 놓으면 순
회하는 법무장교가 왔을 때 '1열 사형, 2열 무기, 3열 15년 징

역……' 등으로 즉결되는 것이 당시 수복지구의 비상조치령 운용 실태였으며 관官측 형편은 그때로서는 별무도리別無道理였는지도 모르겠다. 왜냐하면 부역자 수는 부지기수이니 한정된 유치장이나 경찰 양식으로 언제 올지 모르는 판검사 수속만 기다릴 수는 전후戰後 좌우에 패잔 인민군이 우글우글한 판국에서 불가능했을 것이다.[90]

박병배 전 전주경찰서장의 회고는 열악한 여건 속에 '비상조치령'이 얼마나 파행적으로 시행되었는지 보여 주는 사례라 하겠다. 형식적이더라도 절차를 밟았다면 운이 좋은 편이었다. 그렇지 못하고 즉결처분된 경우가 대다수였기 때문이다.[91] 아버지 방○성의 죽음 소식을 접한 경찰 아들의 심정은 어떠했겠는가. 아버지의 죽음에 조금이라도 연관되었다면 누구든 보복하고 싶지 않았을까. 이처럼 부역자 처벌엔 사적인 감정이 들어갈 수밖에 없었고, 그럴수록 피바람은 거세졌다.

또한 대한청년단 같은 단체들이 군경을 돕는다는 명목으로 부역자를 색출, 구금했으며 구타·살해하는 일도 빈번했다. 헌병사령관이 직접 "청년 단체는 군경 수사기관에 연락 협조의 임무밖에 없다. 부역자라 할지라도 불법 구속하여 구타할 때는 그 책임자는 물론 담당자는 엄중 처단한다"고 경고할 정도로 폐해가 극심했다.[92] 부역자로 지목되는 순간 잡아 죽이는 분위기였으므로[93] 청년단체의 활동을 나무랄 사람은 없었다.

허홍무가 총살 장면을 본 것처럼, 강신항도 그 현장을 옆에서 지켜봤다. 흥미롭게도 그는 총살되는 이들의 마지막 장면을 기록해 뒀다.

그들의 목소리가 들리는 듯 생생한 문장을 옮겨 본다.

A: 합덕에서 체포되어, 구양교를 거쳐, 도고로 압송되어 오는 길에 물에 빠져 죽기 3분 전에 한 말이다. 그는 구양순 다리에서 투신자살하였다. "나 때문에 가족이 몰살 당하는 것은 억울합니다. 그러나 내가 죽는 것은 억울하지 않습니다. 내가 죽어서 대한민국이 영구히 빛나고 자손만대가 평안해지기를 비나이다."

B: 공동묘지 앞산에서 총살 당하다. 감방에서 끌려 나와서 두루마기를 벗으면서 "이것을 내 두 딸년에게 전해 주슈." 조금 있다가 "마지막 가는 길이니 따뜻이 가자" 하며 도로 입다. "학생들 잘 사시오, 내 두 딸년을 부탁합니다." 그러고는 주임 보고 "저의 마지막 소원도 안 들어주십니까?" 주임은 말이 없다. 산으로 끌려가며, "우리가 이렇게 억울하게 죽는 것은 별로 원통치 않으나, 사회적으로 손해지." 죽기 3초 전 "아무개야! 니 아저씨, 작은아버지 잘 모시고 잘 살아라. 내 근심을 말아 다구." 산으로 가는 길에 "오늘이 며칠이요? 10월 11일, 음력 9월 1일에 B는 죽습니다." 마지막으로 총을 맞고 "앗!"

C: B와 함께 묶여서 죽다. 감방에서 끌려 나와서 "강 동지, 나 물 좀 주시오", 그러곤 말없이 태연자약하게 산까지 가다.

D: B 뒤, C 뒤에 묶여서 함께 죽다. 감방에서 끌려 나와 묶이면서 순경 보고, 팔뚝을 지근거리면서, 우는 상으로 살려 달라고 애걸하다. 산으로 가는 길에선, 원한 많은 눈으로 자꾸 뒤를 돌아보다.

E: 죽기 2분 전에 "내가 죽으면 집으로 통지하여 주실 테지요. 나는 황 아무개가 아니고, 김 아무개올시다. 그렇게 전해 주슈."

F: "아무개는 억울하게 죽습니다. 대한민국 만세, 대한민국 만세, 대한민국 만세!" 죽기 2, 3분 전, 산고랑으로 올라가는 길이었다.

G: "나는 끌려온 지 한 달밖에 안 되었습니다." 죽기 1분 전에 뒤를 돌아다보며, 힘없이 한마디 외쳤다. 그도 피투성이가 되어서 죽었다.

H: 밤에 죽다. 10월 8일경이다. "동지들 원수와 내 원수도 함께 갚아 주기를 바랍니다."

한편 허홍무가 말한 '옆 동네 홍씨 일가의 죽음'은 사실로 보인다. 인주국민학교 분교에서 동남쪽으로 불과 500여미터 떨어진 곳에 해암리 한잣골마을이 있다. 온양문화원 조사에 따르면 1990년대 말경 이곳 인구 130명 중 32퍼센트가 홍씨다. 김(12퍼센트), 이(12퍼센트), 배(6퍼센트)씨보다 월등한 숫자다.[94] 이곳이 예로부터 홍씨의 집성촌이란 걸 알 수 있다. 진실화해위원회에서는 아산경찰서가 작성한 〈신원조사기록〉을 분석해 아산에서 부역 혐의로 처형된 명단을 정리했는데, 여기 보면 해암리에 주소를 둔 홍씨가 등장한다. 관련한 인물이 아닐까 싶다.

국회는 일찍이 이러한 혼란을 예상하고 제동장치를 마련했다. 1950년 9월 19일, 부역자 처벌에 관용주의를 적용한 '부역행위특별처리법'과 대한청년단, 치안대 따위 민간단체의 사적私的 형刑 집행을 금지하는 '사형私刑금지법'이 통과됐다. 이승만 정부는 "현재 판결 결과에 있어 극형이 상당수에 달하는 것은 우선 죄상이 중한 것을 먼저 처리하는 관계로 인한 것"일 뿐이고 행정권, 사법권을 침해하는 처사라며 반대했으나,[95] 국회도 물러서지 않으며 12월 1일 두 가지 법이

1950년 인천상륙작전 후 한강으로 진격하던 미 해병대가 마주한 환영 인파. 인공 치하에서 벗어난 여러 지역에서 비슷한 광경이 펼쳐졌을 것으로 생각된다. 인파의 표정을 보면 기쁘기보단 긴장한 분위기가 역력하다. ※출처: 국사편찬위원회 전자사료집.

공포, 시행된다. 1951년 1월 30일에는 재심이 가능하도록 하고 처벌을 완화한 '비상조치령' 개정도 이뤄진다.[96] 하지만 이미 너무 많은 사람이 죽은 뒤였다.

그래도 산 사람은 살아야 했던 걸까. 다시 1년 동안 먹을 쌀을 얻기 위해 마을 사람들은 시체가 나오는 논으로 들어갔다. 구역질을 참고 이를 악물며 벼 베기를 이어 갔다. 다시 '생활을 하려고 준비하는 단계'였다.

성명: 허홍무

군번: 9698829

군사특기: 110

민간특기: 자동차 운전

입대 4287(1954년). 7. 12. 제1신병보충대대 (1신보특(을)272호)

전속 4287(1954년). 7. 20. 제2훈련소로 (1신보특(을)288호)

일병으로 진급 및 주특기(110) 4287(1954년). (2훈30연특(을)247호)

제2관구사령부부터 4288(1955년). 6. 16. 제2경비대대로 (원복) (2관구사특(을)112호)

일병부터 하사로 진급 4288(1955년). 12. 1. (2경비특(을)93호)

병장으로 진급 4290(1957년). 10. 1. (2군특(을)261호)

만기제대 4291(1958년). 5. 30. (2군특(을)261호)

소집해제 4293(1960년). 9. 25. (제32사특예명44호)

—〈거주표〉에 적힌 허홍무의 병역 기록.

4부.

1954~1959년 사이의
전후 풍경

1954년 7월 14일 서울역이다. 평화로운 듯 보이지만 이 사진이 찍히기 바로 며칠 전, 허홍무는 을지로4가에서 경찰에게 잡혀 서울역으로 끌려온다. 병역기피자 혐의였다. 허홍무는 가족에게 연락도 못한 채 그대로 입대했다. ※출처: https://gongu.copyright.or.kr/gongu/wrt/wrt/view.do?wrtSn=13154763&menuNo=200018.

여기까지 허홍무 삶은 수동적일 수밖에 없었다. 계속되는 전쟁과 혼란, 어려운 가정환경은 삶을 정해진 영역 안에 묶어 두는 울타리로 작용했다. 그렇지만 전쟁이 끝나고 조금은 안정을 느낀 걸까. 1954년, 성인에 다다른 19세 허홍무는 보다 적극적으로 자기 삶을 만들고자 노력했다. 그의 선택은 서울에 올라가 자동차학원에서 운전 기술을 배우는 것이었다. 삼촌들에게까지 손을 벌려 있는 돈, 없는 돈 끌어모아 서울로 향했다. 하지만 정전停戰이라는 상황은 허홍무를 가만두지 않았다. 오히려 징집 연령이 확대되고, 허홍무도 관련 행정 처리를 잘 이행하지 않은 탓에, 병역기피자로 몰려 군대에 '끌려갔다'. 자동차학원은 얼마 다니지도 못했다. 운전은 제대로 배우지도 못한 그였지만 〈군이력카드(거주표)〉를 보면 "민간특기: 자동차 운전"이라 적혀 있다. 요샛말로 정말 '웃픈' 일이다. 그렇게 시작된 군 생활은 무려 46개월 동안 이어졌다.

군 생활은 힘겨웠지만 가슴 뛸 기회도 가져다줬다. 부산에서 근무하던 시절, 문현선門峴線 철길 가에 사는 아가씨를 만날 수 있었다. 만남을 계속하며 결혼도 생각했다. 그러나 그 시절 한국 사회의 강력한 작동 원리였던 가부장제는, 허홍무의 주체적 선택을 또다시 좌절시켰다. 이미 아버지 허용이 결혼할 사람을 정해 뒀기 때문이었다. 군 제대

후 가출까지 하며 반항한 그였지만, 끝내 '불효'라는 두 글자 앞에 무릎을 꿇어야 했다. 그리고 나의 사랑하는 할머니 이채금李彩金과 결혼한다.

개인적으로 4부에서 가장 눈길을 끈 부분은 허홍무가 병역기피자로 몰려 강제 입대하게 된 경위다. 그 스스로는 병역을 기피할 의도가 전혀 없었다. 만약 그랬다면 어디 산골짜기나 아무도 못 알아보는 먼 지역에 숨었을 텐데, 허홍무는 자동차 운전 기술을 배운다며 당당히 서울 종로거리를 활보했다. 또 원래라면 징소집 연령에 해당하지도 않았다. 대상자가 되려면 한 살 더 먹어야 했다.

그런데 허홍무가 서울에 올라오기 몇 개월 전, 정부는 중대 결정을 내린다. 만 19~28세인 징소집 연령을 위아래로 한 살씩 늘려 만 18~29세로 만들었다. 전쟁 기간 막아 둔 군인 제대를 허용하면서, 전력 공백 우려에 징소집 대상자를 확대한 것이었다. 허홍무는 급작스럽게 대상자가 된다. 정부의 징소집 확대 정책을 제대로 인지하지 못했는지, 그는 연관된 행정 절차를 밟지 않았고 병역기피자가 되고 만다. 사실 정전 이후 병역자원 관리 문제는, 허홍무의 인생을 송두리째 뒤바꾼 것처럼, 사회적으로 큰 쟁점이 되었음에도 기존 연구에서 제대로 조명되지 않은 듯하다. 정리된 자료를 찾지 못해 나름대로 허홍무의 강제 입대 경위를 탐구해 봤다. 이번 작업을 계기로 관심이 커졌으면 하는 생각도 해 본다.

4부는 1954~1959년 사이, 자기 삶을 영위하고픈 허홍무가 시대와 맞닥뜨리며 얻는 좌절로 점철된다. 아울러 여기서는 허홍무의 시선을 따라, 전후 사람들의 일상을 조명하고자 했다. 아산 농촌 출신의 서울살이, 정전 직후 군대 생활, 그리고 연애와 결혼은 어떠했는지 살펴보고자 한다.

배움 찾아, 촌사람의 서울살이

최선의 선택, 운전 기술

"서울이 수복되고 나서, 이제 기술이라도 배워야겠다고 생각했지. 기술학교 다니려고 하는 사람들이 많았거든. 그때는 실업자가 많았어. 사람들이 기술 배우는 게 제일 낫겠다, 해 가지고 기술을 배우려고 서울로 집결을 했어. 제일자동차기술학교가 을지로에 있었지. 운전 배우는 데였어. 우리나라에 딱 하나만 있었던 거야. 그게 굉장히 오래됐어. 지금 있는지 모르겠네. 시험 보고 들어가는 학원이었어.

거기에 운전만 하는 거 따로 있고, 정비하는 거 따로 있고, 여러 가지 학과가 있었어. 나는 운전 배우는 과였지. 거기 들어갈 당시에 내가 열여덟 살인가 열아홉 살인가였어. 합격하고 들어가서 처음에 교통법규에 관한 거 배웠지. 학비는 나중에 갚으면 되니까 아버지랑 삼촌들한테 있는 대로 다들 달라고 해서 주워 모아 가지고 간 거야."

수복 후 4년 동안 집안일을 돕던 허홍무는 19세가 되던 해 큰 결심을 한다. 운전 기술을 배우기로 한 것이다. 한때 중학교에 진학해 공부하고 싶었지만 돈이 없어 포기했다. 하지만 마음속 무언가 배우고 싶은 열망은 식지 않았다. 농촌에 남아 있기보다 더 넓은 세상에서 삶을 펼치고 싶었다. 그런 그에게 기술은 최선의 선택이었다.

지금처럼 도로에 자동차가 가득한 시절이 아니었다. 1953년 기준, 전국의 자동차 수는 1만 1,543대에 불과했다.[1] 자동차를 작동시켜 운전하는 것 자체가 인정받는 기술이었다. 이미 일제시기부터 "대학 출신으로서 훌륭한 학생들이 취직난으로 이리저리 몰리는 자들이 퍽이나 흔하여 겨우 취직이 되어도 40~50원의 샐러리가 썩 많은 편인데 하등의 학력도 없이 자동차 운전수가 되면 150원 내외의 월수입이 있어서 당당히 활사회活社會에 비약하고 있다"며 자동차 관련 책자를 홍보하는 기사가 등장한다.[2] '운전 기술'을 어떻게 인식했는지 보여 주는 대목이다. 성공 사례도 있었다. 아산 '교통계의 혜성' 김사은金思殷이 대표적이다. 1927년 예산의 농업학교를 중퇴한 그는 경성제일자동차학교에 들어가 1년의 교육을 받고 졸업한다. 1928년부터 1934년까지는 온양온천자동차부에서 운전수로 일하며 운수업 경영 노하우를 익혔다. 그리고 직접 '둔포자동차부'를 설립, 4대의 자동차로 노선을 운영하는 사업가가 된다.[3] 혹여나 사업가로 성공하진 못하더라도 배워 두면 밥 굶을 일은 없을 터였다.

꿈을 안고 제일자동차기술학교로

허홍무가 향한 곳은 '제일자동차기술학교'였다. 기술학교는 '교육법'에 의거 당국의 관리를 받는 정식 교육시설이었다. 국민학교를 졸업해야 입학 자격이 주어졌으며 소정의 과정을 이수하면 '기술원 자격증'을 취득할 수 있었다.

그럼 제일자동차기술학교는 어떤 곳이었을까. 원래는 1946년경부터 조선제일자동차학원이란 이름으로 운영되었는데[4] 전쟁으로 운영이 멈췄다가, 1953년 종전 이후 대한항공자동차학교 교장, 대한운수사大韓運輸社 사장을 지낸 한정호韓鼎鎬라는 인물이[5] 제일자동차기술학교로 재탄생시킨다.[6] 모집 광고를 통해 1953년 10~11월 시점 학교현황을 살펴보자. 본교사(제1교사)는 을지로 4가 162에, 분교사(제2교사)는 을지로 6가 18에 위치했다. 영등포, 인천, 수원, 부산에 학생 모집을 위한 연락소까지 있었다. 영어 회화와 수학을 배우는 인문과, '자동차 운전사 및 정비사를 양성'하는 기술과가 있었고, 활동사진과녹음기, 즉 영상을 활용해 수업할 정도로 수준 높은 시설을 갖췄다.[7]

1954년 여름, 부푼 꿈을 안고 서울행 기차를 탄 허홍무는 기분이 어땠을까. 이번엔 집안 사정에 물러서지 않았다. 아버지와 삼촌들에게 '다들 달라고 해서 주워 모아' 학비까지 마련할 정도로 굳게 각오한 그였다.

신흥제지 간부인 친척집에서 숙식

"잠은 총무과장네 집에서 잤지. 거기서 밥도 먹고. 우리 집안에 광덕 사는 친척이 있었는데, 그 집안의 허균 씨가 서울에서 종이공장을 했어. 일반 종이가 아니라 우리나라에 생산되는 닥나무로 한지 만드는 공장이었어. 그 공장의 총무과장이 허봉이라고, 나한테는 아저씨뻘이었어. 총무과장 아저씨한테 연락을 하니까 자동차기술 학교에 지원서를 넣으라고 했지. 아저씨가 오라고 해서 그 집에서 자고. 동국대 바로 옆에 있었어."

허홍무가 기술학교 정보를 얻고, 서울에서 숙식을 해결할 수 있었던 건 집안사람 허봉 덕분이었다. 그는 같은 집안사람 허균이 경영하는 제지회사인 '신흥제지'의 총무과장이었다. 생소한 이름이지만 "신흥제지의 허씨 같은 이가 존재하지 않았다면 우리나라 골판지업계나 크라프트지업계의 양상에 큰 변화를 보였을 것"이란 평가가 있을 정도로,[8] 허균의 신흥제지는 초기 제지산업 발전에 상당히 기여한 회사다.

1913년 아산 염치읍에서 태어난 허균은 아산공립보통학교, 공업학교를 졸업한 뒤 1940년대 뚝섬에 종이 공장을 차린다.[9] 재생 펄프부터 고서 영인본 인쇄에 사용하는 고급 원지 생산까지 다양한 업력을 쌓은 그는 해방 뒤 서울 필동에 '신흥제지공장'을 차려 사업을 계속한다. 이 시기 전력 부족으로 생산에 차질이 생겼다는 기사,[10] 미국의 경제원조기구, '경제협력처ECA' 주관으로 시행된 제지 관련 교육의 수료식이 신흥제지 공장에서 거행되었다는 기사가 확인된다.[11] 전쟁 발발 후에는 부산으로 피란해 정부로부터 '부산제지 부전공장'을 지정받아 운영했으며, 1952년 국내 최초로 크라프트지를 개발해 생산한다. 1953년엔 다시 서울 필동으로 돌아왔는데, 이때 한국 원조를 목적으로 만들어진 유엔 산하 기구 UNKRA의 '제지공장 부흥계획'에 포함되어 지원을 받는다.[12] 허균은 출신 지역인 아산의 발전에도 관심이 많아 온양고등학교,[13] 영인중학교에 창유리를 기부하고, 면사무소 이전, 천도공민학교의 고등공민학교 승격에도 관여한, 잘나가는 사업가였다. 그러나 안타깝게도 신흥제지는 1969년, 부실기업 위기가 닥쳤을 때 버티지 못하고 원풍제지에 인수되고 만다.[14]

1954년 여름, 신흥제지 총무과장 허봉의 집은 동국대 바로 옆에 있었다는 걸 보니 필동 공장 가까이 위치한 것 같다. 을지로 4가의 제일 자동차기술학교 본교사, 6가의 분교사까지 도보로 20분 정도면 충분한 거리였다. 학비도 마련했겠다, 숙식도 해결됐겠다, 이제 모든 준비는 끝났다. 기술학교를 잘 다니기만 하면 됐다.

병역기피자의 강제 입대

"그때 병무 소집이 있었어. 내가 총무과장 아저씨 집에서 사니까 관할관청에 병적 이동 등록을 해야 했는데, 그럼 거기서 군대를 가면 되는 건데, 그걸 못해 가지고 을지로 4가에서 붙잡혔잖아. 자동차기술학교에서 잡힌 거야. 들어가자마자 잡혔다니까. 낮이었어. 잡힌 놈은 무조건 그냥 다 끌려갔어.

서울역으로 잡혀갔는데, 또 과정이 굉장하다고. 기차 화물칸 있지, 화물 넣는데 말이야, 문 양쪽 다 닫으면 깜깜했는데 거기에 넣더라

고. 잡힌 놈들 많았어. 서울 시내에서 잡혀 온 사람들로 금방 한 칸
씩 찼어. 들어가니까 배는 고프지, 문들 닫아 놓으니까 숨도 쉴 수
없는 거야. 잡혀서 답답하고 울화도 치밀고. 그래도 대소변은 봐야
하는데, 양쪽에 헌병이 총을 들고 서 있었어. 소변, 대변 볼 사람은
화물칸 문을 살짝 열어서 엉덩이만 딱 내밀어서 보고 그랬어.
　그리고 나서 기차가 출발한 거야. 하루 종일 잡아다가 기차 전체를
채우고 출발을 한 거지. 아마 천안쯤이었나 봐, 그때 어둑어둑했는
데 문을 열더니 대나무 소쿠리에다 주먹밥 뭉치를 담아 와서는 하나
씩 주는 거야. 물도 없이. 그렇게 그걸 먹었어. 배는 고프니까 얼마나
꿀맛이야. 밥인지 뭔지 하여튼. 그렇게 먹구서 논산훈련소로 갔어.”

정전협정으로 일단락된 한국전쟁

1953년 7월 27일 정전협정이 체결되었다. 1951년 7월 10일부터 2년
이란 긴 시간 동안 회담이 이어진 결과였다. ① 비무장지대 설치를 위
한 군사분계선을 어떻게 설정할 것인가, ② 정전 실천을 어떻게 보장
할 것인가, ③ 전쟁포로는 어떻게 처리할 것인가, ④ 한반도 문제 해
결을 위해 관계국들에게 어떠한 권고를 할 것인가. 이 네 가지 의제를
두고 유엔군과 북한·중국군 양측은 첨예하게 대립했다.
　①은 정전협정이 조인되는 순간을 기준 삼아 군사분계선을 설정하
기로, ②는 군사정전위원회, 중립국감시위원회를 구성하기로, ④는
정전 조인 후 3개월 내 고위정치회담을 개최하기로 합의되었다. 12일
이 걸린 ④를 제외하곤, 모두 의견 일치에 긴 시간이 소요되었다. ①
은 4개월(1951년 8월 2일~11월 27일), ②는 5개월(1951년 11월 27일

~1952년 5월 7일)이 걸렸다. 복병은 ③ 전쟁포로 처리 문제였다. 단순히 서로가 데리고 있는 포로를 교환하면 될 일이 아니냐고 할 수 있지만, 문제가 있었다. 북·중군 포로 중 일부가 송환되지 않길 바란 것이다. 남한 출신 의용군 포로들, 중화민국 출신의 포로들은 북한·중국으로 돌아가지 않겠다는 입장이었다. 이른바 '반공포로' 문제였다.

유엔군은 이념의 승리 선전 효과를 노리고 포로의 의사에 따른 자원 송환을 제시했다. 당연히 북·중군은 받아들일 수 없다며 강제 송환을 주장했다. 이 문제만 합의되었다면 전쟁은 조기에 종료될 수 있었다. 하지만 그러지 못했다. 1951년 12월 11일부터 시작됐으나 좀처럼 성과가 보이지 않았던 협상은, 1952년 말 휴전을 공약으로 내건 아이젠하워가 미국 대통령에 당선되고, 이듬해 3월 스탈린이 사망하며 급진전을 이룬다. 1953년 6월 7일 협상이 타결된 것이다. 양측은 각각 1만 3천여 명의 유엔군 포로와 8만 2천여 명의 북·중군 포로를 송환하고, 송환 거부 포로는 중립국 송환위원회에서 30일 이내에 설득을 시도한다는 내용이었다. 정전을 반대한 이승만 정부가 기습적으로 반공포로를 석방시키며 변수가 등장하는 듯했지만, 모두가 지친 탓일까, 휴전회담은 무산되지 않아 7월 27일 정전협정이 조인된다.[15] 남한 정부는 조인에 응하지 않겠다는 입장이었으나 국군의 군사작전 지휘권은 유엔군 사령관에게 이양된 상태였으므로, 국군은 유엔군의 일원으로서 협정에 참여한 셈이 되었다.[16]

길거리에서 끌려간 입대

말 그대로 '종전終戰'이 아니라 '정전停戰'이었다. 언제 북한이 다시 공격해 올지 몰랐다. 정전 조인식이 거행된 당일 손원일 국방부장관은 기자들에게 이렇게 얘기했다.

> 적은 휴전을 이용하여 병력 정비와 증강에 힘을 다할 것이다. 여러 국민은 안도감을 가져서는 안 될 것이며 앞으로 국군은 예정대로 양적으로나 질적으로 증강에 노력할 것이니 더욱 민군民軍 일치단 결하여 최후 승리를 목표로 제반 계획을 수립하는 데 합심해야 할 것이다.[17]

또 있을지 모르는 북한의 공격에 대비해 병력을 줄이긴커녕 더욱 늘리겠단 뜻이었다. 그해 말, 손원일은 다시 한번 국군 증강을 강조한다. "우리 대한민국은 항시 이러한 사태에 대비하여 항상 자체 강화에 노력해 왔으며 앞으로도 국군 증강을 위하여 만전을 기할 것이다."[18]

한편에서는 장기간 복무한 병사를 제대시켜야 한다는 여론이 일었다. 전쟁 중 병력으로 충원된 인원은 77만 명에 달했다.[19] 전시에 입대한 병사들은 '병역법'에 의거, 복무 기간이 무기한 연장된 상태였다. 4년 넘게 장기 복무한 사람도 많았다. 제대할 수 없는 상황에서 열악한 급여, 복지를 버티다 못한 군인들이 탈영하는 문제가 떠올랐다.[20] 결국 정부는 1954년 4월 1일부터 사병이 제대할 수 있도록 조치한다.[21] 많이는 아니고 조금씩.

병력 수는 유지해야 하는데, 병사들 제대는 시켜야 했다. 정부는 딜레마에 직면했다. 고민 끝에 그들이 내린 선택은 입대 연령을 확대하는 것이었다. 1954년 1월 8일 국무회의에서는 기존의 만 19~28세였던 징소집 연령을 위아래로 한 살씩 늘려 만 18~29세로 바꿀 것을 의

결한다. 이에 따르면 1953년 9월 1일에서 1954년 8월 31일 사이의 기간 동안 징소집에 응해야 하는 사람은, 1923년 9월 1일 이후 1935년 9월 2일 이전 출생자였다.[22]

허홍무의 출생일은 1935년 5월 21일. 대상자였다. 이걸 몰랐던 걸까. 알면서도 안일하게 대처한 걸까. 추가 인터뷰로 들은, 잡혔을 당시의 기억은 이렇다. 서울 올 때 아산 시골에서 병적 이동 서류를 발급 받아 들고 왔다. 하지만 별일이 아니라고 생각해 장충동 동사무소에 등록하지 않고, 자동차기술학교만 열심히 다녔다. 그러던 어느 날, 을지로4가에서 경찰이 신분증을 요구해 도민증을 보여 주었다. 신분증을 본 경찰은 무전으로 어딘가에 연락하더니 갑자기 체포했다. 죄명이 무엇인지 물으니 병역기피자라고 답했다. 그대로 경찰차를 타고 서울역에 도착해 기차 화물칸에 던져졌다.

허홍무의 꿈이 산산조각 난 순간이었다. 아산에 병적이 등록된 사람이 서울에서 돌아다닌다? 더구나 입영 대상자인데? 경찰 눈엔 영락없는 병역기피자였다. 서울에 올라오자마자 장충동 동사무소를 찾아 병적을 등록했더라면 적어도 기피자로 몰리진 않았을 것이고, 이런 식으로 길거리 한복판에서 경찰에 강제 연행되지는 않았을 것이다.

병역기피자, 경찰이 눈에 불을 켠 이유

그렇다면 경찰은 왜 이렇게까지 무리한 방법을 사용한 걸까? 바로 심각한 병역기피 문제 때문이었다. 전쟁 통에 군인이 된다는 건 크나큰 결심이 필요한 일이다. 대부분의 사람들은 죽음을 각오하고 국가의 부름에 응했다. 하지만 어떤 이들은 지금 누리는 삶을 포기하고 싶지 않았다. 기피자가 된 것이다.

복무 장병의 사기를 깎고, 향후 입영 대상자들에게도 영향을 주는 만큼 기피자는 정부에 큰 골칫거리였다.

국가가 요청하는 장정에 대하여 과반 영장을 발부한 바 있으나 기꺼이 응소하는 장정이 있는 반면에 그를 기피하는 장정이 있음은 심히 유감이다. 병역 의무는 만민 평등인 것이며 부귀빈천이 없고 권력, 금력金力, 배경 등이 하등 상관없다. 소집은 오로지 법에 의하여 집행할 따름이니 각 장정은 이에 순응하여 영예로운 권리를 찾아야 할 것이다.[23]

1953년 6월 8일, 강원지구 병사구 사령관 한왕용韓王龍 대령의 말이다. 징소집 책임자가 이렇게 얘기할 정도니 얼마나 기피자 수가 많았는지 짐작게 한다.

기피 방법은 다양했다. 군인 신분증을 위조해 군인 행세를 하는가 하면,[24] 밀항선을 타고 일본으로 넘어가거나,[25] 도끼로 손가락을 자르는 일도 있었다.[26] 호적 담당 공무원을 매수해 생년월일을 변경하는 경우도 많았다.[27] 심지어 유서를 남기고 자살한 것처럼 꾸미다 걸린 웃지 못할 해프닝도 있었다.[28]

'빽'도 활용됐다. 양산의 스물두 살 동갑내기 정인성, 임규덕 두 청년은 허위로 1~2개월의 치료가 필요하다는 진단서를 끊어 경찰서장과 면장에게 제출했다. 징집을 보류할 목적이었다. 서장과 면장은 양산 출신 국회의원의 요청을 받고 허위진단서란 걸 알면서도 도장을 찍어 줬고, 서장은 두 청년을 경찰전문학교에 입학까지 시켰다. 이 사

례는 적발되었기에 망정이지, 권력을 이용해 드러나지 않게 병역을 기피한 일이 얼마나 많았을까.[29]

정부는 당연히 모든 행정력을 동원해 기피자 색출에 나섰다. 이러한 배경 속에 등장한 게 가두街頭 검색이다. 길거리에서 경찰, 헌병이 지나가는 젊은 남성을 한 명, 한 명 붙잡고 확인했다. 징소집을 회피한 자, 전출·전입 수속을 하지 않고 무단 여행한 자로서 걸린 사람은 그 즉시 입대시킨다는 방침이었다.[30] 전출·전입 수속을 하지 않고 무단 여행한 자, 바로 허홍무였다. 〈병적증명서〉에 따르면 입대일은 1954년 7월 12일이다. 더운 여름날, 기피자 딱지가 붙은 채 화물칸에 실려 논산훈련소로 향했던 그. 답답한 마음에 울화가 치밀었지만 할 수 있는 건 없었다.

2

'쌍팔년도'의
군 생활

논산훈련소에서의 16주

"논산훈련소에 가니까, 훈련 내용은 그냥 총만 쏘는 거야, 다른 거 아무것도 없었어. 총 분해해서 청소하는 거랑. 나가서 하루 종일 그 것만 했어. 무반동총 쏘는 거, 박격포 쏘는 거, 그거 세 가지를 배웠어. 무조건 총 쏘는 게 첫째였어. 거기서 십 몇 주인가 교육 받았어. 엄청 길었지.

밥은 어떻게 줬냐면, 그릇 하나 딱 주고 밥을 떠 주고 국물 부어 얹으면 그게 끝이었어. 세 끼를 줬는데, 교장에 나가면 식사 차로 실어다가 내내 그릇 하나에다 부어 줬어. 제대로 먹지도 못하다 보니까 질병이 많았지, 이질도 유행하고. 그때 샤워가 어디 있어. 그런 거 없었어. 논이든 개울이든 있으면 무조건 가서 닦느라고 했어. 땀

이고 냄새고 얼마나 심했는데.

훈련소에서 도망가는 사람이 엄청 많았어. 울타리로 막 뛰어 나갔어. 그때 전방에서 군인들이 막 싸웠으니까, 전방 가면 다 죽는다, 이래 가지고. 도망가는 놈들이 다 전라도 놈들이었어. 전부가 전라도 사람. 거짓말 잘하고 훔치기 잘하는. 훈련소에서 교육 받을 때 물통 빼 가는 건 보통이고, 탄창도 빼 갔어. 꼭 전라도 놈들이었어. 탄통, 물통 차고 있으면 뒤에서 빼 가는 거여. 그걸 잃어버리면 저녁에 얼마나 두들겨 맞는지, 나도 잃어버려서 얼마나 맞았는지 몰라."

논산 제2훈련소의 탄생

한국전쟁 발발 전, 한국군의 병력 충원과 훈련은 향토사단 체제에 기반했다. 말인즉슨 어느 사단은 경기도에서, 어느 사단은 충청남도에서 이런 식으로, 각 부대마다 병력 뽑는 구역을 정해 그곳에서 충원한다는 것이다. 그리고 각 부대에서 자체적으로 신병을 훈련시켰다.

전쟁 발발 후, 향토사단 체제는 금세 무너졌다. 대규모 병력 손실을 입은 부대를 타 부대와 합쳐 재편성해야 했기 때문이다. 인민군에 점령된 경기도, 강원도, 전라도 일대에서는 병력 충원이 아예 불가능했다. 미군은 자신들의 '보충훈련소' 제도를 제안했다. 중앙의 훈련소로 신병을 보내 훈련시킨 뒤 최고지휘부의 판단에 따라 필요 부대에 투입하는 방식이었다. 미국은 보충훈련소 제도를 활용해 짧은 시간 미 육군을 급성장시킨 경험을 갖고 있었다.

급한 대로 김해, 대구, 부산진, 삼랑진에 보충훈련소가 설치됐다. 제대로 된 중앙훈련소가 생긴 건 1951년 1월이었다. 제주도 남쪽 모슬포에 육군 제1훈련소가 설치되었다. 이 시기 제주도를 선택한 사정이 있었다. 1·4후퇴로 대한민국 정부가 수도를 다시 부산으로 옮긴 상황에서, 최악의 경우를 대비해 육지에서 멀리 떨어진 제주도를 택한 것이었다. 그러나 제주도는 바람이 참 많이 불었다. 1년 중 배가다닐 수 없는 날이 90일이나 됐다. 훈련을 시작하거나 종료한 병력이오고 가는 데 차질을 빚었다. 태풍이라도 오면 식량도 제때 공급하기어려웠다.[31]

전선이 38도선 부근에 고착화하면서 내륙에 제2훈련소를 건설해야 한다는 목소리가 나왔다. 전북과 충남 일대를 둘러보던 육군은 철로가 지나면서도, 군산항과 가까운 논산에 주목했다. 논산은 저 옛날백제군이 나당연합군과 최후의 결전을 벌였다는 상징성도 지녔다. 1951년 11월 공사에 들어가 1952년 2월, 첫 신병 훈련이 진행되었다. 육군 제2훈련소의 탄생이었다.[32] 제주도 제1훈련소는 1955년까지 운영되다가 논산에 합쳐진다.[33]

국방부 인사사령부로부터 발급 받은 〈거주표〉를 보자. 〈거주표〉는군 이력이 적힌 카드 형식의 군 기록물로 지금의 〈병적기록표〉라고생각하면 된다. 이에 따르면 허홍무는 1954년 7월 20일 제2훈련소로전속됐다. 그는 이곳에서 16주 훈련을 받는다.[34] 내가 군대에 갔을때, 7주 훈련 후 소총수가 된 나와 달리 박격포 특기를 부여 받은 사람들은 추가로 몇 주간의 훈련을 더 받은 기억이 있다. 그런데 허홍무는박격포에 무반동총까지 기본으로 배웠다 하니, 16주라는 긴 훈련 기간이 납득된다.

"전라도 놈들"에 대한 편견

베트남 파병 한국군 사령관으로 유명한 채명신. 1955년 10월부터 약
1년간 논산훈련소 참모장을 지냈다. 이때 그는 국방부 국정감사의 일
환으로 훈련소를 방문한 국회의원으로부터 왜 이렇게 도망병이 많은
지 질타 받았다. 채명신은 이렇게 답했다. "당신은 우리들보다 훨씬
시설도 좋고 대우도 좋은 미군 훈련병들의 도망병 숫자를 알고 하는
소리요? …… 우리가 미군보다도 훨씬 적소."[35]

　채명신의 반응이 흥미롭다. 그는 훈련소의 탈영병이 많다는 사실을
당당히 인정하면서 미군의 경우보다는 적다고 둘러댔다. 1950년대 중
반 훈련소의 탈영 실태를 여실히 보여 주는 사례라 하겠다. 이는 실제
통계로도 증명된다. 군 전체를 놓고 봤을 때 1950년 1,425명이던 탈영
병은 1952년 1만 명대로 늘더니 이후 매년 1~3만 명씩 발생했다. 하
루 평균 수십 명씩 탈영했다는 소리다.[36] 마음의 준비 없이 길거리에
서 갑자기 붙잡혀 끌려온 사람들, 부실한 식사, 구타가 만연한 군복무
환경을 떠올려 보면 왜 이리 탈영병 숫자가 많았는지 짐작된다. '도망
가는 사람이 그렇게 많았다'는 허홍무의 기억은 사실이었다. 그렇지만
'전부가 전라도 사람'이라는 말은 어떻게 이해해야 할까?

　예전부터 들어온 전라도 편견에 대한 이야기는 이런 식이다. '옛날
에 뒤통수 맞은 일이 있었는데, 출신을 보면 전라도 사람이더라.' 들
을 때마다 매번 같았다. 허홍무의 얘기도 같은 레퍼토리다. 이는 결코
사실이 아니라고 본다. 얼토당토않은 말이다.

　우리는 살면서 나쁜 사람을 수없이 겪는다. 그러다 한 번 전라도 출
신과 갈등을 빚었을 때, 어디선가 들은 '전라도 편견'이 번뜩 떠오른

다. '이래서 사람들이 그렇게 얘기한 거구나'라며 생각이 굳는다. 다른 지역 출신과 갈등할 땐 그런 생각은 하지 않는다. 선택적으로 정보를 받아들여 '그럼 그렇지!' 여기는 확증편향에 빠지는 것이다. 이렇게 생겨난 신념은 '내가 겪어 보니 말이야'라며 재생산된다. 허홍무도 이러한 방식으로 편견을 갖게 됐으리라 생각한다.

그 뿌리를 밝히긴 쉽지 않다. 역사적으로 어떤 맥락이 있었으리라 추측할 뿐이다. 다만 분명한 점은 1950년대 들어 전라도에 대한 편견이 사회에 널리 퍼졌다는 것이다. 바로 전라도를 비하하는 뜻의 '하와이'라는 단어를 통해서였다. 배신의 의미가 함축적으로 담긴 '하와이'는 한국전쟁 직후부터 확산했다. 징병을 기피하고 탈영하는 사람 중 전라도 출신이 많은 것을 본 미 고문관이 제2차 세계대전 때 미국에서도 하와이 출신 가운데 그런 경우가 많다고 얘기한 것에서 연유했다는 설이 있다.[37] 물론 사실인지는 아무도 모른다. 이러한 사회 분위기는 분명 허홍무의 편견과 맞물려 탈영병 '전부가 전라도 사람'이란 기억을 만드는 데 영향을 끼쳤을 것이다.

세간에서 사용하던 이 단어는 1959년, 언론에 대서특필되며 이슈로 떠오른다. 《야화夜話》라는 잡지에 게재된 〈소위 '하와이' 근성시비根性是非〉란 글 때문이었다. 이 글은 전라도 사람을 '간휼奸譎과 배신의 표상'이라고 규정한, 원색적 비난 그 자체였다.

전라도 놈이라면 따로 떼어 놓은 섬처럼 그래서 이른바 '하와이'라는 별칭 내지 존칭이 붙는 상싶다. 우선 인류권에서 제외해야겠고 또 동포권에서 제외해야겠고 이웃에서 제거도 해야겠고 친구에서 제명해야겠기에 아마 이러한 대명사가 붙은 상싶다.

차마 덧붙일 말이 없는 글이다. 잡지사 측은 여기에 다시 전라도를 옹호하는 반박 글을 덧붙여 사회풍조의 시비是非를 따지는 기획이라고 해명했다.[38] 하지만 한국 사회에 전라도에 대한 편견이 만연했던 탓일까. 의도를 떠나 전라도인의 아픈 부분을 마구 쑤신 셈이었다. 당연히 전라도민은 뜨거운 분노를 표출했고 도의회 차원에서 각종 대책을 마련하는 한편,[39] 국회의 전라도 출신 의원들까지 들고일어나 공론화한다. 격렬히 대립하던 여야가 전라도의 이름으로 똘똘 뭉친, 당시로선 보기 드문 사례였다. 놀란 정부는 즉각 해당 잡지의 판매 금지 처분을 내린다.[40]

이렇게 확산된 전라도에 대한 편견은 사라지긴커녕 오히려 공고해지며 1970~1980년대 정치적으로 악용돼 한국 사회의 커다란 문제인 영·호남 지역감정으로 자리매김했다. 다행히 오늘날 젊은 세대는 이 같은 편견이 많이 옅어진 듯 보인다. 하루빨리 한국 사회를 갉아먹는 지역 편견이 사라졌으면 한다.

후방으로, 제2야전군사령부 제2경비대

"훈련 끝마치고 훈련소에서 전방 갈 사람, 다른 데 갈 사람 정해서 실어 갔어. 나는 다행히 경비대대로 빠져 버렸지. 부대 배치는 2군 사령부. 2군사령부는 부산 서면에 있었어. 경비대대는 2군사령부 직속 독립대대였고. 1중대, 2중대, 3중대 이렇게. 전체가 700~800

명 됐을 거야. 거기서 요기 보내고 저기 보내고 했어. 밀양, 거제도, 부산, 영월, 성환. 그때는 우리 부대가 경비니까, 어디 경비 하면 거기 또 가서 경비하고 이렇게 막 왔다 갔다 했어.

처음 부대 배치는 밀양이었어. 경상북도 밀양. 부대가 이동하기 전에 임시로 대기했어. 밤나무 밑에 천막을 탁 쳐 놓고서. 이제 겨울이니까 내복이랑 방한복을 줬는데, 방한복이고 내복이고 양쪽 꼬맨 자리에 이가 새끼를 쳤어. 그런 옷을 주면 또 그대로 입는 거야. 안감도 떨어지고, 형편없었어, 그때. 튼튼하지도 않았어.

내무반이 어떻게 생겼냐 하면은, 천막을 딱 치잖아, 그러면 가운데 통로를 두고 흙을 쌓고 통로 양쪽에서 자는데, 자는 데에 짚을 깔아 놨어. 푹신푹신한 게 아니라 여러 사람이 왔다 갔다 해서 저녁마다 코가 막힐 정도로 먼지가 일어나고, 들어와 있으면 이가 곰실곰실하게 막 들끓고. 토요일 날 오후쯤 되면은 다 쉬잖아, 그때는 양지 쪽에서 이 잡는 게 일이었어. 오죽하면 빨개벗고 천막가에 쭉 앉아 가지고, 옷을 털기도 했는데, 손톱만 한 게 잡힌 적도 있지. 거지도 그런 상거지가 없었어. 밀양에는 6개월인가 있었어."

미국 아이젠하워 정부는 이제껏 늘어난 군비를 줄여 재정 건전성을 확보한다는 생각이었다. 제2차 세계대전 때부터 불어난 군비는 미국 경제를 위협하고 있었다. 소련을 위시한 공산세력의 도전에는 재래식 전력보다 비용이 덜 드는 핵무기로 대량 보복하고, 한국전쟁과 같은 국지적 분쟁이 발생할 때는 해당 국가의 지상 전력을 증강시켜 미 해·공군과 함께 싸운다는 계획이었다.[41]

미국은 전쟁 기간 자신의 휘하에 둔 한국군으로부터 손 떼고 그 운용

"其날을 맞으면서 친우와 같이" 1957년 12월 24일, 크리스마스를 앞두고 부대원과 찍은 사진이다. 어깨를 자세히 보면 제2야전군사령부 마크가 달렸다. 허홍무는 앞줄 가운데에 앉아 있다. ※출처: 개인 제공.

을 한국 정부에 맡기기로 한다. 1954년 조인된 '한미합의의사록'에 따라 한국군의 작전지휘권은 유엔군사령부에 속했지만 말이다. 대신 한국은 미국으로부터 막대한 군사·경제 원조를 받기로 약속했다. 미국 입장에선 끊임없이 북진통일을 외치는 이승만 정부를 달래고 제어하기 위한 조치였다. 같은 해 발효된, 한국의 방위를 약속한 '한미상호방위조약'과 함께.[42]

한국군은 그에 맞추어 재편성됐다. 그렇게 탄생한 게 전방의 제1야전군사령부, 후방의 제2야전군사령부다. 전자는 1954년 3월 21일 발족했으며 미 10군단으로부터 한국군 1·2·3군단을 이양 받고, 5·6군단을 추가해 구성되었고 작전 수립과 실행을 도맡았다. 후자는 1954년 10월 31일 발족, 전시에 후방에서 병참·치안을 담당했던 유엔군 한국후방관구사령부KComZ의 역할을 승계했으며 새로 창설한 1·2·3·5·6군관구사령부로 구성되었다.[43]

허홍무의 거주표를 보면 1955년 6월 16일 제2관구사령부로부터 제2경비대로 원대복귀했다는 기록이 있다. 이후엔 제2경비대, 제2야전군사령부의 명령으로 진급했다고 기재돼 있다. 이걸 보면 허홍무는 맨 처음 제2야전군사령부 직속 독립부대인 제2경비대에 배치되었고, 부대가 잠시 제2군관구사령부 소속으로 있었다가, 다시 제2야전군사령부 소속으로 돌아왔다고 추정할 수 있다. 실제로 그가 1957년 12월 24일 동료들과 찍은 사진을 보면 어깨에 제2야전군사령부 마크가 있기도 하다. 제2야전군사령부가 충청도, 전라도, 경상도 등 후방 일대를 관할하는 만큼, 허홍무의 부대는 거제, 부산, 영월, 성환 등 여러 지역을 옮겨 다녔다. 허홍무가 말하는 부산 서면에 본부를 둔 부대는 제2군관구사령부가 아닐지 싶다. 경상남도를 관할하는 부대였다. 1954년

12월 22일 창설되어,[44] 아미동의 부산체신청 건물을 본부로 사용하다가 1955년 5월 서면으로 옮겼다.[45] 아마도 제2군관구사령부에 소속된 시절을 회상하며 부대 본부가 부산 서면에 있다고 기억한 것 같다.

허홍무의 입대일은 1954년 7월 12일. 여기에 훈련 기간 4개월을 더하면 12월 즈음이다. 훈련을 마치고 간 밀양은 제2경비대에 편제되기 전까지 임시로 머무른 곳으로 생각된다. 추운 겨울, 보급으로 받은 방한복엔 이가 가득했고 흙더미 위에 짚을 쌓아 만든 잠자리는 코가 막힐 정도로 먼지가 일었다. 스스로 '상거지'라 표현할 정도로 열악했다. 게다가 이제 갓 전입한 막내로서 얼마나 긴장되고 정신없었을까.

텅 빈 거제도 포로수용소

"그다음에 내가 어디로 갔냐면 거제도. 그 당시 포로로 잡은 인민군 놈들을 거제도 포로수용소에 모아 놨어. 우리 대대가 인민군 지키는 초소 경비하러 간 거야. 그때는 거제도 다리가 없었던 때라서, 밀양에서 기차 화물칸 타고 부산으로 내려가 부두에서 군함 타고 갔어. 거제도 가려면 과정이 많았어.

수용소에 들어간 인민군 놈들은 저녁이면 막 서로 죽였어. 아침이면 시체가 나왔지. 칼이고 뭐고 그런 게 어디서 났는지, 벽을 보면 칼 같은 것 넣어 놓은 데가 다 있었고. 거제가 섬이니까 도망 나와 봐야 갈 데가 없잖아. 그러니까 안에서 싸우고 지들끼리 죽이고 그랬잖아."

사실 이 대목에서 할 얘기가 있다. 처음 마주 앉아 구술할 때, 허홍무는 정확한 입대 연도를 말하지 않았다. 허홍무가 1935년생인 점을 생각하면, 그가 입대할 무렵은 정전에 가까운 시기였다. 전쟁이 끝나고 입대했을 가능성도 컸다. 그러던 중 그는 아주 심각한 표정으로, 입대 후 거제도 포로수용소에 배치되면서 겪은 일을 구술했다. 포로들이 서로 싸우는 걸 목격했다는 것이다. 아침이면 시체가 나온다니, 참으로 생생한 묘사였다. 순간 머릿속이 번뜩였다. 전쟁 중에 입대한 거구나. 수용소에 있던 포로들은 정전협정 직후 곧바로 절차에 따라 송환되었다고 하니. 허홍무가 정전 후에 입대했다면, 포로들끼리 싸우는 장면은 보지 못할 광경이었다. 그렇게 나는 허홍무의 말을 믿고 전쟁 중에 입대한 것으로 확신했다.

그 후 언젠가 허홍무에게 참전 용사 등록이 혹시 되어 있는지 물어보았다. 신청한 적이 없다는 대답이 돌아왔다. '후방에 배치되어 신청할 생각을 못 하셨나?' 그런 의문이 마음 한켠에 들면서도, 연세가 많은 당신을 대신해 빨리 신청을 해야겠다는 생각이 들었다. 증명서가 필요하다기에 병무청에서 〈병적증명서〉를, 국방부 인사사령부로부터 〈거주표〉를 발급 받았다. 설레는 마음으로 받아 든 문서 내용은 무척 당황스러웠다. 허홍무의 입대일이 1954년 7월 12일로 적혀 있는 게 아닌가. 정전을 하고도 1년이 가까워 가는 시점이었다.

허홍무에게 문서를 보이며 다시 물어보았다. 대체 어떻게 거제도 포로수용소에서 포로들끼리 싸우는 장면을 본 것인지도 물었다. 그제야 거제도 포로수용소에 간 건 사실이지만, 빈 건물만 있었다고 정정했다. 포로들이 모두 떠나고 남은 수용소 부지를 경비했던 것이다. 사실을 알고 나니, 마음속에 안도와 죄송함이 동시에 들었다. 사건의 실체를 파악해 다행이었지만, 그가 감추려는 무언가를 억지로 들춘 느낌이었다. 추측컨대, 전쟁 후 후방에서 근무한 허홍무에겐 참전 경험이 없는 것에 대한 아쉬움이 있지 않았나 싶다. 살면서 으레 마주하는 인사가 '군대 언제, 어디로 다녀왔냐'였을 테니.

이 얘긴 이쯤 하고. 그럼, 한국전쟁기 포로수용소에서 실제 무슨 일이 있었길래 허홍무가 그렇게 얘기한 건지 살펴보자. 포로는 전쟁 시작과 동시에 발생했다. 즉시 이들을 수용할 장소가 마련됐다. 국군은 부산 영도에, 유엔군은 부산 거제리에 포로수용소를 설치했다. 그러다 국군이 유엔군의 지휘체계 아래 들어가면서 1950년 8월 12일, 영도수용소는 폐쇄되고 유엔군 측 수용소에 통합된다.[46] 곧 포로 숫자는 감당하기 어려울 정도로 늘었다. 인천상륙작전 이후 인민군 포로가 대규모로 발생했고, 중국인민지원군 포로도 다수 생겨났기 때문이다. 1950년 9월 1만 1,000여 명이던 포로 수는 12월 말 13만 5,000여 명이 된다. 불과 4개월 사이에 10배 넘게 증가한 것이다.

유엔군사령부는 수용소를 설치할 거대한 부지를 물색했고, 제주도와 거제도를 두고 고민한 끝에 육지에서 가까운 거제도로 낙점한다. 1950년 11월부터 공사가 시작되었고 이듬해 1월 중순부터 포로를 이송했다. 1951년 6월 28일, 거제포로수용소에 수용된 인원은 중공군 4만 3,139명, 인민군 9만 1,273명, 의용군 4만 9,441명, 피란민 1,072명, 여자 671명, 기타 5,695명으로 도합 19만 1,291명이었다.[47] 한국전쟁 시기 거제도는 20만 명이 거주하는, 한반도의 몇 안 되는 지역이었다.

1949년 세계 여러 나라가 스위스 제네바에 모여 4개의 협약을 채택했다. 전쟁으로 생기는 희생과 피해를 최소화하기 위해 맺은 '제네바협약'이다. 이중 하나가 포로의 대우에 관한 협약으로, 포로를 인격적으로 존중해야 하며 무상으로 급양과 의료를 제공한다는 등의 사항이 명시되었다.[48] 제2차 세계대전 당시 포로가 된 자국 군인들이 학대당한 기억이 뚜렷했기 때문일까, 유엔군을 이끌던 미국은 포로에 대한 협약을 지키고자 꽤나 노력했다.

오죽하면 국군보다 포로들 밥이 더 좋다고 볼멘소리가 나올 정도였다. 다음은 1952년 포로와 국군의 식량 보급에 대한 백선엽의 회고다.[49]

당시 포로수용소는 유엔군이 운영을 책임지고 있었다. 따라서 포로수용소의 급식은 미국의 기준에 따르고 있었던 것이다. 전쟁을 수행하고 있던 국군은 그에 비하면 형편없는 식사만을 할 수밖에 없었다. 소금물에 몇 가닥 콩나물이 떠 있는 흉내만의 콩나물국, 잡곡이 잔뜩 섞여 있는 거무스레한 밥으로 끼니를 때우는 게 국군의 형편이었다. 포로들은 정기적으로 쇠고기나 돼지고기 등 육류에 생선은 물론이고, 당시로서는 구하기가 힘들었던 단맛이 나는 감미甘味 식품도 제공받고 있었다. 예삿일이 아니었다. 전선에서 열심히 싸우는 국군과 전쟁포로의 식사 수준이 정반대의 불균형을 이루고 있었던 것이었다.

미국의 지원이 군사 장비에 한정된 상황에서, 한국 스스로의 예산으로 식량을 해결하면서 빚어진 결과였다.[50] 포로에게 지급된 질 좋은 담요, 양말, 옷가지가 암암리에 부산 등지의 시장으로 흘러가기도 했다.[51] 인도적 대우 속에 자연스레 포로들의 목소리는 커졌고 행동은 과감해졌다. 폭동이 일어날 때면 경비대와의 충돌로 사상자가 발생했다. 심지어는 1952년 5월 7일, 경비병의 폭행과 수용소 내의 금품 수색을 금지해 달라는 포로들의 요구에 포로수용소장 프랜시스 돗드Francis T. Dodd 준장이 직접 대화를 하러 갔다가 납치된, 웃지 못할 사건도 벌어졌다.[52]

당시 거제포로수용소 경비대장을 맡았던 조흥만은 이렇게 기억했다.

공산 포로들은 미군이 인도적으로 대우해 주니까 의기양양해서 걸핏하면 우리 국군 경비병들에게 제네바협정을 내세우며 대들었어요.……공산 포로들의 폭동과 난동은 정말 목불인견이었어요. 대낮에 〈적기가〉를 부르며 대규모 시위를 벌이는가 하면, 밤에는 소위 인민재판을 열어 무수한 반공포로를 타살했어요.

같은 공간에 반공포로로 있던 한은송에 의하면, 공산포로가 자체적으로 만든 '해방동맹'이란 조직이 있었다고 한다.

해방동맹 밑에는 군사행동부·정치보위부와 행동결사대·민청·당 간부학교 등을 두고 모든 공산포로들을 이 조직 속에 묶어 놓았어요. 그러고는 모든 포로들이 북송을 희망하도록 공작을 편 거지요. 이때부터 수용소 안은 공산·반공포로 간에 피비린내 나는 대결장으로 변한 거예요. 그들은 자기네들 공작에 포섭되지 않은 반공포로들을 소위 반동으로 몰아 인민재판을 열고 마구 학살했습니다.

북한으로 돌아갈 생각이던 공산포로의 눈에, 자신은 돌아가지 않겠다고 선언한 반공포로는 배신자요, 제거해야 할 대상이었을 것이다. 인민재판으로 발생한 시체는 수용소 안 땅속에 묻거나, 가마니에 넣어 쓰레기로 반출했고, 사지를 찢어 변기통 속에 넣어 오물 제거 작업 때 내다버렸다고 한다. 반공포로도 가만히 있지 않았다. 곧 대항 조직이 결성되며 피비린내 나는 싸움이 이어졌다.[53] 결국 1952년 7월, 충돌 방지와 통제 강화를 위해 수용자를 타 지역으로 분산하는 조치가 내려진다.[54]

정전 직후 거제포로수용소는 폐쇄됐지만, 1954년 하반기까지 국방부가 관리했고 이후엔 사회부로 이관된다. 사회부는 이 수용소를 복귀하는 거제도 원주민의 정착 사업에 활용했다.[55] 허홍무의 부대는 국방부가 거제포로수용소를 관리했던 기간에 경비 임무를 맡았던 것으로 보인다.

'뒤지게' 팼던 그 시절 군대

"(거제도) 하루 일과가 어땠냐면 초소에서 쌀을 주면은 반합에다가 밥해서 먹고 초소마다 1개 분대씩 자꾸 교대했어. 고기가 너무 먹고 싶었어. 군대 밥 뻔하잖아. 거제도에는 산 사이 골에 논이 있었어. 초소에서 보면 꿩이 산에서 내려와서 논 층층대로 쫙 있었어. 그럼 맨 밑에서부터 살살 기어 올라가서 총 쐈어. 그때는 카빈총 말고 M1총만 있었지. 그걸로 쏘면은 껍데기만 남어, 총알이 회전해서. 7~8마리씩 잡아다가 뜯어 가지고 살 있는 대로 반합에다 끓여 가지고 먹었어. 반합이 사람마다 하나씩 다 있으니까. 거기에다 불 땔 때 가지고 반찬도 해 먹고. 야간에도 경비하고.

낮에도 경비했지만 그러면 야간에는 뒤지게 맞았어. 전후방 교대할 때 전방에 있던 사람들이 후방 군기 빠졌다고 뒤지게 팼어. 한 놈만 잘못하면 전부 다 불러다 놓고. 곡괭이 자루 가지고 소대 전원이 맞았어. 뼈 부서진 사람도 있었어. 그래서 도망 다니고. 거기서 3년을 했어."

허홍무는 왜 이리 '뒤지게' 맞아야 했을까. 기합氣合. 군대를 다녀왔다면 익숙한 말이다. 태권도 할 때처럼 순간적인 집중을 위해 지르는 소리를 뜻하기도 하지만, 단체 생활에서 잘못한 사람에게 고통을 가해 단련시킨다는 뜻도 지닌다. 후자의 의미는 보통 일제시기 일본군으로부터 기원한다고 본다.[56] 군국주의 속에서 극단적 상명하복을 강조한 일본군이 사용한 단어를 현대 한국 군대도 널리 쓰다니 한국군에 일본 군대문화가 얼마나 스몄는지 알 수 있는 대목이다.

가정이나 거리에서의 대화 가운데 흔히 들을 수 있는 말에 '기합'이란 유행어가 있다. 그 본고향을 더듬어 보면 일제의 유물로 군에서 나온 것 같다. 창군創軍 이래 미식美式 훈련을 받아 왔고 또한 미식 장비로 무장한 국군이 하필이면 '기합'을 주어야만 신병 훈련을 할 수 있으며 그래야만 강병强兵이 될 수 있다던 일제시대의 연병練兵 방식에서 아직도 완전히 탈피하지 못하였다는 것은 어찌된 셈인지 이해하기 곤란하다.[57]

1959년의 한 기사처럼, 구타와 폭언이 수반된 '기합'은 한국군 병영문화의 한 축이라 해도 과언이 아니었다. 1957년 입대한 한 서울대

생은 이렇게 얘기했다. "나는 잘못하면 맞아야 한다고 생각한다. 단체 생활이 제대로 되지 않는데도 안 때리고 좋은 말로만 한다는 것은 군대적 교육이 아니라고 본다."[58] 군대 내 폭력이 왜 성행하는지, 그 기저엔 어떤 사회적 인식이 있었는지 잘 드러난다.

훈련소에 입소한 순간부터 기합은 시작됐다. 1952년 빨치산 활동을 하다 붙잡힌 육철식은 전향 후 1958년 한국군 사병으로 입대했는데,[59] 그는 논산훈련소에서 겪은 경험을 이렇게 설명했다.[60]

국군 훈련소에 들어가 보니까 말이죠, 정말 한심한 생각이 듭디다. 세상에 이런 군대 가지고 어떻게 전쟁을 했나 싶어요. 매일 졸병이나 뚜드려 패고 밥 같은 것 갖다주면 중간에서 다 떼어먹고 말이지. 훔쳐 가 놓고는 잃어버린 사병한테는 잃어버렸다고 뚜드려 패서 돈 내면 도로 갖다주고. 참 기가 막힙디다. 국군 생활에서 뚜드려 패는 데 질렸어요.

부대 배치 후에는 더 심해지면 심해졌지 덜해지진 않았다. 1950년대 중·후반 신문에 보도된 몇몇 사례를 보자. 휴가를 나와 몸져누운 아버지를 대신해 농사일을 보다가 이틀 늦게 복귀한 이명철 상병이 며칠 후 사망한다. 소식을 듣고 망연자실한 부모는 이후 편지를 받는데, 같은 부대의 병사가 보낸 것이었다. 늦은 복귀를 이유로 김 모 하사로부터 심한 기합을 받았으며, 급식을 받지 못한 결과 사망했다는 내용이었다.[61]

부대 검열을 위한 비품 정비를 소홀히 했다는 이유로, 선임하사관 장상식 중사가 병사를 구타한 일도 있었다. 병사는 무려 전치 8주의 중상을 진단 받는다.[62] 어떻게 때리면 이 정도의 상처를 입힐 수 있는 지 의문이 들 정도다. 새로 전입한 병사의 '소변 보는 태도'가 맘에 들지 않는다며 선임병이 구타치사한 사건도 발생했다.[63]

또한 의무대대에 머물며 치료 받던 병사들은 부대에 돌아가지 않기 위해 군의관이나 의무병에게 돈을 찔러주거나, 처방한 약을 몰래 버리고 상처를 악화시키는 행태를 보이기까지 했다. 이도 저도 안 되면 끝내 자살을 택하는 병사도 있었다.[64]

장교도 기합에서 벗어날 수 없었다. 어느 첩보대 대장 김 모 대령은 무능하다는 이유로 보안과장 김연일 소령을 구타해 실신시켰다. 그것도 모자라, 쓰러진 그를 계속해서 구둣발로 걷어찼다. 결국 김연일 소령은 전치 4주를 진단 받는다. 전부터 반복된 기합에 지친 그는 군복을 벗을 각오로 결국 첩보대 대장을 고소해 세간의 이목을 끌었다.[65]

사실 이러한 사건들은 사회에 알려진 매우 드문 케이스다. 허홍무를 포함한 군인 대부분은 구타와 폭언을 고스란히 감내한 채 조용히 넘어갈 수밖에 없었다. 국가를 위해 자신을 희생하는 국방의 의무를 수행하는 사람이 맞을 게 두려워 도망다녀야 했다니, 참 씁쓸한 장면이다.

육군 차량 재생창 생활

"그거 딱 끝나고 나니까 부대가 부산 범일동으로 갔어, 군함 타고. 거기에 차량 재생창이 있었어. 전방에서 부서진 차를 부산으로 전부 실어다가 거기에 쌓아 놓고 재생할 거 재생하는 곳이었거든. 거기에다 배치하더라고. 그래도 거기서 경비할 때는 사람도 보고 토요일 일요일은 외출도 할 수 있었지. 사람들 구경도 하니까 좀 살 만했지."

전쟁 초, 미군은 GMC사의 군용트럭을 들여와 작전을 수행했다. 하지만 전쟁이 길어지고 한국군에게도 보급해 주다 보니, 수요는 느는 반면 숫자는 턱없이 부족해졌다. 이때 미군이 선택한 대체품이 바로 일본산 트럭이다. 일본은 이미 제2차 세계대전 시기부터 자체적으로 차량을 생산할 기술과 설비를 갖추고 있었다. 이를 활용해 보다 신속히 트럭을 공급하기로 한 것이다. 일본이 맞이한 전쟁 특수特需 중 하나였다. 1950년 말, 일제 트럭이 대량으로 유입됐다. 지휘관이 타는 지프는 미제였지만 운반용 트럭, 소형 화물 차량은 대부분 일제로 대체된다. 지금도 유명한 이스즈五十鈴, 닛산日産, 도요타豊田 제품이 주를 이뤘다.

문제는 이 차량들이 파손된 경우였다. 당시 한국은 차량을 고칠 여건이 안 됐다. 무엇보다 기술 인력이 부족했다. 번거롭지만 일일이 일본으로 보내야 했다. 그러나 언제까지고 이런 상황을 지켜볼 수만은 없었다. 빠르고 효율적으로 재생 차량을 현장에 투입하려면 한국이 직접 수리하는 방법밖엔 없었다. 한국 정부는 곧 차량 재생을 담당할 대규모 정비소 건립을 추진한다. 군용 차량을 관리하는 육군본부 병기감실, 이곳의 책임자 안동순 준장을 필두로 기술진을 일본 오파마追濱로 파견해 수리 기술을 배워 왔다. 오파마는 지금도 여러 자동차 공장이 위치한 일본의 자동차 산업 중심지다.

그렇게 탄생한 게 바로 203병기단, 육군 차량 재생창이다. 1952년 7월, 부품 수급이 용이하고 차량 적재장이 있는 부산항 부두 인근 서면에 설치되었다. 해체 공장, 기계 공장, 동력 전달장치 공장, 엔진 분해 공장 등 10여 개 공장으로 구성된 대규모 시설이었다. 현지 부대에서 수리가 불가능한 차량은 모두 부산 차량 재생창으로 모였다. 각 공장은 일명 유하流下식으로 운영되어, 컨베이어벨트를 따라 병사들이 붙어 제품을 조립·해체했다.[66]

미 극동사령부와 직접 교섭해서 1만분의 1밀리미터 정밀기계까지 들여다가 월간 생산 능력 완성 200대, 엔진재생 1,200 내지 2,000 대의 시설을 갖추었어요. 이래서 군 작전용 차량 4만여 대에 대한 완전한 교체 정비 능력을 갖춘 셈이었지요.[67]

차량 재생창의 창설 주역으로서 당시 병기차감을 지낸 황봉 대령의 평가다. 그런 만큼 차량 재생창은 군의 핵심 시설이었고, 자체 경비 대신 별도로 경비 부대를 동원해 경비를 맡겼다. 바로 허홍무의 제2 경비대였다.

전력산업의 핵심, 영월화력발전소 경비

"거기서 근무를 조금 하고 나니까 또 강원도 영월로 보내는 거야. 부산에는 7~8개월 정도 있었어. 그러고 나서 강원도 영월로 갔는데, 가니까 영월발전소였어, 화력발전소. 석탄을 때서 전기 생산하는 발전소였는데, 그거를 하도 북한 놈들이 갈취하려고 하는 바람에 경비를 안 하면 안 될 정도였어. 우리나라에 군인들이 많으니까 부대마다 보내 줘야 해서 우리가 경비를 했다구. 영월발전소 앞에 냇물이 있었어. 물이 맑으니까 개울에 큰 잉어가 돌아댕겼거든. 선임하사랑 소대장이 없을 때 취사병이랑 같이 거기에 총을 막 쏴서 둥둥 뜨는 것 갖다가 끓여 먹고 그랬어. 그렇게 거기서 근무를 조금 했지. 거기서는 5개월인가 있었어."

식민지를 거치며 한반도의 발전 시설은 38도선 이북에 편중되었다. 해방이 되었을 때, 남쪽은 사용 전력의 60퍼센트 이상을 북쪽에 의존했다. 험악해진 미·소 관계와 요금 지불 방식에 대한 갈등은 결국 '5·14 단전조치'로 이어졌다. 1948년 5월 14일을 기점으로 38도선 이남에 전력 공급을 중단한 것이다.[68] 남측도 미군정의 계획 아래 전력 생산을 증가시키고 있었지만, 당장 전력난에 시달릴 수밖에 없었다.[69] 생활필수품인 종이조차 전력 부족으로 생산 차질을 빚었다. 앞에서 다룬 신흥제지공장의 1949년 하반기 상황은 전력이 얼마나 달렸는지 보여 준다.

공장의 제지 능력은 매당每當 7톤인데 전력이 200킬로와트임으로 그 이상의 생산은 곤란한 것이다. 그런데 동 제지공장이 전 생산 능력을 발휘하려면 270킬로와트의 전력이 필요한 것이며 상공부 당국은 이에 협력하고 있다.[70]

38도선 이남의 몇 없는 발전 시설에 남한 사회의 존폐가 달려 있었다. 이때 큰 역할을 한 게 바로 영월화력발전소다. 1947년 11월 9일 자 《동아일보》 기사를 보면, 조선 전체의 전력량은 160만 킬로와트시다. 여기서 140만 킬로와트시가 북한에서 생산되고 불과 20만 킬로와트시만이 남한에서 생산되는데, 이는 4개의 수력발전소와 2개의 화력발전소에서 감당하는 양이었다. 가동현황을 정리하면 다음 표와 같다.[71]

남한의 발전소 가동현황(1947)

종류	발전소명	발전용량(kWh)	실제 발전량(kWh)
수력	청평발전소	44,000	강우량에 따라 20,000~32,000
	섬진강발전소	15,000	강우량에 따라 8,000~10,000
	운암발전소	6,400	5,000
	보성강발전소	3,400	강우량에 따라 2,500~3,100
화력	영월발전소	105,000	27,000
	당인리발전소	21,000	휴면

이처럼 영월발전소의 발전 능력은 하절기 청평발전소를 제외하면 가장 높았다. 화력으로 운영되기 때문에 계절과 상관없이 일정한 양의 전력을 생산한다는 장점도 가졌다.

일제시기, 발전소는 공장이 많은 한반도 북쪽에 주로 지어졌다. 하지만 한반도 남쪽 지역에도 여러 산업 시설이 있었고, 인구가 밀집되어 전력수요가 높은 만큼 남쪽을 위한 발전소도 필요했다. 총독부는 영월과 삼척에 묻힌 막대한 양의 석탄에 주목했다. 석탄 산지에 화력발전소를 짓는다면 높은 효율을 보이리라 판단했다. 그리고 1935년, 일본과 남조선 발전회사들의 출자로 대규모 화력발전소 건설이 결정된다. 본격적인 가동을 시작한 건 1937년이었다.[72] 발전소가 뿜어 내는 시꺼먼 연기로 영월 지역 담배 농가에 피해가 발생하고,[73] 당초 예상보다 석탄의 질이 떨어져 출력 부족 사태에 직면하긴 했지만,[74] 한반도 남쪽 지역의 전기 공급을 책임지는 중요한 존재로 부상했다.

그러나 전쟁의 소용돌이 속에 영월화력발전소는 심각한 피해를 입는다. 하다못해 미군의 발전함 3척에 전력을 의존해야 할 정도로[75] 다급했던 한국 정부는 재빨리 복구에 나섰지만 1953년 7월 현재, 발전기 5대 중 2대만 돌아가는 형편이었다.[76] 완전한 복구는 1963년이 되어서야 끝난다.[77] 허홍무의 부대는 이러한 국가 중요 시설, 영월화력발전소의 경비를 맡은 것이었다. 영월은 1950년대 중반까지도 무장한 빨치산이 활동하던 지역으로,[78] 이렇게 중요한 발전소가 태백산맥 어딘가에 있을지 모르는 '공비'들에게 공격 받으면 안 될 일이었다. 그는 발전소가 가동 중이었다고 기억하는데 아마도 한쪽에서는 한창 복구가 진행되고 있었을 것이다. 지금 이곳은 LNG 발전소로 운영 중이다.

46개월 만의 제대

"영월에서 바로 갔는지 알쏭달쏭한데, 다시 부산으로 갔다가 성환으로 간 것 같애. 평택 밑에 성환. 성환은 탄약고였어. 포탄, 총탄 쌓아 놓은 탄약고. 전방부대에서 수령해 가는 거지. 거기 있는 부대는 탄약 관리를 맡았고, 우리는 거기를 경비하는 거야. 내가 만 4년 했어. 성환에서 제대했다고. 입대할 때 기한이란 게 없었어. 그때는 나라가 혼란했잖어. 이게 언제 끝날는지 몰랐지. 군 생활 하다 보니까 성환에 있을 때 제대 통보를 해 주더라고."

허홍무의 마지막 근무지는 충청남도 성환이었다. 그곳에서 탄약고 경비를 보다가 1958년 5월 30일에 제대한다. 46개월의 길고 긴 군 생활이었다. 〈거주표〉를 보면 허홍무는 1954년에 일등병으로, 1955년 12월 1일 하사로, 1957년 10월 1일 병장으로 진급했다. 뜬금없이 웬 하사냐고? 이때는 하사가 부사관이 아닌 병사 계급이었다. 1957년 초, '병진급령' 개정으로 이등병→일등병→하사였던 병사 진급체계가 이등병→일등병→상등병→병장으로 변경된다. 이러한 까닭으로 허홍무는 하사가 아닌 병장으로 제대한다.

그런데 제대 기한이 없었다니? 입대 첫날부터 남은 날짜를 계산했던 나로서는 이게 무슨 말인가 싶었다. 하지만 허홍무는 말 그대로 제대 자체가 없었다. 전쟁 발발 시점부터 입대한 모든 장병은 '병역법'의 전시하 복무 기간 연장 조항에 의거, 복무 기간이 무한대로 연기되었기 때문이다. 부상을 당했거나 특별한 사정이 생기지 않는 이상 제대는 없었다. 70여 만 대군은 그렇게 제대 없이 입대만으로 쌓아 올린 것이었다. 제대일이 결정되지 않았으니 남은 날짜를 계산할 수 있는 사람은 아무도 없었다.

그러나 정전협정이 체결되면서, 계속해서 병사 숫자를 늘리긴 어려웠다. '한미합의의사록'의 조인으로 미국이 한국군에 줄 군사원조에도 한계가 있었고, 무엇보다 많게는 5년이 넘어가는 복무 기간으로 병사들의 피로가 상당히 누적된 상태였다. 이에 따라 군의 목표는 제대시킬 병력은 어서 보내고, 동시에 새로운 인원을 입대시켜 병력을 유지하는 것으로 바뀐다. 그러나 문제가 있었다. 제대 대상자는 너무 많은 반면, 보충할 수 있는 병력은 적었다. 갑자기 몇십만 명을 제대시키고 같은 숫자를 일거에 훈련시켜 보충할 수는 없는 노릇이었다.

1954년 3월, 국방부는 우선 병사 제대 방침을 발표한다. ① 연로자 제대: 군복무 2년 이상, 만 35세 이상 자(1918년 9월 1일 이전 출생자), ② 만기제대: 군복무 만3년 이상자로 고참 순으로 제대, ③ 의가사依家事 제대: 군복무 2년 이상, 계급 일등중사 이하로 자신에게 가족의 생계유지가 달려 있는 자.[79] 만기 3년은 육군을 기준으로 법정 현역 복무 기간 2년에 전쟁으로 인한 1년 연장으로 생긴 것이다. 그런데 ①과 ②는 눈에 띄는 단서가 붙는다. 희망자에 한해서. 제대를 희망하지 않는 사람은 직업군인으로 남았다. 의가사 제대자는 군과 각 지자체에서 직접 집안 사정을 조사해 결정했다.

1954년 4월 1일부터 본격적인 제대가 시작됐다. 하지만 예상대로 더딜 수밖에 없었다. 2년이 지난 1956년 7월, 아직도 5년 이상 복무자가 존재하고 있었다.[80] 이해 말 김용우 국방부 장관은 "명년 8월 말일까지 3년 이상 복무한 장병을 제대할 계획을 세우고 있다"며 호언장

담했지만,[81] 1957년 6월 현재, 3년도 아닌 3년 반 이상 복무한 사병의 숫자는 여전히 10만 명에 달했다.[82]

당연히 왜 이리 제대가 느리냐는 불만이 속출했고 여론은 악화됐다. 이에 국회가 움직인다. 아예 제대를 법적으로 강제하겠다는 것이었다. 1957년 8월 15일 공포된 개정 '병역법'은 아무리 '전시 또는 사변 중'이더라도 복무 기간 연장은 1년을 초과할 수 없으며, 이미 복무 연한이 초과된 자는 법 시행 1년 이내에 무조건 전역시켜야 한다고 못 박았다. 1954년 7월 12일 입대한 허홍무도 1957년 7월 12일부터는 만기제대 대상자에 포함됐다.

다급해진 군은 하루 훈련소 입소 인원 600명을 800명으로 늘리는 한편, 직업군인을 확보하려고 노력했지만 역부족이었다.[83] 1957년 말까지 4년 1개월 복무자가, 그리고 1958년 4월에는 3년 8개월 복무자가 제대할 수 있었다.[84] 1958년 5월 30일, 3년 10개월 복무자 허홍무도 제대한다. 그렇지만 아직도 더뎠다. 법정 시한이 2개월밖에 남지 않았지만, 아직도 제대 대상자는 4만 8,000명이나 되었다.[85]

법은 지켜야 하는데, 지킬 수 없는 딜레마에 빠진 국방부는 고심 끝에 편법을 쓰기로 한다. 아래는 1958년 8월 7일, 국방부 차관의 발표다.

다소 입법 정신과 위반되고 있으나 병역법에 의거하여 3년간이란 복무연한을 마친 사병은 병역법 제32조 규정에 의하여 재소집 형식으로써 계속 복무케 할 것을 구상 중에 있다.[86]

법에 따라 제대시키되, 곧바로 법에 따라 예비역이 된 이들을 소집

하겠다는 말이었다. 그렇게 3년 이상 복무자 4만여 명은 8월 14일 일제히 제대했지만, 그 자리에서 예비역 신분으로 4개월간 소집된다.[87] 1958년 말이 되어서야 3년 이상의 장기 복무자들은 모두 집으로 돌아갈 수 있었다.

3

그 시절의 연애와 결혼

문현선 철길 옆, 연탄집 아가씨

"부산 차량 재생창에 있을 때, 사귀던 여자가 있었어. 편지를 부치러 갔다가 만났어. 집에 편지를 해야 되는데, 쫄병이 편지를 부치려니까 제대로 할 줄 몰라서, 처음이라 길도 모르는데 외출증은 끊어 가지고 나갔지. 편지를 다섯 장을 써서 집에 부치려고 부대 친구들하고 걸어가는데, 가다 보니까 철길이 있었어. 그게 무슨 철길이냐면은, 부산진에서 동네 사이로 가는 간이철도였지. 철도 가에 있는 집에 연탄 찍는 데가 있었어. 옛날에는 연탄을 찍었잖아. 사람이 탄가루를 퍼 넣어 찍어서 떼어 가지고 말려서 연탄을 만들었어. 그런 집이 있는데, 그 집에 우체통이 붙었더라고, 길가에. 들어가서 우표 좀 달라고 하니깐 그 아가씨가 나온 거야. 그렇게 해서 우표를 붙였어. 근데 보니까 괜찮더라고. 이름이 김영자였나 그랬어. 내가 우표를 달라고 하고서 자꾸만 쳐다보니까 저도 자꾸 쳐다보더라고. 그러다가 눈이 마주친 거야. 그날은 그렇게만 하고 갔어."

지도에서 부산의 1호선 좌천역을 찾아보자. 좌천역 동쪽을 보면 자성로 지하도를 찾을 수 있다. 이곳에서 북동쪽으로 뻗은 길이 보이는가? 성남초등학교와 부산진시장 서쪽을 따라 뻗어 있다. 신기하게도 건물들 사이에 얇은 곡선을 그려 놓은 듯 길이 계속된다. 길은 범일역에서 오른쪽으로 꺾더니 동천을 지나 문현역까지 닿는다. 왜 이런 신기한 길이 있는 걸까? 바로 이곳이 예전에는 철로였기 때문이다. 이름은 문현선門峴線. 부산역에서 시작한 철로가 자성로 지하도에서 나뉘어 이 길을 따라 이어졌다. 허홍무가 "부산진에서 동네 사이로 가는 간이철도"라고 얘기한 그 철로다. 정식으로 운영된 노선이지만, 지도에서도 보이듯 좌우로 건물이 너무 가까이 붙어 있어 허홍무에겐 간이철도로 인식된 것 같다.

문현선은 일제시기에 이뤄진 부산 개발의 유산이었다. 일제의 대륙 진출 관문으로, 부산의 물동량은 날이 갈수록 급증했다. 이는 매립을 동반한 부산항의 확대로 이어졌고 여러 부두가 새롭게 생겨났다. 이곳에 내려진 화물을 내륙으로 이송하려면 먼저 부산역까지 옮겨야 했다. 철도를 통해서였다. 여기에 서면 일대에 세워진 공장들의 요구와, 군수품의 이동을 고려한 일본군의 요구가 더해져 문현선의 노선이 결정되었다. 중간엔 조선방직과 같은 거대 공장을 위한 선로도 가지처럼 뻗어 있었다. 당시 이름은 '임항臨港철도.' 1941년 12월 1일, 운행을 시작했다.[88] 1972년까지 철로가 이용됐으니,[89] 허홍무는 좁은 길을 따라 열차가 움직이는 모습을 볼 수 있었을 것이다.

그 시절, 철로 근처에 살던 사람들의 생계수단은 연탄을 찍어 판매하는 것이었다. 1950년대 중반 부산으로 이주해, 1960년대 초부터 매축지 마을에 살아온 이임례는 "주민들은 주로 어떤 일을 하며 생계를 유지했나요?"라는 질문에 아래와 같이 답한다. 참고로 매축지 마을은 자성로 지하도 바로 남쪽에 위치한 마을로, 매립지 위에 생겼다는 뜻에서 마을 이름이 유래했다.

그때는 여기 오니까 전부 여기는 뭐,……연탄 가게로 산처럼 같이 묻어 놔 놓고 차로 실어 가고 기차로 실어 가고 그랬거든. 그러면 사서 와서 팔아먹고 그러고 살고 했갑네요. 연탄 가루 그런 거 가져 나와서 팔아먹었는데 그걸 훔쳤나 어쨌나 그런 장사 했다는 소릴 들었어요.[90]

1953년 6월 정부는 서울, 부산 등 주요 도시에 장작 반입을 금지하는 동시에 무연탄 사용을 장려하기 시작했다. 전쟁으로 황폐해진 숲을 보호하고, 전후 복구를 위한 나무 자재 확보가 목적이었다.[91] 이러한 흐름 속에 연탄 수요가 크게 늘었고, 더불어 연탄 제조로 먹고사는 사람도 증가했다. 무연탄을 가루 내 반죽으로 만들고 틀에 찍기만 하면 됐으니 진입 장벽도 그리 높지 않았다. 삼척에 막대한 양의 무연탄이 묻혀 있으니 공급도 원활했다.[92] 이임례의 마을 사람들도 어디선가 무연탄 가루를 떼와 집에서 직접 연탄을 찍어 팔았던 것 같다. 허홍무가 우표를 산 집도 마찬가지고 말이다. 그는 그 집에서 아가씨를 만났고, 첫눈에 반했다.

연탄 빼돌리기로 마음을 얻다

"그 당시 내가 보급을 담당해서 차 가지고 연료를 받았어. 그때는 분진 연탄 가루를 타다가 개어서 난로 때고 했거든. 근데 이제 장부를 보니까 연탄이 많더라구, 안 탄 게. 야, 이거 기회구나, 생각했지. 연탄을 타러 가면은, 얼마를 딱 실어 주면 전표 끊어 주고 오거든. 그럼 내가 재고에서 털어서 숫자를 확인했어.

하루는 편지를 써 가지고 또 부치러 갔지. 가니까 남자가 연탄을 찍고 있더라고. 여자 오빠였어. 나는 아버지인 줄 알았는데, 남자는 찍어서 널고, 옆의 부인은 앞에 쌓고. 쌓아 놓은 건 싣고 가고 하는 거를 내가 한참 봤어. 근데 우표를 사 가지고 부쳤더니 음료수를 주면서, '아이고, 여기 군대 와서 고생 많다'고 하면서 얘기를 하더라고. 경상도 사람들이 아주 화끈하잖아. 할 말 확 하고.

보니까 동정심이 생기더라고. 내가 운반하는 것도 연탄이고 말이야. 그때는 군에서 슬쩍 하는 거는 얼마든지 할 수 있었어. 군에서도 그런 걸 별로 안 따지고, 게다가 우리 부대는 이동을 자주 하니까 더 안 따졌었어. 보급 타다가 사용하고 남으면 알아서 썼어.

그래서 내가 물어 봤지, 옆에 있는 사람이 누구냐고. 오빠냐고 하니까 그렇다고 하더라고. 오빠가 저렇게 연탄 찍어서 생활한다고. 그러니까 동정심이 더 생기더라고. 내 머릿속에는 연탄 재고가 이렇게 쌓여 있고. 하하. 그래서 부대에 가서 부하한테 '야, 너 내가 할 일이 있으니까 트럭 좀 끌고 나와' 해 가지고 연탄을 트럭 가득 싣고 그 집 문 앞에다 두고 와 버렸어.

집에서는 누가 갔다 놨는지도 몰랐지. 다시 가니까 그대로 있더라고. 쓰지도 않고. 자기네가 사 온 것만 하고. 내가 이걸 살펴보려고 지나가면서 쓱 한번 봤어. 그대로 있는 거야. 그래 가지고 편지를 써서 또 갔지. 가서 얘기를 쫙 했어, 내가. 거기서 점수를 땄잖아, 인저. 허허. 부대에서 연탄이 좀 남아서 내가 차로 실어다 놨다고 얘기했지. 그렇게만 아시라고 했더니 여자가 자기 오빠한테 얘기하고 식구들도 모두 다 알게 된 거야. 그 이후로 내가 일부러 편지를 자주 썼어, 그런 재미로."

사랑은 용기 있는 자의 특권이라지만 허홍무의 행동은 무모했다. 군용물자를 개인 목적으로 사용한, 엄연한 횡령이기 때문이다. 그 배경엔 "그런 걸 별로 안 따지"는 당대의 군대문화가 있었다. 한국군은 보급체계가 제대로 자리 잡기도 전에 전쟁을 치렀고, 해외의 막대한 물자가 유입되면서 주인의식을 경험하기 어려웠다. 그러는 사이, 국가 소유의 '눈먼 군수품'을 활용해 한몫 잡아 보려는 풍조가 널리 퍼졌다.

1950년 10월에 입대해 헌병대 소속으로 거제포로수용소에서 근무했던 고기원의 경험을 보자. 그는 전시 중인데도 부대에서 수시로 병사들을 외출 보냈다고 얘기한다. 그 병사 몫으로 나온 부식을 부대 지휘관이 가져가기 위해서였다. 부대원이 먹을 쌀 일부를 빼 두는 일도 많았다. 부대장이 보급 담당 병사에게 지시만 내리면 끝이었다. "그때 못 빼먹을 게 있어?" 당시 분위기를 대변하는 그의 한마디다.[93]

한번 굳어진 관행은 전쟁 후에도 계속됐다. 부산에 있을 때 보급계에 근무한, 일개 사병 허홍무가 부대 내 남은 연탄을 가져다 마음대로 쓸 정도였으니. 1950년대 중후반, 특히 항구나 철도로 엄청난 양의 물자가 오고 가고, 각종 공장과 차량 재생창과 같은 군기관이 밀집된 부산은 군용물자 횡령이 빈번했다. 민간인과 결탁해 1,000여 가마니의 군량미를 암거래하거나,[94] 군용 종이,[95] 군용 피복,[96] 리놀륨 장판지,[97] 타이어[98] 같은 물자를 빼돌려 팔아치우는 건 예사였다. 한 공병기지창 중대장이 군용 목재를 15개 화차貨車에 실어 옮긴 뒤 부산형무소에서 제재 작업을 거쳐 전국의 목재 상인에게 팔아넘긴 대담한 사건도 있었다. 자유당 관계자와 당기관지 〈자유시보〉 간부, 이를 눈감아 준 육군 수사기관, 부산철도국이 관여한 조직적 범죄였다.[99] 사실 이러한 현상은 부산뿐 아니라 전군에 만연했다.

이즈음 군기의 문란을 증명하는 여러 가지 범죄와 불상사가 접종하여 일어나, 군인에 대한 국민 일반의 감정을 악화하고 국군의 위신을 내외에 떨어뜨리고 있다.……그것은 결국 군기가 일반적으로 해이되었다 함을 말하는 것이라 할 수 있을 것이다.[100]

위의 1957년 5월 10일 자 《동아일보》 사설은 당시 군에 대한 인식이 얼마나 나빠졌는지 보여 준다. 1958년에는 불타는 여론에 기름을 끼얹은 소위 '탈모 비누 사건'이 발생한다. 정부가 군납물자의 국산화를 추진하면서 국내업체에 비누를 구입해 장병에게 보급했는데, 약 3,000명의 장병이 머리가 빠지고 피부가 아리는 피해를 호소했다. 알고 보니, 비누 주성분인 우지牛脂는 적게, 피부를 자극하는 탄산나트륨이 과하게 들어 있는 불량제품이었다. 그리고 이런 저질 비누가 군납될 수 있도록 정부 인사와 군납 관계자에게 금품이 건네진 사실이 드러났다. 국회에 조사반이 꾸려질 정도로 파장을 일으킨 사건이었다.[101]

더 이상 여론의 압력을 버틸 수 없던 군은 과감한 조치를 취한다. 숙군肅軍 카드를 꺼내 든 것이다. 1959년, 송요찬 육군참모총장은 "이렇게 군 자체에서 자가 숙청을 하게 된 것은 가슴 아픈 일이나 정군整軍을 위해서는 부득이하다"라고 언급했다.[102] 3명의 장군, 제1관구사령관 임선하 소장, 제3관구사령관 이형석 소장, 전 제11사단장 이춘경 준장의 예편을 시작으로,[103] 군수물자 부정에 연루된 장교 550명을 전역시켰다.[104] 그러나 처벌 없이 전역에 그친 반쪽짜리 조치였으니 얼마나 효과가 있었는지 의문이다. 그리고 2년 뒤, 제6관구사령관, 제1군관구사령관 등을 역임한 제2야전군 부사령관 박정희의 주도로 5·16 군사쿠데타가 발생하며 군은 함부로 비판할 수 없는 대상이 된다.

서면 로터리에서의 영화 구경

"그렇게 알게 돼서 내가 다음 주에 쉬는 날이니까 영화 구경 가자고 했더니, 그러자고 하더라고. 서면에 어디 무슨 극장인가 있대서 서면 로터리 옆에서 만나기로 약속했어. 나는 부대에서 나와서 거기로 혼자 갔는데, 그 여자가 조카를 데려와서 가운데다 놓고 영화를 보는 거야. 만날 적마다 데리고 나왔어. 하하하하. 입장권 사서 번호 있는 자리에 앉았지. 시간 되면 영화 나오구."

연탄으로 그녀에게 점수를 딴 허홍무는 데이트 기회를 얻는다. 장소는 영화관. 1950년대 중·후반, 서면 로터리 근처엔 두 개의 극장이 있었다. 1947년 개관한 북성극장과 1957년 개관한 동보극장이다. 북성극장은 서면 로터리와 붙어 있고, 동보극장은 로터리에서 200미터 가량 떨어져 있었다.[105] 둘 중 하나일 텐데, 북성극장이 아닐까 싶다.

허홍무가 영화를 보러간 시점은 1955년 말 이후가 분명하다. 어떻게 알 수 있냐고? 그가 '번호 있는 자리'라고 얘기한 덕분이다. 1955년까지 극장주들은 수용 가능 인원보다 훨씬 많은 관객을 입장시켰다. 기다란 의자에 여러 명이 끼여 앉거나 빈 공간에 서서 보는 식이었다.[106] 그러다 보니 관객의 관람 불편뿐 아니라, 좁은 공간에 많은 사람이 밀집되어 발생하는 안전·위생 문제가 제기되었다. 보건부가 직접 나서 소위 '일류 극장'의 위생 상태를 조사해 보니 세균 수가 표준보다 5~6배를 초과한다는 결과도 발표됐다.[107]

극장주들은 이유가 있다고 항변했다. 무료 입장자들이 너무 많다는 것이었다. 많게는 40퍼센트에 달하는 무료 입장자 때문에 수익 악화를 막으려면 더 많은 관객을 받을 수밖에 없다는 입장이었다.[108] 세무기관, 기자, 경찰, 헌병, 특무대와 같은 권력기관에서 일하는 사람들이 큰 비중을 차지했다.[109] 지금처럼 즐길 거리가 많지 않은 시대였다. 사람들의 생활에 영화가 주는 파급력은 매우 컸고 사회에서 민감히 여기는 주제가 될 수밖에 없었다.

관객은 물론, 극장주들까지 불만을 드러내며 해결될 기미가 안 보이자 1955년 11월, 이승만 정부는 대책을 내놓는다. 당장 12월 1일부터 무료 입장을 금지하며, 극장 내 혼잡을 막기 위해 지정된 좌석에 앉아서 영화를 보는 '지정좌석제', 영화가 끝나면 관객을 모두 내보내고 다음 영화 상영 시 다시 채우는 '교대제'를 실시한다는 방침이었다.[110] 오늘날 우리가 경험하는 영화 관람 방식의 시작이다. 허홍무는 이 제도가 적용된 극장에서 영화를 보았던 것이다.

그렇지만 이 대책으로 많은 국군장병의 반발을 샀다. 그동안 극장들이 군인을 우대해 무료 입장을 시켜 주거나 저렴한 가격에 입장권을 판매해 왔는데, 위의 조치로 원래의 입장권 가격으로 다른 일반인과 똑같이 구매하게 된 것이다. '군인M생'이란 필명의 한 군인은 신문에 이렇게 기고했다.[111]

> 문명이니 선진이니 하여 타 국가의 좋은 미점美點을 채용하는 것은 좋으나, 그 결과가 얼토당토않은 방면으로 오도誤導되는 수가 수두룩한 것이 바로 우리나라의 특징의 하나이다.……즉 군인들이 입장료를 일반인 입장료와 동일한 금액으로 징수하는 일대 영단을 내렸는데 이것은 당국자와 극장 경영주들의 인식 부족이 아닌가 생각된다. 왜냐하면 이로 말미암아 전연 문화의 혜택을 받지 못하게 되는 것은 국가의 안위를 쌍견雙肩에 지고 아름다운 '청춘'을 매일매일 군무에 바쳐야 하는 하급 군인들일 것이기 때문이다. 일주일에 하루 몇 시간의 여유를 얻어 외출이 허가되는 경우에 군인은 극장을 유일한 위안소로 삼는 수가 많다.

정말 뜨거운 분노가 느껴지는 글이다. 불과 몇백 환을 월급으로 받는 병사들에게 거의 월급과 맞먹는 극장 입장료는 매우 큰 부담이었다. 그러나 이후에 종종 무료 입장을 거절당한 군인들에 의한 폭행 사건이 신문에 보도되는 걸 보면 정부는 이에 대해 별다른 조치를 취하진 않은 것 같다.[112]

불발로 끝난 연애결혼의 꿈

"그 여자하고는 이야기만 하고 손도 제대로 못 잡았어. 그런 일이 있었는데 괜찮다고 이야기하니까 오빠도 알게 되었고 식구들이 다 의견이 통합이 돼 버렸어. 그러더니 이제 결혼 문제까지 나왔어. 결혼을 어떻게 하냐는 얘기까지 나왔을 때 내가 휴가를 받아서 집에 가게 된 거야.

그때 집에서도 결혼 문제가 왔다 갔다 했어. 아버지는 이웃 동네 아가씨 얘기를 했고. 막 우기는 거야, 날짜를 정해야겠다고. 왜 그러시나 봤더니 아버지가 술 한잔 잡숫구서 약속을 하셨다는 거지. 이웃 동네 사람이랑 어울려 술도 먹고 했는데, 술김에 이 얘기, 저 얘기 다 해 버린 거야. 사돈 맺자고. 여자 집안은 첫째 작은아버지가 동네 이장이었고, 둘째 작은아버지가 예산군에 우체국 국장이었고, 장인어른이 꽤 잘살았어. 예산 사람인데 아산군 신창면 기차역전 근처로 예산에서 따로 이사를 왔어. 우리 옆동네로 이사를 온 거지. 그 바람에 연결이 된 거야, 아버지들끼리. 날짜 정해서 결혼식을 하자고 자꾸 서둘고.

부산에서 결혼하려고 나도 생각하고 집에 가면, 옆동네에 아가씨가 있으니까 결혼식을 해야 한다고 그러고. 부산에서는 상면 얘기도 나오고. 이 집에서는 내가 맘에 드니까 막 서두르는 거야.

근데 제대하고 집에 가니까 날짜를 딱 정하자는 거야. 내가 어떻게 했겠어. 도망갔잖아, 부산으로. 하하하하. 기차 타고 부산으로 갔어. 제대하고 집에 한 달 있다가 도저히 있을 수가 없어서. 부산에서 결혼해야지, 여기 색시 얼굴도 못 봤는데, 무조건 날짜 정해서 결혼하자니까 내가 마음이 영 좋질 않잖아. 부산에서는 손은 못 잡았어도 얼굴은 봤으니까. 하하. 안 되겠다, 가서 오지 말아야지, 결심하고 갔는데 마음이 허락이 안 되는 거야. 옛날에는 양반 상놈 이런 삶을 살았던 세대이기 때문에 나쁜 일은 하지 않는 것이 원칙이었고, 불효라는 것은 절대 금했어.

근데 부산에서 생각하니까, 내가 이렇게 부산에서 결혼하면 불효고, 부산을 떼어 버리면 불효가 아니다 싶은 거야. 부모 의사대로 따르는 거니까. 부산에서 견디다 못해 불효하면 안 되겠다 싶어 집으로 갔어. 가니까 내가 얼굴도 안 봤는데, 결혼 날짜를 벌써 정한 거야. 내가 얼마나 화딱지가 나는지.”

1950~1960년대, 오랜 세월 지켜 온 전통과 새로 유입된 서양문화가 충돌하는 가운데 한국인의 결혼관은 부모가 결혼 상대를 정해 주는 정혼定婚에서 연애결혼으로 한창 변화 중이었다. 1958년 7월부터 1년간 서울대와 이화여대가 서울 시내 300가구를 대상으로 설문한 결과를 보면, 응답자의 62퍼센트가 부모의 결정에 의해 결혼했지만 자녀가 결혼할 때는 적어도 자녀의 의사를 확인하겠다고 답했다.[113] 정혼과 연애결혼을 절충해, 중매인에게 먼저 결혼 상대를 소개받은 뒤 사귀어 보고 뜻이 맞으면 결혼하는 ‘중매 연애’라는 새로운 풍조도 등장했다.[114]

결혼이나 연애는 아직도 과도기다. 그것은 한 개인이나 한 여성의 힘으로 어쩔 수 없는 문제이기도 하다. 많은 세월을 두고 건전하고 정당하게 사귀어 가는 동안에 서로가 이해하고 사랑하고 결혼을 하는 것이 이상적이라면 우리 사회는 아직 그러한 터전을 마련해 주지도 못하고 옛날 관념에서 벗어나지도 못하고 있는 것이다.

1960년 8월 13일 자 경기여자중고등학교장 박은혜의 칼럼도 그러한 변화상을 잘 보여 준다.[115]

농촌의 변화는 훨씬 더뎠다. 허홍무의 나이 24세. 조혼이라 할 정도로 이른 나이는 아니었으나, 부모가 자녀의 혼사에 절대적 영향력을 행사하는 관습은 그대로 유지됐다. 군복무 과정에서 도시 생활도 해 보고 다양한 사람과 교류하며 세상의 변화를 체감한 그였다. 자신의 감정을 따라 연애라는 것도 해 봤다. 마침 상대 가족도 허홍무를 사윗감으로 여기던 터였다.

안타깝게도 아버지 허용은 아들의 의견을 물어볼 생각이 없었다. 부모가 결혼 상대를 정해 주는 정혼은, 자신도 그랬고 자신의 아버지도 그랬듯 '당연한 것'이었다. 그저 예전부터 하던 대로 할 뿐이었다. 예산의 유지 집안과 사돈이 되어 몰락한 가문의 위세를 회복할 생각도 있었을 것이다. 아버지의 말씀을 따라 오랜 세월 지켜 온 관습인 정혼을 할 것이냐, 내 마음을 따라 연애결혼을 할 것이냐. 인생의 갈림길에서 허홍무는 선택을 해야 했다. 얼마나 괴로웠던지 그는 부산까지 도망가며 반항했다. 그렇지만 "양반 상놈 이런 삶을 살았던 세대"인 허홍무는 아버지의 말을 차마 거역할 수 없었다. 아무리 생각해도 불효는 양반의 도리에 어긋나는 너무나도 큰 죄였다. 그는 끝내 집으로 돌아와 아버지의 결정을 받아들였다.

청계천변에서의 데이트

"너희 할머니는 당시에 서울에서 직장 생활을 하고 있었어. 만나는 장소가 어디냐 하니까 아버지가 서울로 정한 거야. 할머니는 무슨 제약회사인가를 다니고 있었어. 서울역에서 만나기로 해서 그 자리에 가니까, 나와서 나보고 묻더라고. 그렇게 만났어. 첫인상이 별로였어. 처음 만났으니까 의사소통도 잘 안 되었고, 대화를 좀 해 보니 생각하는 점도 다른 것 같고. 서로 얼굴만 쳐다보고 있는 거야. 고개를 푹 수그렸다가 얼굴만 쳐다봤다가, 무슨 일 하냐 묻고 말이야. 묻는 대로 대답만 했어. 이런 결혼이 어딨냐 싶었지. 지금 같으면 깽판을 쳤겠지. 하하. 그때 한창 중절모자가 유행이었어. 그거하나 쓰고 신사복 아주 엉터리로 입고 서울에 왔는데, 눈이 펑펑 쏟아졌거든. 어디로 걸었느냐면은, 지금은 복개된 청계천으로 갔어. 그때는 엉망이었어. 개천이 흐르고 시골 다리 같은 게 있었어. 집도 초가집이었고. 시골 장터처럼 그렇게 돼 있을 때야, 그때가. 눈은 펑펑 오고 저녁 때가 되어서 밥을 사 먹고 나서 여관에 갔어. 그러고서 따로따로 이불 피고 잤어. 그리고 자고 났지."

눈이 펑펑 내리는 1958년 겨울 어느 날, 허흥무는 제약회사를 다니던 여자와 서울역에서 만났다. 아버지 허용이 정해 둔 약속이었다. 여자가 다녔던 제약회사의 이름은 현재로선 확인할 길이 없다. 1958년 여름, 보건사회부에서 서울 시내 130개 제약회사의 시설을 점검했다고 하는데,[116] 여자가 다녔던 제약회사는 그중 하나였을 것이다.

서울역에서 만난 둘은 청계천으로 향했다. 얼마나 어색했는지 서로 묻는 말에만 답할 뿐이었다. 1950년대의 삶을 회고하는 어떤 이가 "1950년대 후반에는 양복과 중절모가 유행했는데, 대부분 직장인들은 양복점에서 12개월 할부로 양복과 모자를 구입했다"라며 중절모는 당시 최고 멋쟁이들이 썼던 것이라고 한 걸 보면,[117] 허홍무는 그래도 나름 신경 써 차려입고 나갔다고 할 수 있다.

　　1958년 12월, 청계천은 한창 복개를 위해 '덮개 공사' 중이었다니,[118] 둘은 걸으며 공사 장면도 보지 않았을까 싶다. 사실 청계천은 그리 쾌적한 데이트 공간이 아니었다. "인체의 배설물인 인분이 하루에 1천여 석이나 서울 시내의 길거리 및 포장 없는 하수도를 거쳐 시내 한복판인 청계천으로 흘러내리고 있다"거나,[119] 청계천 양편에 자리 잡은 무허가 판자 점포 철거 문제로 당국과 시장 상인들의 대립이 이어지고 있었다.[120] 첫인상도 별로인 사람과 지저분한 청계천을 따라 걷는 허홍무의 심정은 복잡했다. 오래전에 돌아가신 할머니의 이야긴 들어 본 적 없지만, 갑자기 결혼이 결정된 건 할머니에게도 마찬가지였으니 그 심정도 별반 다르지 않았으리라.

1959년 봄의 '구식 혼례'

"아침에 여관에서 나와서 나는 시골로 왔는데 양가에서 야단이 난 거야. 내가 결정을 내려야 하는 판이었어. 아버지는 당연히 결혼하는 걸로 결론을 내어 버렸고, 근데 내 맘이 자꾸 멀어지는 거야. 부산 생각만 나고. 그래도 불효하면 안 된다는 생각으로 정해진 날짜에 결혼식을 했어.

옛날에는 결혼식 때 가마를 탔어. 가마 타고 가면은 동네 청년들이 편지봉투지에다가 재 가루를 잔뜩 넣어 가지고 던지는 거여. 잡귀 따라오지 말라고. 가마 타고 가면 가마 창문 열어 놓은 데 재 봉지를 막 던지는 거야. 그럼 재투성이가 되잖아. 재를 흠뻑 뒤집어쓰고 오면 재 털고 들어가서 혼례를 한다고. 상 차려 놓고, 양쪽에 신랑 신부 서고, 닭 같은 거 갖다 놓고 해서 양쪽 집안들이 와 가지고 술 한 잔 따르고 절하면 끝났어. 그 결혼식을 아버지가 정한 옆동네 너희 할머니 집에서 한 거야.

내가 우리집 장손이고 집안 뼈대가 있는데, 지금은 암만 못살아도 불효는 하면 안 된다는 게 내 신조였어. 그 바람에 결혼식을 올렸지. 그리고 서울에 같이 왔지. 결혼하자마자 서울 올라와서 연줄연줄 아는 사람 통해서 꽃가게를 했지."

"결혼을 앞둔 청년입니다. 결혼식을 거행하는데 저는 신식을 원하고 여자 측 부모는 구식을 주장하니 어찌하면 좋을까요?" 1955년 3월 30일, 한 신문의 질의응답 코너에 올라온 질문이다.[121]

여기서 보듯, 당시 행해진 결혼식 방법은 두 가지로 나뉜다. 구식 혼례와 신식 혼례다. 구식 혼례는 조선시대부터 내려온 고유의 결혼 방식을 뜻하고, 신식 혼례는 개항기 이래 서양문화의 영향을 받으며 확산한 결혼 방식이다. 복잡한 절차와 많은 비용이 소요되는 구식 혼례와 비교해 신식 혼례는 간편하고 경제적이라는 점이 돋보였다. 그

허홍무가 이채금과 결혼한 직후 찍은 사진이다. 외가 친지가 식당 개업한 걸 기념해 찍었다고 한다. 대략 1960년대 초다. 지금은 볼 수 없는 삼학소주 광고가 인상 깊다. 맨 왼쪽이 허홍무, 바로 옆이 그의 아내 이채금이다. ※출처: 개인 제공.

랬기 때문에 종교인이 아닐지라도 그 양식은 쉽게 받아들여졌다. 특히 젊은 세대이고 도시에 거주할수록 신식 혼례를 선택하는 경향이 컸다.[122] 앞서 살펴본 정혼에서 연애결혼으로 옮겨 가는 흐름과 맞닿아 있었다.

> 오빠의 결혼 일자가 닥치는 우리 집은 어제오늘 대혼잡이다. 강정을 일군다, 떡방아를 찧는다, 그런가 하면 계란 꾸러미와 사과 상자가 대문을 들어서고, 어머니는 대전까지 가셔서 결혼반지와 납채감을 사 오셨다.……아무리 해도 안팎 20명이 복작대는 큰일이다. 새언니를 맞아 오려면 이런 돈과 사람 난리를 겪지 않고는 안 되는지? 국민운동본부 요원의 9분 20초짜리 결혼식 이야기는 들었다. 우리도 예식이나 간소하게 올리자는 오빠의 말에 어머니는 반대다. 동리 어른들 국수 한 그릇, 술 한잔 대접하지 않는대서야 어찌 대사를 치른다 할 것이냐라는 뜻이다.

1961년, 충남 금산의 한 농촌 마을에서 구식 혼례식을 준비하는 풍경이다. "어찌나 돈이 많이 드는지 결혼식을 마친 뒤엔 으레 '고리채'가 따라다니기 마련"이라고 했다.[123]

경제적 부담은 그렇다 치고, 절차는 또 어떠한가.[124] 먼저 신랑 신부의 궁합을 알아 보는 납채納采를 거쳐 결혼 일자를 정하면, 신랑집에서 예물을 보내는 납폐納幣를 한 뒤, 결혼식 당일 신랑이 신붓집으로 가는 친영親迎을 했다. 결혼식 날 신랑은 사모관대, 즉 고위 관리의 옷을 입었고, 신부는 황족 부인이나 상궁이 입는 원삼圓衫·족두리를 차려입었다. 결혼식 날 한 번만큼은 높은 대우를 해 주고자 하는 뜻이 담겼다. 가는 길엔 청년들이 '잿봉치기', 즉 재 가루를 봉투에 담아 던졌다. 허홍무가 언급한 그것이다. 재를 뿌려 잡귀가 따라오지 못하게 한다는 의미였다. 신부 집에 도착한 뒤, 대문 밖에서 부채로 코와 입을 가리고 눈만 내놓고 기다리고 있으면 누군가 나와 집으로 안내했다. 들어가서는 신부의 아버지께 나무 기러기를 드리는 전안례奠雁禮를 하고, 불러 주는 순서에 따라 식을 지내는 대례大禮를 올렸다.

이렇게 식이 끝나면 옷을 갈아입고 신부 집에 마련된 신방新房에서 첫날밤을 보냈다. 다음 날이 되면 신랑은 신부 쪽 어른들께 인사를 드릴 수 있었다. 이후엔 신행新行이라 하여 신부를 데리고 신랑 집으로 갔는데 이때 신부가 보내는 예물을 함께 가져갔다. 신부는 이제 시대의 어른들께 인사하고 폐백幣帛을 드리고 며칠 머문 뒤, 친정에 나들이를 가는 근친覲親을 했다. 이때 동네 청년들이 몰려와 신랑을 납치해 매달고 때리는 '신랑 다루기'를 했다. 이 모든 절차를 끝내야 결혼식이 완료되었다. 그게 예의고 법도였다. 여기에 더해 오가는 수많은 편지들, 손님 접대, 예물을 보낼 때 고용하는 인력, 예복과 결혼식에 필요한 물건 마련까지 부담해야 했다. 이렇게 보면 예식장 준비, 친지 및 하객의 착석, 신랑·신부 입장, 혼인 서약, 성혼 선언으로 당일 안에 끝나는 신식 혼례는 훨씬 효율적으로 인식될 수밖에 없었다.

전형적인 농촌 마을에 적을 둔 허홍무는 구식 혼례로 식을 올렸다. 주변에 누가 사는지 몰라도 그만인 도시와 달리, 농촌은 다 알고지내는 마을 사람들에게 보이는 체면이 중요했다. 더구나 양반 집안이 아닌가. 1959년 봄, 나의 할아버지 허홍무와 할머니 이채금은 부부가 된다. 25세, 24세였다. 이제 허홍무의 눈앞엔 혼자였던 지금까지와 또 다른, 이채금과 함께하는 삶이 기다리고 있었다.

나오며

결혼 이후 허홍무의 삶은 그리 원만치 못했다. 회사도 다녀 보고 몇몇 사업에 도전했지만 뜻대로 되지 않았다. 그의 아내 이채금도, 그 자식들도 많이 힘들었다. 힘겨운 시절을 버텨 낸 모두에게 고생했다고 전하고 싶다. 일제시기 아산 영인면을 주름잡던 지주 집안의 흔적은 온데간데없이 사라졌다. 이젠 그 후손들 사이에 '카더라' 소문만 남아 아주 가끔 입에 오르내릴 뿐이다.

개인적인 호기심으로 시작한 '허홍무 구술생애사 쓰기 프로젝트'였지만 그 결과물은 예상치 못한 변화를 불러왔다. 가족들이 모이는 자리가 생길 때면 나는 흥분된 마음으로 새로 발굴한 자료와 함께 할아버지의 이야기를 전했다. 자신의 삶을 좀처럼 드러내지 않은 할아버지였으니 다들 처음 듣는 내용이었다. 이런 상황이 반복될수록 가족 간에 공감과 치유의 기류가 흐르기 시작했다. '아, 그래서 그랬구나.' 고달픈 어린 시절을 보내며 마음속 응어리가 진 자식들은 어느새 허홍무를 조금씩 이해하고 있었다. 조심스레 자신들의 생각과 경험도 공유하기 시작하고, 허홍무도 한두 마디씩 거들며 소통의 장이 펼쳐졌다. 구술사가 가진 치유의 힘을 두 눈으로 확인한 순간이었다.

　나로서도 이 작업은 잊지 못할 경험이었다. 맨 처음 〈조선총독부관보〉에서 금광에 대한 기록을 발견했을 때, 허홍무가 얘기한 바로 그 금광의 실체를 확인했을 때의 감격과 떨림은 평생의 기억으로 남을 것이다. 이 사료가 나를 만나기 위해 어언 세월을 기다리고 있었구나, 그런 생각이 들 정도로 감격스러웠다.

　허홍무의 학창 시절 기록을 찾으러 하루 종일 아산을 돌아다녔던 일도 떠오른다. 먼저 허홍무가 얘기한 금성초등학교를 방문했다. 바스러져 가는 저 옛날 〈생활기록부〉 뭉치를 아직도 초등학교에서 직접 보관하고 있다는 사실에 놀라던 중 충격적인 소식이 들려왔다. 졸업자 중에 허홍무의 이름이 안 보인다는 것이었다. 아니, 대체 이게 무슨 말인가. 허홍무는 분명 금성초등학교를 졸업했다고 했는데. 좌절하려는 찰나, 담당 직원이 인주초등학교에 가 보는 게 어떻겠냐고 했다. 금성초등학교는 해방 이후 얼마간 인주초등학교의 분교로 운영됐으므로, 허홍무가 만약 그 시기에 학교를 졸업했다면, 그의 〈생활기록부〉는 인주초등학교에서 보관하고 있을 거라는 설명을 덧붙였다.

　그길로 인주초등학교로 향했고, 그곳에서도 직원이 문서 더미를 한참 뒤진 수고 끝에 허홍무의 〈생활기록부〉를 찾을 수 있었다. 혹시나 허홍무의 중학교 시험 기록이 있을까 싶어 온양중학교도 방문했지만 아쉽게도 관련 자료가 없다는 대답을 들었다. 참고로, 그곳도 온양고등학교로 분리된 연혁이 있어 온양고를 다녀오기도 했다. 그렇게 꼬박 하루를 돌아다니고 얻은 건 허홍무의 금성국민학교, 정확히는 인주국민학교 분교 시절 〈생활기록부〉 한 장이었다. 그래도 어찌나 기쁘던지, 내가 아니면 아무도 찾지 않을 이 사료와 만난 것 자체가 행운이라 생각했다. 이 경험들은 앞으로도 내가 역사를 열심히 공부하게 만드는 평생의 원동력이 될 것이다.

혹시나 독자께서도 기회가 된다면 구술사 쓰기에 도전해 보길 바란다. 가족이나 가까운 주변인 구술을 채록하고 분석해 보는 것이다. 구술사 쓰기를 한 번이라도 해 본다면 구술사가 가진 치유의 힘과 역사의 즐거움을 반드시 경험하리라 확신한다. 단, 구술을 채록하고 녹취록을 작성한 뒤의 분석 과정이 어려울 수 있으니 참고할 만한 팁을 드린다. 먼저 구술자와 관련된 자료를 찾는다. 구술자가 소장한 자료를 우선 확인하는 게 좋다. 족보, 사진, 상장, 편지, 일기, 메모 등 구술자와 관련된 것이면 뭐든 다 좋다. 하다 못해 영수증이라도. 유심히 들여다보면 예상치 못한 정보를 찾을 수 있다.

그리고 구술자와 함께 가까운 주민센터에 방문한다. 이곳에선 구술자 조상의 〈호적부〉를 발급받을 수 있다. 조상이 한반도 남쪽에 거주했다는 전제를 만족한다면, 이제껏 들어본 적 없는, 조선 후기에 태어난 조상의 기록까지도 찾을 수 있을 것이다. 생년월일부터 혼인관계, 본적 주소 등 여러 인적 사항이 담겼으므로 꼭 확인하자. 구술자와의 동행이 어렵다면 위임장을 받아 절차를 밟는 것도 방법이겠다. 같은 방식으로 일제시기 토지조사사업 때부터 작성된 〈토지대장〉도 확인할 수 있으니 참고하시라. 팩스 민원 같은 제도를 활용하면, 멀리 있는 지자체에서 보관하는 〈토지대장〉이라도 간편히 발급 받을 수 있다. 또 군대나 어느 기관에서 근무한 경력이 있다면 국민신문고를 통해 민원 신청을 해 보자. 근무 이력에 대한 증빙을 구체적으로 문의하면 해당 부처 담당자로부터 연락을 받게 될 것이다. 아울러 구술자가 다닌 학교에 찾아가 〈생활기록부〉를 찾는 고생도 꼭 하길 바란다.

어느 정도 발품을 팔아 자료를 찾았다면, 다음으로 각종 역사 관련 데이터베이스를 확인할 차례다. 2000년대 이후, 정보화시대에 접어들며 역사학계에 커다란 변화가 일어났다. 각종 사료를 인터넷으로 쉽게 찾을 수 있도록 데이터베이스를 구축하는 사업이 대거 진행된 것이다. 이제는 소장처를 직접 방문하지 않더라도, 인터넷만 연결되어 있으면 온라인으로 사료를 확인할 수 있다. 대표적으로 국사편찬위원회의 '한국사데이터베이스', '전자사료관', 한국학중앙연구원의 '한국학자료통합플랫폼', 국가기록원 홈페이지 정도를 들 수 있다. 옛 신문은 네이버의 '네이버뉴스라이브러리', 국립중앙도서관의 '대한민국 신문 아카이브'에서 확인 가능하다. 특정 테마를 가진 데이터베이스를 찾아서 이용해도 좋다. 예를 들어, 민주화운동 관련 자료를 찾는다면 민주화운동기념사업회의 '사료관 오픈아카이브'를, 지적地籍 관련 자료를 찾는다면 국가기록원의 '지적아카이브'에 접속하는 것이다. 이곳 검색란에 구술자가 강조한 인명·지명·사건명과 같은 키워드를 입력하면 분명 무언가 걸리는 게 있을 것이다.

또한 국토지리정보원 홈페이지에 들어가 옛 지도, 항공사진을 찾아보자. 지금은 개발되어 사라진 풍경을 확인할 수 있다. 또 각 지자체에서 발간한 《○○시사》, 《○○군지》와 같은 책이나 자료집, 지역의 문화원에서 발간한 향토지 등을 찾아 읽는다면 해당 지역에 대한 세부적인 정보를 접할 수 있다.

여기에 구술 내용과 관련한 논문, 연구서까지 참조하면 끝이다. 지역의 공공도서관이나 학교도서관에 방문하면, 국립중앙도서관이나 국회도서관 홈페이지를 통해 논문 원문을 볼 수 있는 좌석이 마련되어 있다. RISS(학술연구정보서비스) 홈페이지나 '한국사데이터베이스'의 한국사연구휘보에서 주제와 관련한 논문, 연구서를 검색해 보고, 제목을 메모한 뒤 도서관의 해당 좌석에 가서 원문을 확인하면 된다. 오래된 연구서의 경우에도 해당 좌석을 이용해 온라인으로 볼 수 있다. 그게 아니라면 연구서의 소장 기관에 찾아가야 한다.

이렇게 찾은 자료를 이용하기 위해선 많은 공부가 필요하다. 대대로 내려오는 족보가 있다고 해 보자. 일단 족보 읽는 법부터 알아야 할 것이다. 인터넷 검색창에 '족보 읽는 법'을 쳐 보자. 번거롭더라도 모르는 한자는 하나씩 찾아보자. 논문, 연구서 읽기도 마찬가지다. 논문투 문장이 익숙지 않겠지만 정확한 정보를 얻으려면 꼭 읽어 볼 필요가 있다. 그래도 너무 어렵게 느껴지면, 우선 쉽게 쓰인 역사책을 찾아 읽거나 각종 포털 사이트에 검색해 정보를 얻자. 역사에 대해 좀 알 것 같은 주위 사람에게 도움을 청해 보자. 조금씩 배경 지식을 쌓아 가다 보면, 어느 자료든 이해되는 순간이 찾아올 것이다.

끝으로 이제껏 찾은 모든 자료를 구술 녹취록과 비교하며 어떻게 연결되는지 가늠한다. 각 자료와 연결되는 내용을 찾아 퍼즐처럼 맞추면 된다. 그리고 구술 내용이 어떠한 시대적 배경과 연결되는지 살피고(맥락 찾기), 구술자의 구술 내용과 자료가 일치하지 않는 부분을 찾아 보완하고(검증하기), 구술자가 불분명하게 말한 인명·지명·사건명·사물명 등의 요소를 특정한다(특정하기). 이렇게 분석을 마치고 나면 구술사 쓰기가 완성된다.

원고가 책으로 빛을 보기까지 여러분들의 도움을 받았다. 소중한 출판 기회를 주신 푸른역사 박혜숙 대표님, 엉성한 원고를 편집하느라 애쓰신 김성희 편집위원님과 출판사 식구들, 바쁘신 와중에도 원고를 읽고 많은 조언을 남겨 주신 김태우, 김정인 교수님, 아산을 함께 누비며 자료 찾기를 도와준 이상준, 자료 해석에 아낌없는 조언을 해 준 서상현 선배와 동학들 그리고 나의 역사 공부를 응원하며 물심양면 지원해 주는 가족과 친구들에게 깊은 감사를 전한다. 그리고 그 힘겨운 시절을 겪고도 손주를 만날 때면 한 번도 빠짐 없이 "잘 있었어?"라며 웃어 주시는 할아버지, 감사합니다!

주

들어가며

[1] 허영란, 〈한국 구술사의 현황과 대안적 역사 쓰기〉, 《역사비평》 102, 2013, 314쪽. 허영란은 구술사를 "구술-면담의 과정, 그것에 의해 생산된 구술 기록, 채록된 구술 기록을 바탕으로 쓰여진 역사를 모두 포함하는 연구 방법"이라고 정의한다.

[2] 이용기, 〈역사학, 구술사를 만나다: 역사학자의 관점에서 본 구술사의 현황과 과제〉, 《역사와현실》 71, 2009, 309쪽.

1부 아산 지주 집안의 왜정살이

[1] 〈허침許琛〉, 《한국민족문화대백과사전》.

[2] 〈허굉許硡〉, 《한국민족문화대백과사전》.

[3] 〈李忠武公墓所問題로 追慕의 結晶體誠金遝至〉, 《동아일보》, 1931년 6월 1일, 4면.

[4] 영인향토지편찬위원회, 《영인 향토지》, 2000, 679쪽.

[5] 〈蘇同盟成立으로 獨逸包圍陣營整備〉, 《조선일보》, 1935년 5월 21일, 조간 1면.

[6] 〈伊에 國境紛爭問題 聯盟의 審議開始〉, 《조선일보》, 1935년 5월 21일, 조간 1면.

[7] 〈陸軍明年度豫算 五億圓突破?〉, 《조선일보》, 1935년 5월 21일, 조간 1면.

[8] 〈뻐쓰가 被襲되어 八名이死傷〉, 《동아일보》, 1935년 5월 21일, 조간 2면.

[9] 신주백, 〈과거 기억과 현재의 相存〉, 《한국민족운동사연구》 27, 2001, 3~4장.

[10] 국사편찬위원회, 《전시체제와 민족운동》 신편한국사 50권, 2002, 14쪽.

[11] 이승렬, 〈산업정책 통계자료 해설〉, 《일제하 전시체제기 정책사료총서》, 2005(www.kstudy.com/japan/html/list71_85_01.htm. 접속일: 2023.12.12). 한국학술정보KSI에서 제공하는 《일제하 전시체제기 정책사료총서》 온라인 서비스 사이트를 참조하였음.

12 이영학, 〈일제의 토지조사사업과 기록 관리〉, 《역사문화연구》 30, 2008, 121~125쪽.

13 임재룡, 〈아산 각 지역의 3·1운동사(영인면)〉, 《온양신문》, 2018. 12. 10. 해당 기사
는 순천향대 아산학연구소에서 2018년 발간한 《아산지역 3·1운동 100주년 기념사
업을 위한 학술 조사 용역 결과 보고서》를 토대로 작성되었으며, 이 글에서는 기사
에 실린 태형 처분 받은 신운리 주민 명단을 재인용했다.

14 국사편찬위원회, 《조선 후기의 경제》 신편한국사 33권, 2002, 339~341쪽.

15 문경호, 〈조선시대 아산 공세곶창의 역사적 변천과 창성의 구조〉, 《지방사와 지방
문화》 22(2), 2019, 211·218~222쪽.

16 노성룡·배재수, 〈일제강점기 조림대부제도와 일본 자본의 임업 경영〉, 《동방학지》
194, 2021, 255; 배재수, 〈조림대부제도의 전개과정에 관한 사적 고찰〉, 《한국임학
회지》 91(1), 2002, 115~116쪽.

17 강영심, 〈일제 시기 국유림 대부제도의 식민지적 특성과 대부 반대 투쟁〉, 《이화사
학연구》 29, 2002, 114쪽.

18 강영심, 앞의 논문, 105~106쪽.

19 〈朝鮮의 火田과 火田民의 生活 (十一)〉, 《조선일보》, 1931년 3월 31일, 3면.

20 〈八洞民의 財源을 一富豪가 貸付願〉, 《동아일보》, 1927년 8월 28일, 4면.

21 〈當局者들도 民間을 爲해 活動〉, 《조선일보》, 1931년 12월 4일, 7면.

22 〈當選된 面協議員〉, 《동아일보》, 1935년 5월 29일, 석간 5면; 〈全朝鮮邑面議員〉,
《朝鮮中央日報》, 1935년 5월 31일; 〈面政의 代辯者들〉, 《동아일보》, 1939년 5월 25
일, 조간 3면.

23 허영란, 〈일제시기 읍·면 협의회와 지역정치―1931년 읍·면제 실시를 중심으로〉,
《역사문제연구소》 31, 2014. 132~134쪽.

24 朝鮮總督府, 《朝鮮總督府官報》 제2126호, 1919년 9월 19일, 111쪽.

25 국사편찬위원회, 《임시정부의 수립과 독립전쟁》 신편한국사 48권, 2002, 35~36쪽.

26 허영란, 앞의 논문, 134·136~138쪽.

27 〈改正된 邑面制 (三)〉, 《동아일보》, 1930년 12월 9일, 6면. 제34조 참조.

28 〈地方選擧의 肅正〉, 《동아일보》, 1939년 4월 25일, 1면.

29 〈東萊 日光面 面議總辭職〉, 《동아일보》, 1934년 9월 6일, 5면.

30 〈面所移轉計劃 面協議員은 反對〉, 《동아일보》, 1934년 2월 1일, 조간 5면.

31 〈推薦制認識을 鼓吹〉, 《매일신보》, 1943년 4월 8일, 3면.

32 〈지방자치〉, 《한국민족문화대백과사전》.

33 〈牙州俱樂部組織〉, 《조선일보》, 1923년 2월 11일, 4면.

34 〈公普校教員問題〉, 《조선일보》, 1923년 5월 31일, 4면.

35 〈牙山靈仁에 教育會創立〉, 《조선일보》, 1927년 12월 16일, 4면.

36 〈靈仁金組創立〉, 《동아일보》, 1930년 12월 21일, 3면.

37 〈牙山地方紹介版〉, 《조선일보》, 1937년 7월 11일, 석간 6면.

38 〈牙山市民들이 繁榮會를 組織 지방 발전 목적〉, 《中央日報》, 1932년 1월 28일, 3면;
   〈産業機關으로 싰組合組織〉, 《동아일보》, 1932년 1월 23일, 6면.

39 〈牙山消防組頭의 怪態〉, 《조선일보》, 1931년 3월 31일, 6면.

40 〈洞民戶稅代納〉, 《조선일보》, 1934년 10월 24일, 조간 3면.

41 〈조혼〉, 《한국민족문화대백과사전》.

42 김경재, 〈일제하 조혼 문제에 대한 연구〉, 《한국학논집》 41, 한양대 한국학연구소,
   2007, 367~368쪽.

43 김경재, 앞의 논문, 366~367쪽.

44 이영수, 〈개화기에서 일제강점기까지 혼인 유형과 혼례식의 변모 양상〉, 《아시아문
   화연구》 28, 152·154~155쪽; 이광수, 〈婚姻論 一의 續〉, 《매일신보》, 1917년 11월
   23일, 1면.

45 김두헌, 〈朝鮮의 早婚과 및 그 起源에 對한 一考察〉, 《진단학보》 2, 1935, 298~300쪽.

46 이대화, 〈'창씨개명' 정책과 조선인의 대응〉, 《숭실사학》 26, 2011, 184~185쪽.

47 최재성, 〈'창씨개명' 정책과 친일 조선인의 협력〉, 《한국독립운동사연구》 37, 2010,
   345~346쪽.

48 미즈노 나오키, 〈조선총독부는 왜 '창씨개명'을 실시했을까?〉, 《내일을 여는 역사》
   15, 2004, 185~186쪽; 최재성, 앞의 논문, 352~356쪽.

49 미즈노 나오키, 앞의 논문, 189~192쪽.

50 〈허가바위〉, 《한국민족문화대백과사전》.

51 이승연, 〈1905년~1930년대 초 일제의 주조업 정책과 조선 주조업의 전개〉, 《한국
   사론》 32, 1994, 77~79쪽.

52 정태헌, 〈일제하 주세제도의 시행 및 주조업의 집적 집중 과정에 대한 연구〉, 《국사
   관논총》 40. 1992, 195~197쪽.

53 이승연, 앞의 논문, 80·85·87·88쪽.

54 〈不平〉, 《동아일보》, 1924년 2월 3일, 2면.

55 하재영, 〈해방 전후(1937~1948) 주류 통제정책과 양조업의 동향〉, 한양대 석사학위 논문, 2016, 22~29쪽.

56 송규진, 〈일제 말(1937~1945) 통제경제정책과 실행과정—《매일신보》를 중심으로〉, 《역사학연구》 42, 2011, 15쪽.

57 송규진, 〈일제의 중일전쟁 도발과 조선민중의 경제생활〉, 《史叢》 94, 2018, 275쪽.

58 국사편찬위원회, 《조선 중기의 정치와 경제》 신편한국사 30권, 2002, 447~449쪽.

59 최은진, 〈일본과 식민지 조선의 지주제와 소작문제 비교〉, 《한국근현대사연구》 99, 2021, 2장.

60 최은진, 앞의 논문, 137~139쪽.

61 허수열, 〈日帝下 朝鮮에 있어서 小作料率〉, 《경제논집》 13, 1997, 부표3.

62 고태우, 〈기후, 날씨와도 싸워야 했던 일본제국주의, 그리고 식민지민—길었던 한 해, 1939년 조선 대가뭄의 양상과 그 여파〉, 《역사와현실》 118, 2020, 표4.

63 최은진, 앞의 논문, 138~139·143쪽.

64 고태우, 앞의 논문, 140~147쪽.

65 이송순, 《일제하 전시 농업정책과 농촌 경제》, 선인, 2008, 표1-5; 고태우, 앞의 논문, 표5.

66 고태우, 〈일제시기 재해 문제와 '자선·기부 문화'—전통·근대화·'공공성'〉, 《동방학지》 168, 2014, 161~162쪽.

67 〈貧民救濟〉, 《동아일보》, 1929년 2월 12일, 4면.

68 〈柳氏公德碑建立〉, 《동아일보》, 1930년 2월 4일, 3면.

69 〈洞里極貧者 戸稅를 代納 牙山李敬海氏의 美擧〉, 《동아일보》, 1931년 6월 27일, 5면.

70 〈災民에 同情 屯浦有志人士가〉, 《동아일보》, 1940년 3월 1일, 조간 3면.

71 최원규, 〈일제 시기 수원 조씨가의 지주 경영 분석〉, 《역사문화연구》 46, 2013, 209~210쪽.

72 정태헌, 〈한국의 근대 조세 100년사와 국가, 민주화, 조세 공평의 과제〉, 《역사비평》 94, 2011, 36~37쪽.

73 최원규, 앞의 논문, 214쪽.

74 정태헌, 앞의 논문, 34쪽.

75 조석곤, 〈식민지 말기 지세제도 변화와 그 역사적 의의—토지임대가격조사사업을

중심으로〉, 《국제경상교육연구》 9(1), 87~96 · 106쪽.

76 윤수종, 〈머슴 제도에 관한 일 연구—일제 시기 이후 변모 과정을 중심으로〉, 《사회와역사》 28, 1991, 142~143쪽.

77 〈農村問題講座 17 農村의 階級相 (九)〉, 《조선일보》, 1930년 4월 9일 7면; 〈農村問題講座 18 農村의 階級相 (十)〉, 《조선일보》, 1930년 4월 10일, 6면.

78 〈大川物價減下〉, 《동아일보》, 1930년 12월 18일, 6면. 충남 보령군 대천 지역의 국밥 가격이다.

79 윤수종, 앞의 논문, 표1 및 표4.

80 이민재, 〈식민지 조선의 연료 이용 정미기 보급과 1920~1930년대 무연료 정미기 발명—사회적 맥락과 의미를 중심으로〉, 《민속학연구》 44, 2019, 239쪽.

81 김영미, 〈마을의 근대화 경험과 새마을운동〉, 《한국학》 31(1), 2008, 287쪽.

82 조형열, 〈일제강점기 일본인의 지역 연구—《아산군지》(1929)를 중심으로〉, 《순천향 인문과학논총》 36(2), 17~18쪽.

83 아산군교육회, 《아산군지》(온양문화원 영인본), 1929, 48쪽.

84 〈유혁로(柳赫魯)〉, 《한국민족문화대백과사전》.

85 조형열, 《한국 근현대 아산 사람들》, 보고사, 2014, 255~257쪽; 〈牙山郡選出道議 柳冀㻰氏期待さる〉, 《부산일보》, 1933년 5월 27일, 석간 4면; 〈老練된 經世家 忠南 道議 柳冀㻰氏〉, 《동아일보》, 1937년 7월 11일, 석간 6면; 〈牙山地方의 宿案 曲橋 川改修運動〉, 《조선일보》, 1936년 9월 9일, 석간 7면; 〈農夫瀕死〉, 《동아일보》, 1927년 4월 28일, 5면.

86 류상진, 〈전시체제기 조선 내 석유통제와 배급단체—서울지역을 중심으로〉, 《한국 민족운동사연구》 97, 2018, 269~274쪽, 표8.

87 〈가마니〉, 《한국민족문화대백과사전》.

88 임혜영, 〈일제강점기 가마니의 보급과 통제〉, 《전북사학》 53, 2018, 222~223 · 226 쪽; 임혜영, 〈일제강점기 전북의 가마니 생산과 유통—군산지역을 중심으로〉, 《전 북사학》 65, 2022, 155~156쪽.

89 장지용, 〈1930년대 朝鮮의 家內工業〉, 부산대 박사학위논문, 1999, 81~82쪽, 표Ⅲ -10과 표Ⅴ-7 참조.

90 김영희, 〈1930 · 40년대 日帝의 農村統制政策에 관한 硏究〉, 숙명여대 박사학위논 문, 1996, 78쪽, 〈표2-6〉 참조.

91 〈産業機關으로 叺組合組織〉, 《동아일보》, 1932년 1월 23일, 6면.

92 〈叺價低落으로 生産者大困難〉, 《동아일보》, 1933년 3월 23일, 조간 5면.

93 〈窮民에 無利貸付 繩叺製造獎勵〉, 《동아일보》, 1932년 5월 14일, 6면.

94 〈道의 補助얻어 罹災民을 救濟〉, 《동아일보》, 1934년 2월 20일, 조간 5면.

2부 몰락 속의 해방 전후

1 배석만, 〈일제 시기 장항항 개발과 그 귀결〉, 《역사와현실》117, 2020, 368쪽.

2 이용상·정병현, 〈일제강점기 사설철도 경남철도주식회사의 특징에 관한 연구〉, 《한국철도학회 논문집》21⑵, 2018, 209~210·217~218쪽.

3 정재욱·박성신, 〈구술사를 통해 본 지역의 역사와 지역 재생의 방향성: 서천군 장항읍 '황금정' 마을을 중심으로〉, 《구술사연구》10⑵, 2019, 148~149쪽.

4 배석만, 앞의 논문, 380~381쪽.

5 桂珧淳, 〈半島의 金鑛業 上〉, 《조선일보》, 1940. 1. 1. 3의 2면.

6 박현, 〈중일전쟁기 조선총독부의 금 집중 정책〉, 《한국근현대사연구》55, 2010, 161~162·165~166쪽.

7 우영환, 〈충남 지역 금광업에 관한 경제사적 고찰〉, 《한국경영사학회》24⑶, 2009, 26쪽 표7.

8 박기주, 〈1930년대 조선 금광업의 기계화와 노무관리·통제〉, 《경제사학》26, 1999, 6쪽.

9 대한광업진흥공사, 〈韓國의 鑛床〉, 대한광업진흥공사, 10호, 1987, 9쪽(우영환, 앞의 논문, 25쪽 표6 재인용).

10 전봉관, 《황금광시대》, 살림, 2005, 부록(우영환, 앞의 논문, 26쪽 표7 재인용).

11 양지혜, 〈근현대 한국의 광업 개발과 '공해'라는 느린 폭력〉, 《역사비평》134, 2021, 387쪽.

12 崔衡鍾, 〈産業漫談〉, 《동아일보》, 1933년 11월 15일, 조간 4면.

13 박현, 앞의 논문, 167쪽.

14 〈金鑛界 財界內報〉, 《삼천리》, 1934년 8월, 14쪽.

15 류승렬·박기주·최병택, 《국가기록원 일제 문서 해제—광업·미곡 편》, 기록정보서

비스부 기록편찬문화과, 2013, 59~61쪽.

16 朝鮮總督府, 《朝鮮總督府官報》 제3582호, 1938년 12월 26일, 272면.

17 우영환, 앞의 논문, 27쪽.

18 류승렬 외, 앞의 책, 63쪽.

19 류승렬 외, 앞의 책, 62쪽.

20 朝鮮總督府, 《朝鮮總督府官報》 제3665호, 1939년 4월 11일, 104쪽.

21 朝鮮總督府, 《朝鮮總督府官報》 제4022호, 1940년 6월 19일, 178쪽.

22 〈金鑛製鍊法 (2) 製鍊場의 位置의 撰定〉, 《동아일보》, 1935년 2월 22일, 조간 4면.

23 〈金銀의 常識 採堀及分配方法 (三)〉, 《동아일보》, 1934년 4월 14일, 조간 4면.

24 〈三千里山河가 黃金의 彈丸!〉, 《동아일보》, 1939년 2월 27일, 2면.

25 〈來月부터 實施될 諸法令〉, 《동아일보》, 1938년 8월 29일, 2면.

26 桂珖淳, 〈半島의 金鑛業 (下)〉, 《조선일보》, 1940년 1월 3일, 6의 3면.

27 박현, 〈중일전쟁기 조선총독부의 금 집중 정책〉, 《한국근현대사연구》 55, 2010, 194쪽.

28 이상의, 〈구술로 보는 일제 하의 강제 동원과 '인천 조병창'〉, 《동방학지》 188, 2019, 108쪽.

29 이연경·홍현도, 〈부평 미쓰비시(三菱) 사택의 도시 주거로서의 특징과 가치—1930년대 말 부평의 병참기지화와 노무자 주택의 건설〉, 《도시연구》 22, 2019, 51쪽.

30 〈未久에 工業地帶로 富平飛躍을 豫想〉, 《매일신보》, 1939년 8월 12일, 3면.

31 부평역사박물관, 앞의 책, 258쪽.

32 부평역사박물관, 앞의 책, 2016, 96~97쪽.

33 이연경·홍현도, 앞의 논문, 57~58쪽.

34 부평역사박물관, 《미쓰비시를 품은 여백, 사택마을 부평삼릉》, 2016, 80~83쪽.

35 부평역사박물관, 앞의 책, 100~101쪽.

36 부평역사박물관, 앞의 책, 105·108쪽.

37 부평역사박물관, 앞의 책, 103쪽; 김인호, 〈일제 말 조선에서의 '군수회사법' 실시에 관한 연구〉, 《한국근현대사연구》 9, 1998, 259쪽.

38 김승태, 《중일전쟁 이후 전시체제와 수탈》, 독립기념관 한국독립운동사연구소, 2009, 237~250쪽.

39 이연경·홍현도, 앞의 논문, 72쪽.

40 김정인, 〈일제 강점 말기 황국신민 교육과 학교경영〉, 《역사교육》 122, 2012, 113~114쪽.

41 이명화, 〈일제 황민화교육과 국민학교제의 시행〉, 《한국독립운동사연구》 35, 2010, 320~321쪽.

42 이명화, 앞의 논문, 327~332쪽.

43 국사편찬위원회, 《전시체제와 민족운동》 신편한국사 50권, 2002, 52쪽.

44 박완서, 《그 많던 싱아는 누가 다 먹었을까》, 세계사, 2015, 75~77·128~129·150쪽.

45 〈誓詞를 作成配布〉, 《동아일보》, 1937년 10월 5일, 석간 2면.

46 〈부평구〉, 《한국민족문화대백과사전》.

47 조건, 〈전시체제기 조선 주둔 일본군의 防空 조직과 활동〉, 《숭실사학》 27, 2011, 85~90쪽.

48 〈非常時局에 對한 婦人의 覺悟〉, 《동아일보》, 1937년 8월 13일, 석간 3면.

49 김혜숙, 〈전시체제기 식민지 조선의 '家庭防空' 조직과 지식 보급〉, 《숭실사학》 27, 2011, 124쪽.

50 조건, 앞의 논문, 93쪽.

51 김혜숙, 앞의 논문, 124~132쪽.

52 김혜숙, 앞의 논문, 136~141쪽.

53 안태윤, 〈일제 말 전시체제기 여성에 대한 복장 통제—몸뻬 강제와 여성성 유지의 전략〉, 《사회와역사》 74, 2007, 8~12쪽.

54 조건, 앞의 논문, 104~106쪽 및 표4.

55 이상의, 앞의 논문, 143~144·148쪽.

56 이상의, 앞의 논문, 147~148쪽.

57 신재준, 〈1945~46년, 在朝鮮 일본인의 귀환과 미군정의 대응〉, 《軍史》 104, 2017, 59쪽.

58 이가연, 〈해방 직후 조선 거주 일본인들의 귀환과 부산항〉, 《동북아문화연구》 67, 2021, 24쪽.

59 신재준, 앞의 논문, 60~61쪽; 최영호, 〈한반도 거주 일본인의 패전 직후 단체활동〉, 《인간과 문화 연구》 17, 2010, 5쪽.

60 신재준, 앞의 논문, 63~72쪽.

61 신재준, 앞의 논문, 73~77쪽.

62 이현주, 〈해방 직후 적산 처리 논쟁과 대일 배상요구의 출발〉, 《한국근현대사연구》 72, 2015, 212·214~215쪽.

63 〈歸産, 國財의 八割〉, 《동아일보》, 1949년 11월 1일, 1면.

64 배석만, 〈해방 후 귀속재산 처리의 전개 과정과 귀결〉, 《한일민족문제연구》 26, 2014, 46·55~58쪽.

65 〈귀속재산불하〉, 《한국민족문화대백과사전》.

66 이상의, 앞의 논문, 153쪽.

67 朝鮮總督府, 《朝鮮總督府官報》 제3575호, 1938년 12월 17일, 180면.

68 이경란, 〈일제 말기 식산계와 식민지 파시즘〉, 《동방학지》 186, 2019, 38쪽.

69 문영주, 〈조선총독부의 농촌 지배와 식산계殖産契의 역할(1935~1945)〉, 《역사와현실》 46, 2002, 171~172·179~181쪽.

70 이하 아산시청, 《아산시지》 1권, 2016, 817~823쪽 참조.

71 해방 후에도 관재청, 농림부, 중앙농림기술원, 국회도서관장, 문교부 문화국장, 국회사무차장을 지낸 사실이 확인된다. 〈每事에 徹底 鄭泓燮〉, 《경향신문》, 1957년 3월 8일, 2면.

72 충청남도문화원연합회에서 제공하는 전자사료관(ebook.cnkccf.or.kr:8800/home/index. php)에서 온양문화원, '역사' 카테고리에 들어가면 〈마을사 3(4편)〉이란 제목으로 해당 자료를 확인할 수 있다. 39쪽. 접속일: 2023. 12. 17.

73 〈民族叛逆者官吏를 排擊, 牙山人民委員會서 軍政廳에 陳情〉, 《중앙신문》, 1945년 12월 6일, 2면.

74 최영묵, 〈미군정의 식량 생산과 수급정책〉, 《역사와현실》 22, 1996, 71~75쪽.

75 김재훈, 〈해방 후 양곡 유통체계의 재편〉, 《사회경제평론》 26, 2006, 60~62쪽.

76 〈靈仁面碧浦里 秋穀收集完了〉, 《경향신문》, 1947년 12월 5일, 2면.

77 이길상, 〈미군정기 초등교육의 변화〉, 《한국교육사학》 25(2), 2003, 76~78쪽.

78 이길상, 앞의 논문, 2003, 78쪽.

79 김정인, 〈일제 강점 말기 황국신민교육과 학교 경영〉, 《역사교육》 122, 2012, 110쪽.

80 이길상, 앞의 논문, 2003, 93쪽.

81 이길상, 앞의 논문, 2003, 94~95쪽.

82 이길상, 앞의 논문, 2003, 86쪽.

83 〈學院에 赤化 꾀하던 蔡喜秉外七名拘禁〉, 《대한일보》, 1947년 12월 12일, 2면.

84 민경찬, 〈실미도 '적기가'의 유래와 역사를 찾아서〉, 《미디어오늘》, 2004년 3월 1일
(www.mediatoday.co.kr/news/articleView.html?idxno=26183 접속일: 2023.5.31).

85 김상훈, 〈1951~1954년 중학교 입학 국가 고사의 실시와 중단〉, 《한국민족운동사
연구》 102, 2020, 407~408쪽.

86 〈入學의 '좁은 門' 열라〉, 《동아일보》, 1946년 4월 25일, 2면.

87 김상훈, 앞의 논문, 408~411쪽.

88 〈合格이냐 落第냐〉, 《경향신문》, 1947년 7월 9일, 2면.

89 〈平均三對一〉, 《조선일보》, 1949년 7월 13일, 2면.

90 〈兒童智能은 優秀〉, 《자유신문》, 1949년 7월 9일, 2면.

91 〈入學金問題의 根本對策必要〉, 《조선일보》, 1949년 7월 15일, 1면.

92 〈휴지통〉, 《동아일보》, 1949년 7월 20일, 2면.

93 〈入學金 못 낸다고 登校拒絶하면 處斷!〉, 《조선일보》, 1949년 7월 14일, 2면.

94 송찬섭, 〈일제강점기 改良書堂의 형성과 실상〉, 《역사연구》 27, 2014, 211쪽; 김형
목, 〈일제강점 초기 改良書堂의 기능과 성격〉, 《사학연구》 78. 2005, 246쪽.

95 박종선, 〈日帝 强占期(1920~1930年代) 朝鮮人의 書堂改良運動〉, 《역사교육》 71,
1999, 66쪽.

96 〈檢定 없는 教科書 學園서 使用禁止시킨다〉, 《동아일보》, 1948년 10월 10일, 4면.

97 〈아직도 남아 있는 書堂〉, 《동아일보》, 1950년 4월 22일, 2면.

98 이선재, 〈忠南地域 書堂教育에 관한 研究(1)〉, 《한국교육사학》 18, 1996, 158~160쪽.

99 이선재, 앞의 논문, 1996, 169~170쪽.

100 〈三千萬同胞의 支持바더 自主獨立完成에 邁進〉, 《조선일보》, 1945년 11월 25일, 1면.

101 박동삼, 〈1940년대의 남북관계: 미·소의 분할 점령과 남북관계〉, 《한국정치외교
사논총》 19, 1998, 45~49쪽.

102 The Dept of State, *The Record on Korean Unification 1943~1960*(Washington DC:
USGPO, 1960), pp. 47~48(송유경, 〈신탁통치를 둘러싼 미군정과 좌익 세력의 권력 대
결〉, 《부산정치학회보》 6(1), 1996, 177~178쪽에서 재인용).

103 국사편찬위원회, 《대한민국의 성립》 신편한국사 52권, 2002, 386~392쪽.

104 국사편찬위원회, 앞의 책, 339쪽.

105 국사편찬위원회, 앞의 책, 411~415쪽.

106 아산시청, 《아산시지》 1권, 2016, 824쪽.

107 조형열, 《한국 근현대 아산 사람들》, 보고사, 2014, 283쪽.

108 이한길, 〈한국전쟁 전후의 양양 고찰〉, 《강원문화연구》 45, 2022, 189~190·195~196 쪽.

109 정병준, 《한국전쟁─38선 충돌과 전쟁의 형성》, 돌베개, 2006, 270~273쪽.

110 〈白川署不意被襲 來城一帶는 平穩〉, 《동아일보》, 1949년 2월 5일, 2면.

111 〈安斗熙가 말하는 金九翁狙擊經緯 激論 끝에 殺害를 決意〉, 《경향신문》, 1949년 8 월 6일, 2면.

3부 한국전쟁의 소용돌이에서

1 〈김일성의 남침 책략(모스크바 새 정언:1)〉, 《서울신문》, 1995년 5월 15일, 4면. 《서울 신문》은 1990년대 이기동 특파원이 입수한 옛 소련 문서를 20여 회에 걸쳐 연재, 소개한 바 있다.

2 박태균, 〈6·25전쟁 발발의 원인에 대한 재고찰─오인, 오식의 문제를 통한 접근〉, 《군사연구》 130, 2010, 14쪽.

3 국사편찬위원회, 〈북한 김일성 수상, 소련 방문〉, 《대한민국사연표》(db.history.go. kr/ id/tcct_1950_03_30_0050 접속일: 2023. 6. 5).

4 박명림, 《한국전쟁의 발발과 기원 1》, 나남, 1996, 152쪽.

5 박태균, 앞의 논문, 15쪽.

6 이완범, 〈6·25전쟁의 종합적 이해: 기원·전개과정·영향의 유기적 관계〉, 《청계사 학》 18, 2003, 317~325쪽. 이완범은 6·25 이전을 '내전의 시기'로 정리했지만 여 기서는 제외했다.

7 국립국어원, 〈강신항 한국어문회 이사장〉, 《새국어생활》 18(4), 2008, 125쪽.

8 강신항, 《어느 국어학도의 젊은 날》, 정일출판사, 1995.

9 아산시청, 《아산시지》 1권, 2016, 828쪽.

10 김수향, 〈난을 피하는 여러 가지 방법: 한국전쟁기 피란 이야기〉, 《내일을 여는 역 사》 80, 2021, 209~210쪽.

11 강성현, 〈한국전쟁기 유엔군의 피란민 인식과 정책〉, 《사림》 33, 2009, 85~86쪽.

12 소현숙, 〈신체에 각인된 전쟁의 상처와 치유: 한국전쟁기 노근리 피해자 구술에서

나타난 장애와 젠더〉,《동방학지》197, 2021, 202~203쪽.

13 강신항, 앞의 책, 1995, 51~59쪽.

14 국사편찬위원회,《대한민국의 성립》신편한국사 52권, 2002, 394~396쪽.

15 이용기,〈마을에서의 한국전쟁 경험과 그 기억: 경기도의 한 '모스크바' 마을 사례를 중심으로〉,《역사문제연구》6, 2001, 25쪽.

16 〈溫陽赤徒 一網打盡〉,《대한일보》, 1947년 11월 30일, 2면.

17 〈溫陽서 大暴動陰謀發覺〉,《부인신보》, 1948년 5월 15일, 1면.

18 김득중,〈국민보도연맹 사형 판결 재심 결정을 계기로 되짚어 보는 보도연맹사건〉,《내일을 여는 역사》57, 2014, 139~141쪽.

19 정병준,〈한국전쟁 초기 국민보도연맹원 예비검속·학살사건의 배경과 구조〉,《역사와현실》54, 2004, 111쪽.

20 진실화해위원회,《2009년 하반기 조사 보고서》4권, 527쪽.

21 이용기,〈어느 빈농의 전쟁 경험과 '빨갱이'라는 천형〉,《구술사연구》2(1), 2011, 61쪽.

22 서용선,〈한국전쟁기 점령정책 연구〉,《점령정책·노무운용·동원》, 국방군사연구소, 1995, 20쪽.

23 서용선, 앞의 책, 25~27쪽.

24 서용선, 앞의 책, 55~58쪽.

25 한국역사연구회,《시민의 한국사 2》, 돌베개, 2022, 356~357쪽.

26 김태우,〈한국전쟁기 북한의 남한 점령지역 토지개혁〉,《역사비평》70, 2005, 254쪽.

27 강신항, 앞의 책, 1995, 76·83·100쪽.

28 정병준 외,《한국현대사 1》, 푸른역사, 2018, 246쪽; 정병준,〈한국 농지개혁 재검토—완료시점·추진동력·성격〉,《역사비평》65, 2003, 150~151쪽.

29 권영진,〈북한의 남한 점령정책〉,《역사비평》7, 1989, 90쪽.

30 서용선, 앞의 책, 38쪽.

31 서용선, 앞의 책, 52~53쪽.

32 강신항, 앞의 책, 108쪽.

33 허영철,《역사는 한 번도 나를 비껴가지 않았다》, 보리, 2006, 145~146쪽.

34 윤성준,〈한국전쟁기 북한의 점령정책과 조선인민의용군의 동원〉,《한국근현대사연구》89, 2019, 178~179·185~186쪽.

35 강신항, 앞의 책, 83·91쪽.

36 강신항, 앞의 책, 99쪽.

37 강신항, 앞의 책, 108~110쪽.

38 강신항, 앞의 책, 119~120쪽.

39 서용선, 앞의 책, 1995, 40~42쪽.

40 윤성준, 앞의 논문, 191쪽.

41 윤성준, 앞의 논문, 199쪽.

42 김태우, 〈한국전쟁기 미 공군에 의한 서울 폭격의 목적과 양상〉, 《서울학연구》 35, 2009, 277~279쪽.

43 강신항, 앞의 책, 65쪽.

44 강신항, 앞의 책, 81쪽.

45 김태우, 〈육감에서 정책으로: 한국전쟁기 미 공군 전폭기들의 민간 지역 폭격의 구조〉, 《역사와현실》 77, 2010. 440~442쪽.

46 강신항, 앞의 책, 68쪽.

47 강신항, 앞의 책, 89~90쪽.

48 김태우, 《폭격》, 창비, 2013, 154·160쪽.

49 강신항, 앞의 책, 92쪽.

50 강신항, 앞의 책, 123쪽.

51 강신항, 앞의 책, 130쪽.

52 강신항, 앞의 책, 121쪽.

53 연정은, 〈북한의 남한 점령시기 '반동분자' 인식과 처리〉, 《전쟁 속의 또 다른 전쟁》, 선인, 2011, 288쪽.

54 장상환, 〈한국전쟁기 진주 지역의 사회변동〉, 《경상사학》 12, 1996, 13쪽.

55 강신항, 앞의 책, 59쪽.

56 강신항, 앞의 책, 105쪽.

57 강신항, 앞의 책, 102쪽.

58 강신항, 앞의 책, 103·105쪽.

59 강신항, 앞의 책, 61쪽.

60 강신항, 앞의 책, 103~104쪽.

61 이나미, 〈한국전쟁시기 좌익에 의한 대량학살 연구〉, 《21세기정치학회보》 22(1),

2012, 198~199쪽.

[62] 강신항, 앞의 책, 100쪽.

[63] 전갑생, 〈한국전쟁 전후 대한청년단의 지방조직과 활동〉, 《제노사이드 연구》 4, 2008, 16~20쪽.

[64] 전갑생, 앞의 논문, 46~47쪽.

[65] 전갑생, 앞의 논문, 75~78쪽.

[66] 진실화해위원회, 《2009년 하반기 조사보고서》 2권, 690쪽.

[67] 진실화해위원회, 앞의 책, 716~717쪽.

[68] 진실화해위원회, 앞의 책, 717~718쪽.

[69] 진실화해위원회, 앞의 책, 715쪽.

[70] 박찬승, 《마을로 간 한국전쟁》, 돌베개, 2010, 56쪽.

[71] 유영옥, 〈인천상륙작전의 역사적 평가〉, 《한국보훈논총》 9(2), 2010, 24~25쪽.

[72] 조성훈, 〈인천상륙작전을 전후한 맥아더 역할의 재평가〉, 《정신문화연구》 29(3), 2006, 136쪽.

[73] 조성훈, 앞의 논문, 140~141쪽; 유영옥, 앞의 논문, 9·12쪽.

[74] 박태균, 《한국전쟁》, 책과함께, 2005, 213쪽.

[75] 강신항, 앞의 책, 109~113쪽.

[76] 강신항, 앞의 책, 121쪽.

[77] 강신항, 앞의 책, 130쪽.

[78] 진실화해위원회, 앞의 책, 677쪽.

[79] 윤경섭, 〈한국전쟁기 북한의 점령지 재판과 정치범 처형〉, 《역사연구》 21, 2011, 63~66쪽.

[80] 진실화해위원회, 앞의 책, 716쪽.

[81] 진실화해위원회, 앞의 책, 666쪽.

[82] 강신항, 앞의 책, 132쪽.

[83] 강신항, 앞의 책, 132쪽.

[84] 강신항, 앞의 책, 133쪽.

[85] 강신항, 앞의 책, 134~135쪽.

[86] 강신항, 앞의 책, 137~138쪽,

[87] 강신항, 앞의 책, 139쪽; 진실화해위원회, 앞의 책, 678쪽.

88 김윤경, 〈한국전쟁기 부역자 처벌과 재심: '비상사태하의 범죄 처벌에 관한 특별조
치령'을 중심으로〉,《공익과인권》 18, 2018, 158~160쪽. '비상사태하의 범죄 처
벌에 관한 특별조치령'은 1960년 10월 장면 정부에 의해 폐지된다.

89 〈附逆者의 限界性〉,《조선일보》, 1950년 11월 7일, 2면.

90 박병배, 〈그때 그 일들 173, 公安委員會, 어수선한 收復直後 (17)〉,《동아일보》, 1976
년 7월 27일, 5면.

91 김윤경, 앞의 논문, 153쪽.

92 〈逆産不法占據等 張憲兵司令官談話發表〉,《동아일보》, 1950년 10월 14일, 2면.

93 진실화해위원회,《2009년 상반기 조사보고서》 4권, 600쪽.

94 충청남도문화원연합회에서 제공하는 전자사료관(ebook.cnkccf.or.kr:8800/home/index.
php)에서 온양문화원, '역사' 카테고리에 들어가면 〈마을사 2(인주면)〉란 제목으로
해당 자료를 확인할 수 있다. 55쪽. 접속일: 2023.6.21.

95 〈附逆者處理는 寬大히〉,《동아일보》, 1950년 11월 10일, 2면; 〈今日國會續開〉,《동
아일보》, 1950년 10월 28일, 1면.

96 김윤경, 앞의 논문, 160~161쪽. '부역행위특별처리법'은 일반형법이나 기타 법률
이 있으니 존속할 필요가 없다는 이유로 1952년 4월 3일 폐지된다.

4부 1954~1959년 사이의 전후 풍경

1 〈自動車洪水時代!〉,《경향신문》, 1953년 3월 31일, 2면.

2 〈運 조흔 運轉手 머리 못 드는 學士님〉,《동아일보》, 1936년 3월 25일, 조간 6면.

3 〈交通界의 慧聖〉,《조선일보》, 1936년 7월 11일, 석간 6면.

4 〈朝鮮第一自動車學院〉,《한성일보》, 1946년 8월 27일, 1면. 다만 일제시기에도 '조
선제일자동차학원'이 존재하는 게 확인되는데, 위치가 서대문정西大門町으로 되
어 있어 연관성이 분명치 않다.

5 대한연감사,《大韓年監 4288》, 1955, 758쪽.

6 〈第一自動車技術學校〉,《자유신보》, 1953년 10월 12일, 1면. '조선제일자동차학원'
광고가 1950년 6월까지 등장하다가, '제일자동차기술학교' 광고가 1953년 10월
부터 등장한다는 사실에 근거한다. 두 학교의 주소는 동일하다.

7 〈第一自動車技術學校〉,《자유신보》, 1953년 10월 12일, 1면; 〈第一自動車技術學校 男女學生募集〉,《자유신보》, 1953년 11월 18일, 2면.

8 〈産業人脈 149 製紙工業 (15) 크라프트紙 [1]〉,《매일경제》, 1974년 7월 8일, 4면.

9 이하 신흥제지 이력은 다음을 참조. 온양문화원,《아산의 인물록》, 2009, 159쪽; 대 한연감사,《大韓年監 4288》, 1955, 760쪽.《아산의 인물록》은 허균의 출생연도를 1913년,《大韓年監 4288》은 1909년으로 기재했으나 전자를 정확한 정보라고 보 고 따랐다.

10 〈電力不足으로 製紙工業難關〉,《자유민보》, 1949년 10월 29일, 2면.

11 〈製紙工業에 期待〉,《공업신문》, 1950년 3월 19일, 2면.

12 〈製紙工場도 再建〉,《경향신문》, 1953년 6월 18일, 2면.

13 〈學校에 유리寄贈〉,《조선일보》, 1955년 1월 22일, 3면.

14 〈産業人脈 149 製紙工業 (15) 크라프트紙 [1]〉,《매일경제》, 1974년 7월 8일, 4면.

15 김보영, 〈정전회담 쟁점과 정전협정〉,《역사비평》63, 2003, 24~31쪽.

16 김명섭, 〈한국군은 6·25전쟁 정전협정의 당사자인가?〉,《국방연구》56(3), 2013, 112~113쪽.

17 〈兵力增强繼續〉,《경향신문》, 1953년 7월 29일, 2면.

18 〈韓國三軍의 增强〉,《경향신문》, 1953년 12월 31일, 1면.

19 윤시원, 〈韓國 徵兵制의 制度化와 國民皆兵主義의 形骸化 1945~1964〉, 성균관대 박사학위논문, 2019, 122쪽 표11.

20 윤시원, 앞의 논문, 2019, 144~148쪽.

21 〈昨日士兵除隊開始〉,《동아일보》, 1954년 4월 2일, 2면.

22 〈徵召集年齡變更〉,《조선일보》, 1954년 1월 10일, 2면.

23 〈忌避者들은 自首하라〉,《조선일보》, 1953년 6월 8일, 2면.

24 〈兵役忌避者檢束〉,《조선일보》, 1953년 9월 8일, 2면.

25 〈휴지통〉,《동아일보》, 1953년 7월 6일, 2면.

26 〈徵兵 避하고저 손을짤라 그래서 懲役三年을 求刑〉,《동아일보》, 1952년 4월 29일, 2면.

27 〈늘어나는 兵役忌避群象〉,《동아일보》, 1953년 1월 30일, 2면.

28 〈휴지통〉,《동아일보》, 1954년 6월 9일, 2면.

29 〈兵役忌避幇助한 警察署長과 面長 摘發〉,《동아일보》, 1952년 12월 24일, 2면.

30 〈徵召集忌避者에 斷 軍警合同으로 團束强化〉, 《동아일보》, 1954년 1월 4일, 2면.

31 윤시원, 〈韓國 徵兵制의 制度化와 國民皆兵主義의 形骸化 1945~1964〉, 성균관대 박사학위논문, 2019, 92·98~99쪽; 〈(6·25전쟁 60년) 대구에서 품은 강군의 꿈 (210) 제주도 신병 훈련소〉, 《중앙일보》, 2010년 11월 9일.

32 김환기, 《이보다 아름다운 젊음은 없다: 논산 육군훈련소 창설 60주년 기념》, 플래 닛미디어, 2011, 184~187쪽.

33 김아람, 〈한국전쟁기 제주도의 공간적 인식과 이주·개발 정책〉, 《동악어문학》 75, 2018, 87쪽.

34 〈육군훈련소 연혁〉, 육군훈련소 웹사이트(www.katc.mil.kr/katc/intro/history.jsp 접속일: 2023. 7. 10).

35 채명신, 《사선을 넘고 넘어》, 매일경제신문사, 1994, 355쪽(모리타 가즈키, 〈1950년대 한국군 탈영의 동태와 그 양상〉, 《역사문제연구》 49, 2022, 348~349쪽에서 재인용).

36 모리타 가즈키, 앞의 논문, 347쪽.

37 〈京鄕쌀롱〉, 《경향일보》, 1954년 11월 11일, 3면; 〈'하와이'是非와 地方色〉, 《조선 일보》, 1959년 6월 4일, 조간 1면.

38 〈月刊雜誌 夜話(7月號) 販禁措置〉, 《동아일보》, 1959년 6월 11일, 조간 3면.

39 〈道議서 緊急動議〉, 《조선일보》, 1959년 6월 11일, 조간 4면.

40 〈'하와이'是非와 地方色〉, 《조선일보》, 1959년 6월 4일, 조간 1면.

41 손경호, 〈미국의 한국전쟁 정전 정책 고찰: 한국군 증강 정책을 중심으로〉, 《미국사 연구》 36, 2012, 159쪽.

42 차상철, 〈아이젠하워, 이승만, 그리고 1950년대의 한미관계〉, 《미국사연구》 13, 2001, 157~158쪽.

43 국방부 전사편찬위원회, 《국방사》 2, 1987, 69~70쪽; 이동원, 〈1952~1955년, 한 국후방관구사령부(KComZ)의 창설과 해체〉, 《군사》 91, 2015, 57~59쪽; 〈飛躍을 거듭한 우리 陸軍〉, 《조선일보》, 1955년 1월 16일, 2면.

44 〈二軍管區創設 一周 咸副統領 參席〉, 《경향신문》, 1955년 12월 24일, 3면.

45 〈第二管區司令部 이사〉, 《조선일보》, 1955년 5월 15일, 2면.

46 전갑생, 〈거제도 포로수용소 설치와 포로의 저항〉, 《제노사이드연구》 2, 2007, 97쪽.

47 전갑생, 앞의 논문, 96·100~104쪽.

48 자세한 내용은 대한적십자사, 《제네바협약과 추가의정서》, 2010, 59~105쪽 참조.

49 〈[6·25 전쟁 60년] 대구에서 품은 강군의 꿈 (209)—먹는 것부터 해결하자〉, 《중앙일보》, 2010년 11월 8일.

50 〈國軍食糧問題時急〉, 《경향신문》, 1953년 2월 12일, 1면.

51 신동흔 외, 《한국전쟁 이야기 집성 2: 전장의 사선 속에서》, 박이정, 2017, 309쪽.

52 전갑생, 앞의 논문, 110~111쪽.

53 이상 조흥만과 한은송의 회고는 〈(223) 거제도 폭동(91) 남과 북의 포로수용소(15)〉, 《중앙일보》, 2017년 9월 4일 기사 참조.

54 전갑생, 앞의 논문, 113~114쪽.

55 〈巨濟捕虜收容所 一部社會部에 移管〉, 《동아일보》, 1954년 11월 3일, 2면.

56 이윤옥, 《오염된 국어사전》, 인물과사상사, 2013, 35쪽.

57 〈基本人權은 侵害할 수 없다〉, 《조선일보》, 1959년 3월 14일, 조간 1면.

58 〈學保兵 待遇는 좋은 셈〉, 《경향신문》, 1957년 8월 3일, 조간 2면.

59 1932년생으로 16세에 월북해 강동정치학원 등 북한의 주요 군사교육기관을 수료하고 인민군 총참모부에 소속돼 전쟁을 치렀다. 하지만 북한의 퇴각 후 낙오되어 빨치산 활동을 하다 붙잡혔고 사형선고를 받았으나, 전향해 목숨을 건졌다. 1988년 '이영식'이라는 필명으로 자전적 수기 《빨치산》을 출간했다(임기현, 〈《남부군》의 저자 이태와 《빨치산》의 저자 이영식〉, 《중원문화연구》 24, 2016, 209~212.).

60 임영태, 〈한국 현대사의 증언: 6·25와 빨치산—《남부군》 이태와 《빨치산》 이영식의 강연과 토론 강동정치학원과 지리산 유격대〉, 《역사비평》 4, 1988, 353쪽.

61 〈또 氣合 받고 變死〉, 《동아일보》, 1959년 3월 16일, 3면.

62 〈軍內私刑防止해주오 整備 잘못했다고 毆打〉, 《경향신문》, 1959년 3월 18일, 3면.

63 〈士兵의 被殺과 軍紀〉, 《조선일보》, 1958년 6월 18일, 조간 1면.

64 군사망사고진상규명위원회가 조사한 '진정 제1383호 오이병 사건' 참고인(당시 의무병으로 복무)의 진술이다. 군사망사고진상규명위원회, 《제8차 조사활동보고서》, 2022, 370쪽.

65 〈軍隊內의 私刑을 嚴禁하라〉, 《동아일보》, 1957년 7월 29일, 1면.

66 〈[6·25전쟁 60년] 대구에서 품은 강군의 꿈 (217) 차량을 우리 손으로 고치다〉, 《중앙일보》, 2010년 11월 23일; 金聖悅, 〈자라나는 軍需工業 (上)〉, 《동아일보》, 1954년 3월 3일, 2면; 金聖悅, 〈자라나는 軍需工業 (中)〉, 《동아일보》, 1954년 3월 4일, 2면; 宋秉孝, 〈發展强化되는 補給施設〉, 《조선일보》, 1954년 3월 4일, 2면.

67 〈(428)지원작전⑭ I 병기⑵〉, 《중앙일보》, 1973년 2월 23일.

68 류승주, 〈1946~1948년 남북한 전력수급교섭〉, 《역사와현실》40, 2001, 208~212쪽.

69 류승주, 앞의 논문, 217~218쪽.

70 〈電力不足으로 製紙工業難關〉, 《자유민보》, 1949년 10월 29일, 2면.

71 〈緊急! 南朝鮮電力自給〉, 《동아일보》, 1947년 11월 9일, 2면.

72 정안기, 〈1930년대 朝鮮型特殊會社, '朝鮮電力㈱'의 연구〉, 《동방학지》170, 2015,
   194~196·203쪽.

73 〈煙草栽培를 妨害하는 發電所의 煤煙禍〉, 《동아일보》, 1937년 12월 24일, 2면.

74 정안기, 앞의 논문, 211~212쪽.

75 노상호, 〈1940~50년대 '전시체제'와 국영 전력 사업체의 등장〉, 《한국문화연구》
   33, 2017, 80쪽.

76 〈豊富할 寧越發電〉, 《조선일보》, 1953년 7월 20일, 2면.

77 정안기, 앞의 논문, 225~226쪽.

78 〈寧越서 共匪射殺〉, 《조선일보》, 1954년 10월 31일, 2면; 〈共匪二名을 生捕〉, 《조선
   일보》, 1956년 8월 24일, 3면.

79 〈節次等 細則을 發表〉, 《동아일보》, 1954년 3월 14일, 3면.

80 〈거의 全員을 除隊〉, 《조선일보》, 1956년 7월 25일, 조간 2면.

81 〈服務期滿了兵 明年엔 除隊〉, 《조선일보》, 1956년 12월 12일, 조간 2면.

82 〈10萬明 年內로 除隊 三年半以上服務者〉, 《조선일보》, 1957년 6월 14일, 조간 2면.

83 〈滿三年 넘은 者는 除隊〉, 《경향신문》, 1957년 8월 31일, 조간 2면.

84 〈三年以上服務 士兵除隊 推進〉, 《경향신문》, 1957년 4월 25일, 조간 2면.

85 〈三年以上服務 除隊 어려울 듯〉, 《경향신문》, 1957년 6월 20일, 조간 2면.

86 〈亂脈 이루는 兵務行政〉, 《조선일보》, 1958년 8월 8일, 석간 3면.

87 〈三年以上服務 名目上만 除隊〉, 《경향신문》, 1958년 8월 15일, 석간 3면.

88 전성현, 〈일제 말기 臨港鐵道와 식민성〉, 《한국민족문화》67, 2018, 4~21쪽.

89 〈부산 동구, 자성로 지하도 정비사업 개소식〉, 《부산일보》, 2017년 2월 17일.

90 부산광역시 시사편찬실, 《매축지 마을 사람들 이야기》, 2019, 166쪽.

91 〈서울市等 七都市에 長斫搬入을 禁止〉, 《조선일보》, 1953년 6월 30일, 2면.

92 〈부산 사람도 모르는 부산 생활사 ⑲ 부산 사람의 타오르는 온기, 추억의 연탄〉,
   《국제신문》, 2014년 5월 21일, 23면.

93 한국전쟁체험담 조사연구팀, 〈20120207고기원(제주)〉, 10쪽. 이 자료는 건국대학교 통일인문학연구단이 수행한 '한국전쟁 체험담 조사 연구'의 결과로 생산된 구술 녹취록으로, 통일인문학연구단에서 운영하는 사이트(koreanwarstory.net)에서 내려 받을 수 있다. 접속일: 2023. 7. 24.

94 〈軍糧米 千가마 橫領〉, 《조선일보》, 1955년 9월 22일, 4면.

95 〈軍用地紙 多量을 橫領〉, 《경향신문》, 1957년 8월 1일, 조간 2면.

96 〈軍用被服 다섯츄럭 橫領〉, 《경향신문》, 1957년 11월 26일, 석간 3면.

97 〈軍人六名을 拘束〉, 《경향신문》, 1957년 10월 20일, 조간 2면.

98 〈軍人二名 拘束〉, 《경향신문》, 1958년 8월 26일, 3면.

99 〈군수목재 15개 貨車分을 口取〉, 《부산일보》, 1956년 12월 21일; 〈援助木材 15個貨車分 횡령〉, 《조선일보》, 1956년 12월 21일, 조간 2면.

100 〈軍紀의 紊亂과 그 對策〉, 《동아일보》, 1957년 5월 10일, 1면.

101 〈[김명환의 시간여행] [83] '탈모 비누' 군납 사건, 3000여 사병이 고통…… 官·軍 뇌물 스캔들로 번져 온 나라가 '발칵'〉, 《조선일보》, 2017년 8월 16일.

102 〈果敢한 肅軍繼續〉, 《경향신문》, 1959년 4월 19일, 조간 3면.

103 〈不正蓄財로 서리맞는 將星들〉, 《조선일보》, 1959년 4월 4일, 조간 3면.

104 〈徹底하고 公平한 整軍을 要望〉, 《조선일보》, 1959년 5월 7일, 석간 1면.

105 부산진구청, 《니 이 이바구 들어 봤나?: 재미있는 부산진구 숨은 이야기》, 2016, 224~225쪽.

106 위경혜, 〈1950년대 중반~1960년대 지방의 영화 상영과 '극장 가기' 경험〉, 중앙대 박사학위논문, 2010, 88~89쪽.

107 〈劇場衛生不良 保健部의 調査結果〉, 《동아일보》, 1955년 1월 12일, 3면.

108 李清基, 〈指定席制와 無料入場〉, 《조선일보》, 1955년 12월 4일, 4면.

109 〈劇場의 生態〉, 《동아일보》, 1955년 11월 23일, 3면.

110 위경혜, 앞의 논문, 87쪽; 〈來月부터 座席指定〉, 《조선일보》, 1955년 11월 25일, 3면.

111 〈劇場의 軍人半額 割引制廢止不當〉, 《동아일보》, 1955년 12월 4일, 2면.

112 〈無料入場制止 트집 軍人이 受票員 毆打〉, 《경향신문》, 1958년 2월 12일, 2면; 〈軍人集團 暴行 無料入場拒絕 理由〉, 《경향신문》, 1958년 4월 24일, 2면; 〈軍人數十名이 暴行〉, 《동아일보》, 1959년 11월 21일, 3면.

113 이때 남자 자녀는 그들이 선택해 부모가 허락하는 것을 선호하고, 여자 자녀는 부

모가 선택하고 그들의 의사를 확인하는 것을 선호했다고 한다. 〈結婚에 進步的 折衝形式〉, 《동아일보》, 1959년 11월 30일, 3면.

114 〈仲媒戀愛〉, 《조선일보》, 1959년 3월 4일, 석간 4면.

115 〈광복 十五주년과 여성〉, 《동아일보》, 1960년 8월 13일, 석간 4면.

116 〈施設改善 命令 未備한 製藥會社〉, 《경향신문》, 1958년 8월 19일, 석간 3면.

117 〈충청인의 기록으로 본 시대 읽기 (4) 사진 속에 담긴 1950년대 청주 무심천 기록, 이승우 씨〉, 《충청타임즈》, 2013년 5월 2일.

118 〈日曜日에도 建設譜〉, 《동아일보》, 1958년 12월 14일, 석간 2면.

119 〈淸溪川淨化 안 될가?〉, 《조선일보》, 1958년 1월 29일, 조간 2면.

120 〈淸溪川市場에 또 騷動〉, 《조선일보》, 1958년 10월 27일, 3면.

121 〈簡素化된 婚禮〉, 《경향신문》, 1955년 3월 30일, 3면.

122 이영수, 〈개화기에서 일제강점기까지 혼인 유형과 혼례식의 변모 양상〉, 《아시아 문화연구》 28, 2012, 165~168쪽.

123 〈"울며 겨자 먹기"〉, 《동아일보》, 1961년 12월 7일, 조간 4면.

124 청양문화원, 《전통혼례》, 1998, 47~68쪽; 김정자, 〈20세기 중엽 충청 지역의 혼례 복과 혼례 풍속에 관한 민속학적 연구〉, 《복식》 50(3), 2000, 107쪽.

찾아보기

단 한 사람의 한국 현대사

2024년 8월 15일 초판 1쇄 인쇄
2024년 8월 27일 초판 1쇄 발행

글쓴이	이동해
펴낸이	박혜숙
디자인	이보용 김진
펴낸곳	도서출판 푸른역사

우) 03044 서울시 종로구 자하문로8길 13
전화: 02)720-8921(편집부) 02)720-8920(영업부)
팩스: 02)720-9887
전자우편: 2013history@naver.com
등록: 1997년 2월 14일 제13-483호

ⓒ 이동해, 2024

ISBN 979-11-5612-281-4 03900